ZUOWEI FANGFA DE ZHONGGUO TESE
SHEHUIZHUYI ZHENGZHI JINGJIXUE

作为方法的中国特色社会主义政治经济学

孟捷·著

復旦大學出版社

序

本书辑录了近年来我所撰写的一批论文，其内容均涉及中国特色社会主义政治经济学的方法论和基础理论问题。这些论文都曾发表过，编入本书时，除了第五篇有较大幅度的改削外，其他各篇都只在个别处作了润饰和修改。

2016年，我出版了《历史唯物论与马克思主义经济学》一书。该书的核心内容是，结合中国特色社会主义的问题意识，对历史唯物论做了新的阐释。自那时以来，我一直坚信，更新对历史唯物论的认识，批判地看待经济决定论或生产力一元决定论，是建立中国特色社会主义政治经济学的必要前提。

我在书中强调了两点。其一，生产关系在功能上具有两重性。一方面，生产关系表现和适应生产力；另一方面，生产关系服务于对剩余的占有和支配。这两重功能可以是统一的，但也可能彼此分离。后一种可能性意味着，生产关系的变革，不仅服从于生产力发展的需要，而且会受到生产力之外的其他因素，尤其是政治、意识形态等上层建筑因素的直接影响。只有当上述两重功能彼此统一时,生产关系的改变才会伴随着不可逆的生产方式整体的变迁(我称之为有机生产方式的变迁),或言之,才会促成严格意义的经济社会形态的更迭。在此认识的基础上,我提出,以生产关系变革为核心的制度变迁有两条道路:一条是体现世界历史一般性的道路,即以生产力的根本改变为先导,继之以生产关系和上层建筑的更替;另一条是体现世界历史特殊性的道路,即先改变上层建筑和生产关系,再继之以生产力的根本变革。自第二国际时期就已流行的生产力一元决定论(或经济决定论),解释的是制度变迁的第一条道路,十月革命和中国革命所开辟的道路,则属于制度变迁的第二条道路。

其二,经济和政治、市场和国家的区别,并不是两类不同制度的区别,而是制度因其功能的差异而产生的区别。各种不同的制度形式,诸如国家、宗教、血族等等,只要承载了生产关系的功能,就可以成为经济基础的一部分。这一立场有助于破除经济决定论的迷思,因为后者需要一个在定义上与上层建筑完全无涉的经济结构。在社会主义经济思想史上,布哈林早在新经济政策时期,就提出了无产阶级专政下国家具有两重性的问题,即国家一方面是上层建筑,另一方面是经济基础的组成部分。这一认识对于社会主义政治经济学的发展具有极其重要的意义。

2018年和2019年,随着《价值和积累理论》《发达资本主义经济的长波》等著作的相继出版,我得以将主要精力转入研究中国特色社会主义政治经济学,并逐步形成了如下基本看法。第一,中国特色社会主义政治经济学正处在由政策-制度话语向学术-理论话语过渡或转化的阶段，促成这一过渡或转化，需要构建一个涵摄了参照系、市场失灵和国家的经济作用的理论体系。所谓参照系，旨在从理论上解释社会主义市场经济的动态效率。这个理论之所以重要，在于它说明了社会主义市场经济在解放生产力发展生产力上的具体作用和机制，或言之，说明了市场为什么在资源配置中起决定性作用。这样的参照系理论，是历史唯物论与中国特色社会主义政治经济学之间联系的中介，它将历史唯物论核心原理——生产关系要表现和适应生产力——具体化了。只有在这一参照系的基础上，才能形成一个市场失灵的理论，而后者又为提出国家的经济作用作了铺垫。

第二，马克思在《资本论》里同时为我们提供了参照系和市场失灵理论，前者是马克思的相对剩余价值生产理论，后者则是马克思关于资本积累基本矛盾、利润率下降和危机的理论。只要经过适当的处理，这些理论就可以运用于社会主义市场经济。多年来，许多人已惯于使用资本乃至国有资本这样的概念，但对剩余价值概念之于社会主义市场经济的适用性，却一直持回避或反对的态度。在收入本书的几篇文章里，我们继承了老一辈学者如卓炯、蒋学模等人的传统，探讨了与此相关的理论问题，提出社会剩余价值规律是社会主义初级阶段的基本经济规律之一。

第三，国家的经济作用是由内生性作用和外生性作用共同构成的，前者旨在克服市场失灵，后者旨在贯彻社会主义生产目的。这两种作用的结合，界定了社会主义初级阶段的国家经济治理。在社会主义市场经济中，上述两种作用不是对立或机械并列的，而是相互补充、相互包含的。一方面，内生性作用的范围和程度，在很大程度上是由外生性作用规定的；另一方面，外生性作用通常也要借助内生性作用才能得以实现。

第四，市场和国家、经济和政治的关系，是中国特色社会主义政治经济学的核心问题。在社会主义市场经济中，市场调节依然是在资源配置中起决定性作用的力量，但这一命题只具有相对的、依条件而转化的意义。这是因为，国家不仅利用传统的宏观调控手段干预经济，而且立足于公有制成为市场经济的主体，在市场经济内部发挥着作用。从这个角度看，将市场调节和国家经济治理作为一种二律背反来看待，就是错误的。市场调节虽然有其自主性，但在某种意义上也可成为国家经济治理的实现形式。反过来，如第三点里提到的，旨在贯彻社会主义生产目的的国家经济治理，往往要借助市场机制才能最终得以实现。

中国特色社会主义是人类历史上崭新的社会实践，相应地，中国特色社会主义政治经济学也是一种崭新的经济理论。我曾提出，可以借助图1对当代经济学理论做一个直观的分类和比较。① 图中纵轴代表不同经济理论看待国家经济作用的不同态度。新自由主义经济学（图中第四象限）主张国家是中性的，即亚当·斯密意义的守夜人国家，不能嵌入经济基础从其内部发挥作用。而中国特色社会主义政治经济学主张国家可以承担生产关系的职能，成为基础的一部分。横轴代表不同经济学对市场经济的可协调性即在宏观上能否达成秩序的不同看法。以《资本论》为代表的传统马克思主义经济学，一方面，在

---

① 孟捷：《中国特色社会主义政治经济学的国家理论：源流、对象和体系》，《清华大学学报》2020年第3期。

其正式分析中没有完全纳入国家；另一方面，认为市场经济因其内在矛盾完全不可协调，因而不同于中国特色社会主义政治经济学。尽管中国特色社会主义政治经济学在参照系和市场失灵理论上需要继承《资本论》，但总体而言，是对后者的一种发展和超越。

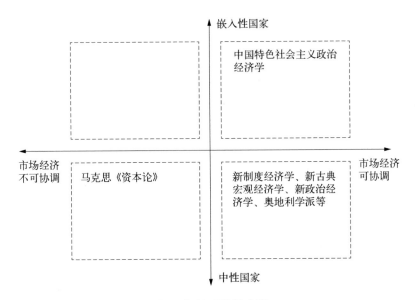

图 1　经济理论的分野

这样一种分类和比较也启示我们：中国特色社会主义政治经济学首先是一种方法，一种分析现实的进路，也是一种改造世界的世界观，它没有将任何一种既有理论作为教条来对待。这也是本书最终择定了现有书名的缘由。

感谢弟子张雪琴，她经常是我的论文的第一个读者，也经常在第一时间提出许多中肯的建议。感谢弟子陈龙，他是收入本书的论习近平经济思想一文的共同作者。其他弟子如马梦挺、吴丰华、龚剑、孙平、谢超、张梓彬、朱宝清、吴晓雅等，也在研究过程中给予我诸多帮助，一并向他们致谢。

孟 捷

2022年初夏于上海

目 录

一 制度变迁与社会主义基本经济规律
　　——重读《苏联社会主义经济问题》 ……………… 001

二 毛泽东与社会主义制度经济学 ………………………… 017

三 从生产力两重性到生产关系两重性
　　——平心和张闻天对历史唯物主义研究的贡献 ……… 042

四 略论习近平经济思想的体系结构 ……………………… 069

五 参照系、市场失灵与国家的经济作用
　　——中国特色社会主义政治经济学学理化的若干问题 ……… 083

六 剩余价值与中国特色社会主义政治经济学：一个思想史的
　　考察 ………………………………………………… 110

七 国家两重性学说与社会主义经济理论的发展 ………… 135

八 对逻辑和历史相一致原则的批判性反思
　　——以中国特色社会主义政治经济学的若干争论问题为参照 …… 161

九　中国特色社会主义政治经济学的研究对象和体系结构……… 180

十　中国特色社会主义与中国经济学知识的生产和治理………… 203

参考文献……………………………………………………………… 255

一

制度变迁与社会主义基本经济规律
——重读《苏联社会主义经济问题》

斯大林的《苏联社会主义经济问题》是社会主义政治经济学的经典之作。在这部著作里,斯大林提出社会主义政治经济学的研究对象是生产关系,并结合生产力考察了社会主义社会的生产关系和经济规律。斯大林在书中还批评以雅罗申科为代表的苏联经济学家,指责他们错误地将社会主义政治经济学视作研究生产力组织和国民经济计划化的科学,忽视了生产关系研究之于社会主义政治经济学的重要意义。①

然而,尽管斯大林作出了上述贡献,他的论述却同时包含着深刻

---

① 斯大林指出,雅罗申科事实上沿袭了布哈林的观点,后者在《过渡时期经济学》等论著里主张,由于社会主义要消灭商品生产以及与之相伴而生的商品拜物教,人与人在生产中的社会关系将变得简单明了,政治经济学自此将不复存在。见《斯大林文选》下卷,人民出版社,1962,第628—629页。

的矛盾，这体现在：第一，斯大林主张社会主义政治经济学的研究对象是生产关系，并对生产关系作了著名的界定，但他的这一界定，一方面试图用生产资料所有权代替所有关系，另一方面将所有关系与生产关系的其他环节相割裂，从而阻碍了对生产关系的考察；第二，斯大林主张社会主义政治经济学的研究对象是生产关系，但他通过否定剩余劳动在社会主义社会的存在，实际上解构了对社会主义生产关系（此处指所有关系）的分析，最终回到了他所批评的雅罗申科的观点。第三，斯大林主张社会主义政治经济学的研究对象是生产关系，但他对社会主义基本经济规律及其与有计划按比例发展规律的关系的表述，相当程度上脱离了现实存在的社会主义生产关系，同时也回避了社会主义全民所有制关系的内在矛盾及其变革等重大问题。在以下各节，笔者将对这些论题分别加以考察。

1. 评斯大林的生产关系定义

在《苏联社会主义经济问题》里，斯大林为生产关系作了一个定义："政治经济学的对象是人们的生产关系，即经济关系。这里包括：（一）生产资料的所有制形式；（二）由此产生的各种不同社会集团在生产中的地位以及他们的相互关系，或如马克思所说的，'互相交换其活动'；（三）完全以它们为转移的产品分配形式。这一切共同构成政治经济学的对象。"①

---

① 《斯大林文选》下卷，人民出版社，1962，第629—630页。

斯大林这一定义一直以来都广受诟病，主要意见有三点。第一，所有制关系是涵摄生产、交换、分配等各领域的生产关系总体，而斯大林将所有制单列，事实上将所有制概念窄化了。正如张闻天在写于1963年的论文里指出的，该定义"把所有关系看做是生产关系的一个组成部分、一个因素，而不承认所有关系是生产关系的总和，它是包摄所有表现生产力的生产关系，即生产、分配、交换、消费关系的所有关系。这样，它就缩小了所有关系，即社会经济结构的意义"①。

第二，所有制或所有关系在此被归结为生产资料所有制，与各社会集团或阶级间的社会关系是相独立的，林岗提出，这"就使所有制问题成了只涉及物归谁所有的问题，实质上变成了以人对物的支配关系为内容的所有权"②。这种以所有权替代所有制分析的倾向，一方面是理论的偏误，另一方面也有意识形态的后果，它使得后来的社会主义政治经济学教科书不再如马克思那样聚焦于分析生产过程，揭示其矛盾，而是大体停留在生产资料公有制或全民所有制的抽象概念

---

① 张闻天：《关于生产关系的两重性问题》，《经济研究》1979年第10期，第42页。类似地，孙冶方也认为，"生产关系的全部内容也就是所有制形式或财产形式的全部经济内容。正是在这个意义上，马克思说：'在每个历史时代中所有权以各种不同的方式，在完全不同的社会关系下发展着。因此，给资产阶级的所有权下定义不外是把资产阶级生产的全部社会关系描述一番。'可见，在生产关系中，除了恩格斯所说的生产、交换和分配这三项内容之外，再加列一项所有制形式，那就不仅是毫无意义的，而且是有害的同意反复"。孙冶方：《社会主义经济若干理论问题（续集）》，人民出版社，1982，第67页。马克思的引文出自《哲学的贫困》，见《马克思恩格斯选集》第1卷，人民出版社，1972，第144页。

② 林岗：《社会主义全民所有制研究——对一种生产关系和经济过程的分析》，求实出版社，1987，第15页。

上，没有对社会主义生产过程中人与人的社会关系和可能存在的矛盾展开分析。①

第三，所有关系和阶级关系本来是一体的，而斯大林将其割裂为两个不同的环节，并将阶级关系作为生产关系单独的环节，贬低了阶级关系的含义。斯大林论及各阶级或社会集团的关系时，提到马克思的下述论断："人们在生产中不仅仅同自然界发生关系。他们如果不以一定方式结合起来共同活动和互相交换其活动，便不能进行生产。为了进行生产，人们便发生一定的联系和关系；只有在这些社会联系和社会关系的范围内，才会有他们对自然界的关系，才会有生产。"② 在这段话里，马克思定义的生产关系，主要指的是劳动关系（分工协作关系），这样一来就引发了张闻天的如下批评：斯大林的定义"把阶级关系和人们在生产中'互相交换自己的活动'混淆在一起，并且把生产中人们'互相交换自己的活动'同产品的交换、即全社会内劳动置换关系混淆在一起了"③。

---

① 樊纲曾将苏联社会主义政治经济学称作"苏联范式"，并指出："'苏联范式'在所有制理论上的一个重要特点在于：虽然它表面上也承认所有制关系在整个生产关系中起着重要的作用，是其他各方面关系的'基础'，在经济运行中起着'决定性'的作用，但是在这一理论体系中，上述命题只有在解释资本主义经济的矛盾与问题的时候才是适用的；对于社会主义经济来说，则只被用来证明其优越性，却丝毫看不出它怎么被用来解释经济中出现的各种问题。……在面对社会主义经济中出现的各种问题时，宣称'所有制是不重要的'，表现出了'苏联范式'的非马克思主义特征。"见樊纲：《"苏联范式"批判》，《经济研究》1995年第10期，第74页。

② 《马克思恩格斯全集》第6卷，人民出版社，1965，第486页。原书编者注：在1891年的版本中，"不仅仅同自然界发生关系"改为"不仅仅影响自然界，而且也互相影响"；"对自然界的关系"改为"对自然界的影响"。

③ 张闻天：《关于生产关系的两重性问题》，《经济研究》1979年第10期，第42页。

2. 斯大林论社会主义社会生产力与生产关系的矛盾

斯大林对生产关系的定义还有一个重要缺失，就是脱离了剩余劳动。依照斯大林的观点，在苏联社会主义经济中，剩余劳动已不复存在，所有劳动都属于必要劳动，所有产品都是必要产品。他说："我认为，也必须抛弃从马克思专门分析资本主义的'资本论'中取来而硬套在我国社会主义关系上的其他若干概念。我所指的概念包括'必要'劳动和'剩余'劳动、'必要'产品和'剩余'产品、'必要'时间和'剩余'时间这样一些概念。马克思分析资本主义，是为了说明工人阶级受剥削的泉源，即剩余价值。"[①]

斯大林提出这一观点，是以现实存在的社会主义社会等同于未来共产主义社会为前提的。否认剩余劳动的存在，其结果是妨碍了对现实存在的社会主义生产关系的分析。但要指出的是，斯大林的观点是自相矛盾的，他一方面否认剩余劳动之于社会主义经济的适用性，另一方面，在论及社会主义再生产时，他又认为，马克思再生产理论的基本原理，包括"剩余产品是积累的唯一源泉的原理"，"不仅对于资本主义社会形态是有效的，而且任何一个社会主义社会在计划国民经济时，不运用这些原理也是不行的"[②]。这样一来，刚刚被他从前门逐出的剩余概念，又从后门溜进来了。

在写于 20 世纪 60 年代的一篇论文里，张闻天提出生产关系具有

[①] 《斯大林文选》下卷，人民出版社，1962，第 583—584 页。
[②] 同上书，第 636 页。

两重性，一方面是在协作和分工中形成的劳动关系，另一方面是服务于剩余的占有和支配的所有关系。生产关系的这种两重性，也可以理解为生产关系的两重功能：其一为表现和适应生产力，其二是服务于对剩余的占有和支配；无论劳动关系或所有关系，事实上都具有这两重功能。对生产关系两重功能的区分，使我们有可能为将这两者视作一个对立统一的矛盾整体。这意味着，在对立的情况下，一种生产关系在服务于对剩余的占有和利用的同时，并不能表现和适应生产力。[①]斯大林反对区分必要劳动和剩余劳动，否认剩余劳动的存在，相当于否认生产关系具有第二重功能，认为生产关系只具有表现和适应生产力的第一重功能。这样一来，对于可能出现的上述对立的分析就被预先排除了，或言之，不可能存在与生产力不相适应的社会主义生产关系。

斯大林在这些前提下，分析了社会主义社会的生产力与生产关系的矛盾。他的观点可以概括为以下几点：第一，在社会主义社会，生产力和生产关系依然存在矛盾，因为生产关系的发展会落后于生产力的发展。第二，在苏联社会主义发展的当前时期，生产关系"完全适合于生产力的增长，推动生产力一日千里地向前发展"。第三，只要国家（斯大林所谓"领导机关"）执行正确的政策，生产力与生产关系间可能的矛盾就不会变成对立，就不会造成生产力和生产关系发生冲突。第四，苏联经济中存在着集体农庄的所有制、商品流通等现

[①] 张闻天：《关于生产关系的两重性问题》，《经济研究》1979 年第 10 期，第 42 页。对张闻天的评价以及对生产关系的两重功能的进一步分析，见孟捷：《历史唯物论与马克思主义经济学》，社会科学文献出版社，2016，第 9—13 页。

象,在目前乃至最近的将来,这些现象对社会主义的发展还是有益的,"但同时这些现象已经在开始阻碍我国生产力的强大发展。因为它们会造成一种障碍,妨碍把全部国民经济、特别是把农业完全纳入国家计划,……不容置疑,愈向前去,这些现象就会愈加阻碍我国生产力的进一步增长。所以,任务就在于,通过把集体农庄所有制逐渐变成全民所有制的办法,通过以产品交换制——也是逐渐地——代替商品流通的办法,来消除这些矛盾"①。

在这些论述里,斯大林虽然承认生产力和生产关系的矛盾是社会主义社会的基本矛盾,但矛盾只可能发生在生产力与社会主义全民所有制以外的生产关系之间,社会主义全民所有制本身是完善的,即始终有利于促进生产力发展的。② 这样一来,在斯大林那里,对全民所有制内部的矛盾及其改革的可能性加以探讨,就变得不可能了。此外,斯大林对社会主义社会生产力和生产关系的矛盾的理解,坚持了生产力一元决定论或经济决定论的一贯主张,始终把生产力作为矛盾的主要方面来看待,生产关系只是被动地被改变,以适应生产力发展的需要。

若将斯大林的上述见解与毛泽东相比较,可以发现如下差异。第一,与斯大林不同,毛泽东倾向于认为,在生产力和生产关系的矛盾中,生产关系是矛盾的主要方面。20世纪60年代初,在阅读苏联

---

① 《斯大林文选》下卷,人民出版社,1962,第625页。
② 在为《联共(布)党史简明教程》撰写的《论辩证唯物主义和历史唯物主义》里,斯大林就已提出:"苏联的社会主义国民经济是生产关系完全适合生产力性质的例子,这里的生产资料的公有制同生产过程的社会性完全适合,因此在苏联没有经济危机,也没有生产力破坏的情形。"《联共(布)党史简明教程》,人民出版社,1975,第136—137页。

《政治经济学教科书》时,毛泽东提出:"我们要以生产力和生产关系的平衡和不平衡,生产关系和上层建筑的平衡和不平衡,作为纲,来研究社会主义社会的经济问题。……生产力和生产关系之间、生产关系和上层建筑之间的矛盾和不平衡是绝对的。上层建筑适应生产关系,生产关系适应生产力,或者说它们之间达到平衡,总是相对的。"① 上述不平衡发展规律的显著特点,是生产关系或上层建筑经常成为矛盾的主要方面,如他所说:"一切革命的历史都证明,并不是先有充分发展的新生产力,然后才改造落后的生产关系,而是要首先造成舆论,进行革命,夺取政权,才有可能消灭旧的生产关系。消灭了旧的生产关系,确立了新的生产关系,这样就为新的生产力的发展开辟了道路。"毛泽东得出这一一般性论断,不唯来自社会主义革命的经验,也来自资本主义的形成史,他认为:"生产关系的革命,是生产力的一定发展所引起的。但是,生产力的大发展,总是在生产关系改变以后。……在英国,是资产阶级革命(17世纪)以后,才进行工业革命(18世纪末到19世纪初)。法国、德国、美国、日本,都是经过不同的形式,改变了上层建筑、生产关系之后,资本主义工业才大大发展起来。"②

第二,毛泽东倾向于认为,社会主义全民所有制本身也是不完善的,也需要不断改革以使之完善。在和集体所有制比较时,他写道:"集体所有制本身有个变化、变革的过程,全民所有制本身也有变化、变革的过程,如体制下放、分级管理、企业自治权等。在我们这里,

---

① 《毛泽东文集》第8卷,人民出版社,1999,第130—131页。
② 同上书,第131—132页。

同是全民所有制的企业，但是有的由中央部门直接管，有的由省、市、自治区管，有的由地区管，有的由县管。都是全民所有制，归谁管，归哪级管，只要一个积极性还是要两个积极性，这是个很大的问题，是整个社会主义时期进行社会主义建设过程中要经常注意解决的很关重要的问题。"①

总之，在这些论述里，毛泽东不是像斯大林那样，假设社会主义生产关系（包括全民所有制生产关系）天然具有先进性，而是批判地考察了全民所有制生产关系，指出了结合中国实际变革这种生产关系的必要性。在看待社会主义社会生产力和生产关系的关系时，毛泽东也不是将相对落后的生产力看作矛盾的主要方面，而是反过来将生产关系作为矛盾的主要方面来对待，从而将生产关系置于变革的首要地位。

3. 社会主义基本经济规律与有计划按比例发展规律

在《苏联社会主义经济问题》里，斯大林参照他所理解的剩余价值规律在资本主义经济中的地位，规定了社会主义社会的基本经济规律。依照斯大林的表述，这一规律意指："用在高度技术基础上使社会主义生产不断增长和不断完善的办法，来保证最大限度地满足整个社会经常增长的物质和文化的需要。"此处的"保证最大限度地满足整个社会经常增长的物质和文化的需要"，也为斯大林称作"社会主义生产的目的"。②

---

① 《毛泽东文集》第 8 卷，人民出版社，1999，第 138 页。
② 《斯大林文选》下卷，人民出版社，1962，第 602、633—634 页。

斯大林表述的社会主义基本经济规律，长期以来受到中外学者的各种批评。① 批评者认为，斯大林表述的上述规律脱离了现实存在的社会主义社会的生产关系，如卓炯提出："斯大林的这条基本经济规律除了戴上一顶社会主义的帽子以外，丝毫看不出同社会主义的生产关系有什么联系"②。这样一来，斯大林对规律的表述就陷入了"生产一般"的空泛议论，无法说明社会主义生产的特殊历史形式，也未能将社会主义生产目的理解为具体的历史的经济范畴。在斯大林那里，最大限度地满足整个社会的物质和文化的需要是目的，不断提高生产力则是达到目的的办法或手段，通过片面强调手段和目的之间具有技术性质的联系，斯大林重蹈了他所批判的雅罗申科乃至布哈林等人的错误，将社会主义政治经济学的研究对象即生产关系空洞化，使之实质上沦为有关生产力组织的科学。③

还应指出的是，指摘斯大林抽象了社会主义社会的生产关系，与下述意见是等价的——斯大林事实上假定，社会主义全民所有制生产关系是天然先进的，问题只在于发展落后的生产力，这样一来，他就基本排除了社会主义全民所有制关系的变革之于革命后建立的社会主义社会的意义。

在斯大林那里，社会主义基本经济规律是与剩余价值规律在资本

---

① 国内学者针对斯大林表述的这一规律的批评，可参见下述著作第六章的评述，王珏主编《中国社会主义政治经济学四十年》第一卷，中国经济出版社，1991。

② 卓炯：《怎样认识价值规律是一个严重的理论问题——就正于钟荆同志》，《中国经济问题》1979年第5期，第41—42页。

③ 波兰学者W. 布鲁斯强调了这一点，见其《社会主义的政治与经济》，何作译，绍文校，中国社会科学出版社，1981，第98—101页。

主义经济中的地位相类比而提出的。斯大林提出:"资本主义的基本经济规律(即剩余价值规律——引者按)是这样一种规律,它不是决定资本主义发展的某一个别方面或某些个别过程,而是决定资本主义生产发展的一切主要方面和一切主要过程,因而是决定资本主义生产的实质、决定资本主义生产的本质的。"① 这个意见是正确的,但是,在进一步将剩余价值规律与社会主义基本经济规律相类比时,斯大林刻意突出了基本经济规律与社会生产目的的关系,如他所说,"不是保证最大限度的利润,而是保证最大限度地满足社会的物质文化需要"②,是社会主义的生产目的。相应地,剩余价值规律最终被狭隘地看作解释资本主义生产目的的规律。在这些论述中,斯大林并没有揭示社会主义生产目的是如何在具体的权力关系下达成的③,也没有揭示基本经济规律如何通过现实存在的社会主义生产关系得到贯彻,从而影响"生产发展的一切主要方面和一切主要过程"的。尤其是,由于他否认剩余劳动的存在,现实存在的社会主义社会如何实现剩余的占有和利用,以及社会不同阶层的利益如何可能因此而产生矛盾或冲突,就从他的分析中消失了。

不过,斯大林对社会主义基本经济规律的表述尽管存在上述缺陷,但仍有其合理的内核。社会主义基本经济规律并不是孤立地提出来的,而是联系国民经济有计划按比例发展规律一同提出的,这两个规律在斯大林那里有着明显的相互依存、互为条件的关系。对斯大林

---

① 《斯大林文选》下卷,人民出版社,1962,第599—600页。
② 同上书,第602页。
③ 参见樊纲:《"苏联范式"批判》,《经济研究》1995年第10期,第79—80页。

的批判性考察，必须从这个角度着眼，才能进一步深化。

在《苏联社会主义经济问题》里，斯大林就上述两种规律的关系提出了如下论断："有人说，社会主义的基本经济规律是国民经济有计划、按比例发展的规律。这是不对的。如果不知道国民经济有计划的发展是为着什么任务而进行，或者任务不明确，那末国民经济有计划的发展，以及或多或少真实地反映这一规律的国民经济计划化，是不能自行生产任何效果的。国民经济有计划发展的规律，只是在具有国民经济的计划发展所要实现的任务时，才能产生应有的效果。国民经济有计划发展的规律本身并不能提供这个任务。国民经济计划化尤其不能提供这个任务。这个任务是包含在社会主义的基本经济规律中，即表现于这一规律的上述要求内。因此，国民经济有计划发展的规律的作用，只是在它以社会主义基本经济规律为依据时，才能充分发挥起来。"①

基于斯大林的上述论断，我们可作如下评论。第一，社会主义生产目的，即满足整个社会的物质文化需要，是一个使用价值目标，而不是价值目标；对该目标的选择，即对整个社会资源配置目标的排序，必然涉及政治权力，因而是一个政治化的决策行为。社会主义基本经济规律，是将社会主义的政治和经济相结合的规律。表面上看，斯大林对这一规律的表述的确有脱离具体生产关系之嫌，但事实上暗含了作为该规律前提的某种权力关系。

第二，国民经济有计划按比例发展规律，是在前述目标或任务确定后才发挥作用的。有计划按比例发展规律中的"有计划"，意味着

---

① 《斯大林文选》下卷，人民出版社，1962，第602—603页。

资源配置是由国家经济机关借助国家权力完成的;"按比例"则未必一定是要保持既有的或稳态增长条件下的国民经济比例关系的平衡,反而可能是剧烈地改变这种比例关系,包括积累和消费的关系、社会生产各部门的比例等,以便实现特定的发展目标所需的增长规模和速度。斯大林对社会主义基本经济规律和有计划按比例规律所作的相对抽象的表述,事实上是根据苏联工业化的历史经验所作的理论总结。苏联在20世纪20—30年代的工业化,并不是在大致维持社会各生产部门之间的既有比例的前提下进行的,而是打破这种比例关系,在产业发展顺序上实行大幅度跳跃而实现的,为此苏联采取了在传统农业依然占优势的条件下,越过轻工业充分发展的阶段,重点发展重工业的战略。①

第三,社会主义基本经济规律和有计划按比例发展规律,是描述国家经济行为的规律。无产阶级专政下的国家在其性质上具有两重性,一方面是上层建筑,另一方面是经济基础的组成部分。② 通过命

---

① 苏联采取的这种"倾斜式"工业化战略,最初是由托派在20世纪20年代提出来的(也被称作工业化的"目的论"思想),布哈林曾与这种观点开展过争论,主张苏联的工业化应该更多地承继历史地形成的社会生产各部门的比例(也被称作工业化的"发生论"思想)。斯大林在取得权力后,将托派倡导的理论进一步付诸了实践。有关托派和布哈林的争论,可参见林岗:《布哈林的社会主义经济思想与苏联工业化论战》,《马克思主义研究》1988年第2期,第243—269页。
② 国家两重性的思想,最初是布哈林在与普列奥布拉任斯基围绕社会主义原始积累论开展争论时提出来的,此后也一直是社会主义经济理论的研究主题。在社会主义计划经济体制下,由于国家财政分配是与社会再生产过程结合在一起的,因而国家两重性也表现为财政的两重性。1955年,在给中国学者讲授财政学时,苏联专家毕尔曼就提出,社会主义财政之中为生产服务的部分——国民经济各部门财务——属于经济基础,为上层建筑服务的部分——全国性财政或国家预算——属于上层建筑,并强调这是斯大林的观点。阿·米·毕尔曼:《论财政科学及其各学科的对象》,《教学与研究》1955年第10期,第36页;另见周伯棣:《财政是基础还是上层建筑》,《学术月刊》1957年第9期,第63页。

名社会主义基本经济规律并强调该规律与有计划按比例规律的联系，斯大林表达出一种问题意识，即将社会主义政治经济学的研究对象聚焦于嵌入经济基础的国家。这一问题意识是完全正确的。斯大林对社会主义基本经济规律和有计划按比例规律的关系的描述，不仅在相当程度上适用于传统计划经济，对于理解社会主义市场经济中的国家行为，也具有重要的借鉴意义。

4. 尾论

在社会主义政治经济学史上，《苏联社会主义经济问题》是一部意义重大、影响深远的著作。今天看来，斯大林的这部著作一方面包含着对社会主义建设经验的理论总结，另一方面也制造了一种为现实存在的社会主义进行辩护、具有"拜物教"性质的意识形态。《苏联社会主义经济问题》的最大功绩，是将生产关系界定为社会主义政治经济学的研究对象，并联系生产力考察了社会主义社会的生产关系和经济规律。然而，斯大林的失误也存于此。《苏联社会主义经济问题》虽然试图揭示社会主义社会的生产力和生产关系的矛盾运动，却回避了社会主义全民所有制关系的内部矛盾及其改革的必要性，进而将社会主义基本经济规律表述成与生产关系变革无关的、单纯表达手段（生产力）与目的（社会的物质文化需要）之间联系的抽象规律。

20世纪50—60年代，以反思斯大林的错误和阅读苏联《政治经济学教科书》为契机，毛泽东对社会主义政治经济学开展了系统思考，开辟了社会主义政治经济学的新境界。在他那里，《矛盾论》中有关矛盾的主次方面依特定条件可以互换其地位的思想，被运用于理解社会主义社会的生产力和生产关系、基础和上层建筑的矛盾。社会主义全民所有制生产关系也被批判地加以考察。在这一考察中，毛泽东指出了结合中国实际变革这种生产关系的必要性。在这种精神的影响下，1976年9月在上海问世的《社会主义政治经济学》（未定稿第二版讨论稿），曾对社会主义基本经济规律作了新的表述："社会主义基本经济规律就包含这样的主要内容：**及时调整或变革生产关系和上层建筑**，不断提高技术水平，多快好省地发展社会主义生产，满足国家和人民不断增长的需要，为最终消灭阶级、实现共产主义创造物质条件。"① 在这里，社会主义基本经济规律，抑或社会主义生产目的的实现，被理解为一个包括所有关系变革在内的制度变迁过程。这种意义的社会主义基本经济规律，可以称作以**制度变迁为前提的中国特色社会主义基本经济规律**。社会主义政治经济学，由此转化为一种制度经济学，或者内在地包括了制度经济学。值得一提的是，在毛泽东提出上述思想的同时，张闻天也在1961年表达了相似见解，他结合中国社会主义革命和建设概括了一个公式，这个公式鲜明地概括了当代中国制度变迁的实质："这里需要认清关于生产力、生产关系和上层建筑的辩证关系：**革命——改变生产关系——大大发展生产力——**

---

① 社会主义政治经济学编写小组编《社会主义政治经济学》（未定稿第二版讨论稿）上册，1976，第123页。重点标识为作者所加。

再改变生产关系。"① 毛泽东和张闻天的这些宝贵思想，一方面是对《苏联社会主义经济问题》、进而对苏联范式社会主义政治经济学的超越，另一方面也在方法论上开启了中国特色社会主义政治经济学的先声。

---

① 张闻天选集传记组、中共上海市委党史研究室合编《张闻天社会主义论稿》，中共党史出版社，1995，第133页。重点标识为作者所加。

毛泽东与社会主义制度经济学

在何种意义上毛泽东是当代中国社会主义制度经济学的先驱，是本文探讨的主题。20世纪30年代和50—60年代，毛泽东在前后两个时期思考了当代中国制度变迁的重大理论问题。政治制度和政治权力在经济发展中的决定性作用，早在《矛盾论》中就已成为毛泽东关注的对象，在社会主义建设时期，他又结合苏联模式的经验和教训，进一步深化了对此问题的认识。本文梳理了毛泽东前后两个时期的思想，将毛泽东的理论贡献概述为以下几个方面：第一，通过对辩证唯物论的创造性阐释，批判了自第二国际以来流行的生产力一元决定论，提出了更新历史唯物主义原理的设想，为理解十月革命以及中国革命的性质和意义，奠定了方法论基础。第二，通过反思苏联模式的经验和教训，批判了苏联范式政治经济学，指出了将马克思主义理论和中国实际第二次结合的必要性。第三，界定了革命后建立的社会主义社会的基本矛盾，提出了生产力和生产关系、经济基础和上层建筑之间的不平衡发展规律，并将变革生产关系和上层建筑，以发展生产力，视为革命后社会主义社会的制度变迁规律。毛泽东的上述思想具有重要意义。一方面，它为社会主义政治经济学的发展重新定向，使之具有了制度经济学的品格，在此意义上，它事实上预示了20世纪70年代后陆续兴起的当代制度经济学——包括国外马克思主义制度经济学和新古典制度经济学（即新制度经济学）——的研究议程。另一方面，毛泽东关于社会主义社会制度变迁规律的思考，在方法论上构成了中国特色社会主义政治经济学的发端，是理解当代中国改革开放的宝贵理论资源。

1. 历史唯物主义与制度变迁的两条道路

依照历史唯物主义的观点，一种生产方式向另一种更先进生产方式的过渡，是以生产力的根本提高为先决条件的。然而，生产力的这种决定性作用，常常被理解为一种时序上的、或"事先"意义的因果作用，即生产力的改变居先，生产关系的变化要以生产力的改变为前提；经济基础的改变居先，上层建筑的变化以经济基础的改变为前提。对历史唯物主义的这种诠释，被称作"生产力一元决定论"（或"经济决定论"），在19世纪末第二国际时期就已成为流行理论，此后，以斯大林在20世纪30年代主持编写的《联共（布）党史简明教程》为标志，更成为苏联和其他许多国家解释历史唯物主义的"主流"理论。[①]

[①] "生产力不仅是生产中最活动、最革命的因素，而且是生产发展的决定因素。生产力怎样，生产关系就必须怎样。"《联共（布）党史简明教程》，人民出版社，1975，第137页。

在马克思主义史上，有过几次围绕历史唯物主义的争论。最早的争论开始于 19 世纪末。当时，为了抵消生产力一元决定论的影响，恩格斯在给第二国际社会主义者的五封书信里特地对历史唯物主义作了重新表述。恩格斯以为，生产力一元决定论的流行，源自他和马克思早年表述上的缺陷，以及后人理解的偏误，没有意识到他事实上亲自发动了一场马克思主义内部关于历史唯物主义的争论。不过，当时的争论还具有纯理论的性质，十月革命爆发后，围绕这场革命的性质和意义，以及历史唯物主义在解释这次革命中的适用性，出现了第二次争论。以考茨基等为代表的第二国际社会主义者普遍站在生产力一元决定论的基础上，指斥十月革命缺乏相应的生产力基础，不是一场社会主义性质的革命。另一方面，在实践上拥护十月革命的马克思主义者，则从中看到了生产力一元决定论的局限，以及历史唯物主义内部的理论张力。例如，日后成为意大利共产党总书记的葛兰西，在十月革命后立即撰写了《反〈资本论〉的革命》一文，他提出："布尔什维克否定了卡尔·马克思，并用毫不含糊的行动和所取得的胜利证明：历史唯物主义的原则并不像人们可能认为和一直被想象的那样是一成不变的。"①

与此同时，在即将爆发"五四运动"的中国，生产力一元决定论在现实中的适用性，也成为中国共产党早期创始人李大钊所关注的问题。在发表于 1919 年的《我的马克思主义观》一文里，李大钊系统地表达了他对历史唯物主义和马克思主义经济学的认识，他认为，历

---

① 葛兰西：《反〈资本论〉的革命》，《葛兰西文选（1916—1935）》，人民出版社，1992，第 10 页。

史唯物主义存在一个矛盾,"一方既确认历史……的原动为生产力;一方又说从来的历史都是阶级竞争的历史,……如此说法,终觉有些牵强矛盾的地方"。李大钊的上述见解,可以看作国际上围绕十月革命而产生的理论分歧在中国的反映。①

十月革命的实践呼唤着新的理论。1923年,在去世前不久,列宁撰写了《论我国革命》这篇短文,对来自第二国际的意见作了回应。他提出:第一,"世界历史发展的一般规律,不仅丝毫不排斥个别发展阶段在发展的形式上或顺序上表现出特殊性,反而是以此为前提的"。第二,"既然建立社会主义需要有一定的文化水平……我们为什么不能首先用革命手段取得达到这个一定水平的前提,**然后**在工农政权和苏维埃制度的基础上赶上别国人民呢?"②

笔者曾将列宁的这个回应称作"列宁晚年之问",其中包含以下深刻的含义:第一,在列宁看来,世界历史同时是由特殊性和偶然性组成的,不仅包含一般性和必然性。十月革命成功地爆发在相对落后的俄国,体现了特殊性或偶然性因素的作用。在这里,列宁事实上区分了制度变迁的两条道路:一条是体现一般性的道路,即以生产力的根本改变为先导,继之以生产关系和上层建筑的更替;另一条是体现特殊性的道路,即先改变上层建筑和生产关系,再继之以生产力的根本变革。生产力一元决定论解释的是制度变迁的第一条道路,十月革

---

① 《李大钊全集》第3卷,人民出版社,1999,第30—31页。饶有意味的是,作为革命的先驱者,李大钊在这篇文章里对"阶级的团体活动"和"伦理的运动"的意义给予了格外的关注,甚至主张"以人道主义改造人类精神,同时以社会主义改造经济组织"。见《李大钊全集》第3卷,第32—35页。

② 《列宁选集》第4卷,人民出版社,1995,第776—777页。

命所开辟的道路，则属于制度变迁的第二条道路。

第二，列宁还提出了制度变迁第二条道路与世界历史一般性法则即制度变迁第一条道路的相互关系问题。在他看来，通过上层建筑革命所造成的制度变迁，必须最终推动生产力和文化的根本进步，才能促成生产方式的整体性跃迁。这意味着，制度变迁的第二条道路，最终还要回归第一条道路。正是基于这一重考量，列宁在革命后的著作里反复强调，劳动生产率进步是新生的社会主义制度战胜资本主义的最关键因素。①

笔者曾将列宁的上述思想，概括为"有机生产方式变迁"论。马克思的生产方式概念，包括生产力和生产关系两个维度。生产力一元决定论主张，生产力的革命性变化，是生产关系更迭的唯一动因。而在列宁的阐释中：第一，生产关系可以为上层建筑的革命所改变，具有相对于生产力的某种自主性；第二，由于上层建筑革命的最终目标是促成向新的、更高级的生产方式的过渡，因此，不管造成变化的直接动因是什么，要造成生产方式整体的不可逆变迁，最终要以生产力的根本提高为前提。在这里，列宁事实上承认，生产力未必一定在"事先"（*ex ante*）的意义上起决定作用，但一定会在"事后"（*ex post*）的意义上、以迂回曲折的方式发挥这种作用。这种有机生产方式变迁论汲取了生产力一元决定论的合理内核，但避免了其机械决定

---

① 列宁说："劳动生产率，归根到底是使新社会制度取得胜利的最重要最主要的东西。资本主义创造了在农奴制度下所没有过的劳动生产率。资本主义可以被最终战胜，而且一定会被最终战胜，因为社会主义能创造新的高得多的劳动生产率。"见《列宁选集》第4卷，人民出版社，1995，第16页。

论的弊端。①

将列宁和马克思的理论贡献作比较，可以发现后者提供的是关于世界历史一般规律的理论，前者则提供了关于革命的特殊性条件的理论。列宁的理论贡献涉及革命的主观性和客观性两个方面。就客观性方面而言，列宁在其帝国主义论的基础上指出，在第一次世界大战的背景下，俄国是帝国主义链条中最薄弱的环节；就主观性方面而言，则有《怎么办》一书中提出的建党学说，其中包括先锋队党的理念以及工人群众的阶级意识要从外部灌输的观点。②十月革命是在列宁关于革命的特殊性理论的指引下取得成功的，这个理论揭示了世界历史在特定条件下开启的时间窗口，使布尔什维克得以把握机遇改变历史。

类似地，毛泽东也结合中国作为半殖民地半封建社会的性质，为中国革命提出了一个特殊性理论。从其井冈山时期的著作，到抗战时期的《论持久战》，再到《新民主主义论》，可以清晰地看到这种理论的形成和发展。毛泽东最先是从回应下述问题开始的：在井冈山这样的地方搞工农武装割据，为什么是可能的？他的回答是，第一，因为帝国主义阵营内部是分裂的；第二，帝国主义在中国的代理人，即所谓"买办豪绅阶级"也是分裂的，且有相互间持续的战争，在这种条件下，中国共产党有可能开展工农武装割据，建立根据地，继而由

---

① 参见孟捷：《历史唯物论与马克思主义经济学》，社会科学文献出版社，2016，第49—50页。
② 参见《列宁选集》第2卷，人民出版社，1995，第575—688页；《列宁选集》第1卷，人民出版社，1995，第290—458页。

农村包围城市。① 此后，毛泽东结合世界革命和战争的新格局进一步分析了中国革命的性质与前途，在《新民主主义论》里，他提出国际国内环境均不允许中国走资本主义的道路；殖民地半殖民地国家反对帝国主义的斗争，必然成为世界社会主义革命的一部分；中国革命是由两个阶段构成的，首先是党领导下的新民主主义革命，继而再由此前进到社会主义革命。②

上述特殊性理论的成功运用，意味着中国革命与俄国革命一样，开启的是第二条制度变迁道路。这条道路不同于所谓"跨越卡夫丁峡谷"。在与俄国民粹派的通信中，马克思曾经探讨了俄国是否可能不走资本主义道路，直接迈向社会主义的可能性，即所谓跨越"资本主义制度的卡夫丁峡谷"③。马克思提出这一设想，是以欧洲先进国家可能同时爆发社会主义革命为前提的；马克思认为，在这种条件下，刚刚从农奴制摆脱出来的落后的俄国，就有可能利用西欧的先进生产力和自身的村社制度，直接走上社会主义道路。然而，俄国十月革命是在完全不同于马克思前述设想的条件下发生的。世界历史上第一个实行无产阶级专政的国家无法利用别国先进的生产力来帮助自己，反而面临着被帝国主义国家毁灭的危险。正如列宁在革命后指出的："现在包围着我们这个经过多年磨难而贫穷不堪的苏维埃国家的，不是会利用自己高度发达的技术和工业来帮助我们的社会主义法国和社会主义英国。不是的！我们必须记住，现在它们的高度发达的技术和

---

① 参见《毛泽东选集》第1卷，人民出版社，1991，第48—50、57、98—101页。
② 参见《毛泽东选集》第2卷，人民出版社，1991，第667、679—681页。
③ 《马克思恩格斯全集》第25卷，人民出版社，2001，第465页。

工业,全部都归反对我们的资本家所有。"① 因此,将十月革命所开辟的道路等同于跨越卡夫丁峡谷,误解了十月革命道路的性质,严重贬低了列宁和俄国布尔什维克在社会主义发展史上的开创性贡献。中国社会主义革命和建设,以及改革开放所带来的中国特色社会主义道路,本质上也不同于马克思设想的"跨越卡夫丁峡谷"。②

  毛泽东和列宁类似,他们都清楚地意识到,革命以及革命所带来的制度变迁,应该服从有机生产方式变迁的逻辑;制度变迁的第二条道路,必须最终促成生产力的根本提高,即与制度变迁的第一条道路相结合才有意义。然而,列宁晚年虽然直接提出了这一问题,却没来得及在历史唯物主义理论层面将这一思想进一步概念化。以毛泽东为代表的中国共产党人,接过了列宁未完成的理论任务。在毛泽东一生中,有两次重要的尝试。第一次是创作《矛盾论》,1937年8月,全面抗战的烽火刚刚燃起,在即将成为中国革命圣地的延安,毛泽东在窑洞里完成了这本貌似抽象的方法论著作,提出了他对中国革命的哲学思考,其中包含了对第二国际以来流行的"生产力一元决定论"的批判,以及革新历史唯物主义原理的基本设想。20世纪50年代晚期,针对苏联模式的经验和教训,毛泽东又深入思考了社会主义建设时期历史唯物主义原理的适用性问题,形成了有关社会主义社会基本矛盾和制度变迁规律的思想。毛泽东前后这两个时期的思想,是对列宁晚年之问的延续、深化和发展,进一步解释了革命所开辟的制度变迁道

---

① 《列宁选集》第4卷,人民出版社,1995,第584页。
② 赵家祥批评了对马克思跨越卡夫丁峡谷论的误用,见其《对"跨越资本主义卡夫丁峡谷"问题的商榷意见》,《北京大学学报》1998年第1期。

路的性质和矛盾等问题,其实质是一种制度经济学理论。

在《矛盾论》里,毛泽东提出了主次矛盾和矛盾的主次方面相互转化的理论,并将这一理论运用于理解生产力和生产关系、经济基础和上层建筑以及理论和实践的关系。如他提出的:"生产力、实践、经济基础,一般地表现为主要的决定的作用,谁不承认这一点,谁就不是唯物论者。然而,生产关系、理论、上层建筑这些方面,**在一定条件之下**,又转过来表现其为主要的决定的作用,这也是必须承认的。当着不变更生产关系,生产力就不能发展的时候,生产关系的变更就起了主要的决定作用。当着如同列宁所说'没有革命的理论,就不会有革命的运动'的时候,革命理论的创立和提倡就起了主要的决定的作用。……当着政治文化等等上层建筑阻碍着经济基础的发展的时候,对于政治上和文化上的革新就成为主要的决定的东西了。"毛泽东还指出,这样的理解,并不违反历史唯物论,"因为我们承认**总的历史发展中**是物质的东西决定精神的东西,是社会的存在决定社会的意识;但是同时又承认而且必须承认精神的东西的反作用,社会意识对于社会存在的反作用,上层建筑对于经济基础的反作用。这不是违反唯物论,正是避免了机械唯物论,坚持了辩证唯物论"①。

---

① 《毛泽东选集》第1卷,人民出版社,1991,第325—326页。重点标识为引者所加。毛泽东在此特地将理论和实践作为矛盾的双方来理解,强调创立和提倡新理论的主要地位,其目的显然是为着将马克思主义理论中国化。冯契在评价毛泽东的哲学贡献时提出:"毛泽东用'能动的革命的反映论'既概括了辩证唯物主义认识论关于思维和存在关系问题的基本观点,也概括了唯物史观关于社会存在和社会意识关系问题的基本观点。所以,它集中体现了辩证唯物论和历史唯物论的统一。"见冯契:《中国近代哲学的革命进程》,《冯契文集》第7卷,华东师范大学出版社,1997,第581页。

在这里，毛泽东将生产力一元决定论视为机械唯物论，因为后者一味强调生产力或经济基础的决定性作用，忽略了生产关系或上层建筑在"一定条件之下"也可能向矛盾的主要方面转化，从而发挥决定性反作用。毛泽东创造性地运用辩证唯物论，将生产力、经济基础的决定性作用，作为"总的历史发展中"的规律、即列宁所谓世界历史的一般性来理解，将生产关系、上层建筑可能具有的决定性反作用置于"在一定条件下"、即作为特殊性来理解，进一步发展了列宁的思想，为解决葛兰西乃至李大钊等人指认的悖论找到了出路。

在抗战胜利前后，即1944—1945年，毛泽东再度提出了通过革命变革政治制度以发展和解放生产力，即推动有机生产方式变迁的思想，他说："妨碍生产力发展的旧政治、旧军事力量不取消，生产力就不能解放，经济就不能发展。……我们搞政治、军事仅仅是为着解放生产力。学过社会科学的同志都懂得这一条，最根本的问题是生产力向上发展的问题。……政治、军事的力量，是为着推翻妨碍生产力发展的力量；推翻妨碍生产力发展的力量，目的是为着解放生产力，发展经济。"①

毛泽东进一步结合中国作为半殖民地半封建社会的具体特点，擘画了以有机生产方式变迁为最终目的的中国革命和社会发展的具体阶段，即所谓"做两步走"，第一步是通过革命建立新民主主义社会，第二步是建立社会主义社会。在《新民主主义论》里，他针对第一步特地指出："第一步的时间是相当地长，决不是一朝一夕所能成就的。

---

① 《毛泽东文集》第3卷，人民出版社，1996，第108—109页。

我们不是空想家,我们不能离开当前的实际条件。"① 在其他著作里又说:"现在我们建立新民主主义社会,性质是资本主义的,但又是人民大众的,不是社会主义,也不是老资本主义,而是新资本主义,或者说是新民主主义。"② 在谈论新民主主义经济的时候,他说:"在无产阶级领导下的新民主主义共和国的国营经济是社会主义的性质,是整个国民经济的领导力量,但这个共和国并不没收其他资本主义的私有财产,并不禁止'不能操纵国计民生'的资本主义生产的发展,这是因为中国经济还十分落后的缘故。"③ 然而,在写作《新民主主义论》等著作的这一时期(抗战胜利前后),毛泽东还没有将民族资产阶级归入在新民主主义阶段联合专政的"各革命阶级"。数年后,他的思想有了进一步发展。在中华人民共和国成立前仅数个月,毛泽东撰写了《论人民民主专政》,提出民族资产阶级与工人阶级、农民阶级、小资产阶级一道,都是人民的组成部分。新民主主义国家的国体,是在工人阶级和中国共产党的领导下,人民团结起来对敌人实施专政。④

在抗战胜利前夕发布的《论联合政府》里,毛泽东将如何看待党的作用与有机生产方式变迁联系了起来,他指出:"**中国一切政党的政策及其实践在中国人民中所表现的作用的好坏、大小,归根结底,**

---

① 《毛泽东选集》第2卷,人民出版社,1991,第684页。
② 《毛泽东文集》第3卷,人民出版社,1996,第110页。
③ 《毛泽东选集》第2卷,人民出版社,1991,第678页。
④ 《毛泽东选集》第4卷,人民出版社,1991,第1475页。关于国体的概念,见毛泽东在《新民主主义论》里的阐述,在那里国体被定义为社会各阶级在国家中的地位(《毛泽东选集》第2卷,第676页)。

看它对于中国人民的生产力的发展是否有帮助及其帮助之大小，看它是束缚生产力的，还是解放生产力的。消灭日本侵略者，实行土地改革，解放农民，发展现代工业，建立独立、自由、民主、统一和富强的新中国，只有这一切，才能使中国社会生产力获得解放，才是中国人民所欢迎的。"① 这个论断的实质，是将党看作在制度变迁两条道路之间缔结联系的纽带，从而在根本上界定了党的历史使命——中国共产党是推进有机生产方式变迁的政治领导力量。

毛泽东在《矛盾论》等一系列著作中阐发的思想，在国际上产生了深远影响。② 阿尔都塞是当代法国马克思主义哲学家，他的所谓"多元决定"观，就折射出这种影响。阿尔都塞在反驳生产力一元决定论（或经济决定论）的时候提出："真正的马克思主义从不把各因素的排列、每个因素的实质和地位一劳永逸地固定下来，从不用单一的含义去确定它们的关系；只有'经济主义'（机械论）才一劳永逸地把各因素的实质和地位确定下来，不懂得过程的必然性恰恰在于各因素'根据情况'而交换位置。正是唯经济主义事先就一劳永逸地规**定，归根到底起决定作用的矛盾**必定是**占主导地位的矛盾**，矛盾的这一'方面'（生产力、经济、实践）必定起主要作用，而另一'方面'（生产关系、政治、意识形态、理论）必定起次要作用，却不了解归根到底是由经济所起的决定作用在真实的历史中恰恰是通过经

---

① 《毛泽东选集》第 3 卷，人民出版社，1991，第 1079 页。重点标识为引者所加。
② 例如，法国著名思想家列斐伏尔曾提出："毛泽东的一些小册子，例如《矛盾论》《实践论》《关于正确处理人民内部矛盾的问题》《人的正确思想是从哪里来的？》等，具有重大的历史意义。"见亨利·列斐伏尔：《论国家——从黑格尔到斯大林和毛泽东》，李青宜等译，重庆出版社，1988，第 242 页。

济、政治、理论等交替起第一位作用而实现的。"① 他把这种各个因素交替占据主导地位或成为矛盾的主要方面,称作矛盾的"多元决定"。

阿尔都塞在这里区分了生产力或经济的归根到底的作用与其他因素占主导地位的作用,并认为前者最终决定了后者。可是,阿尔都塞虽然正确地提出了这一问题,但正如中外学者一再指出的,他并未对这两方面的关系做出令人信服的解释,这样一来,个别因素——如生产关系或上层建筑——的独立发展,就有着与归根结底的作用相游离的倾向。②

2. 社会主义社会的基本矛盾和制度变迁规律

20世纪30年代,斯大林宣布苏联建成了社会主义制度,苏联型计划经济体制从此成为社会主义经济制度的范型。在发表于20世纪50年代的《苏联社会主义经济问题》一书里,斯大林试图提出一种经济理论,以描述这一制度的特点。此后出版的苏联《政治经济学》教科书,进一步贯彻了斯大林的思想,进而形成了苏联范式政治经

---

① 路易·阿尔都塞:《保卫马克思》,商务印书馆,1984,第184页。重点标识为引者所加。
② 法国哲学家列斐伏尔认为,阿尔都塞的多元决定论歪曲了《矛盾论》的思想,见列斐伏尔:《论国家——从黑格尔到斯大林和毛泽东》,第241—242页。另可参见段忠桥:《评阿尔都塞的"多元决定论"和"无主体过程论"》,载《理性的反思与正义的追求》,黑龙江人民出版社,2007,第61页。对阿尔都塞和毛泽东的关系的进一步评论,可参见孟捷:《历史唯物论与马克思主义经济学》,社会科学文献出版社,2016,第52—53页。

济学。

苏联政治经济学是与传统社会主义计划经济体制相适应的,它既是对当时经济实践的理论总结,也代表着一种新兴的意识形态,旨在回避这一体制内的矛盾,为这一体制辩护。在斯大林的理论中,一个最重要的观点涉及社会主义社会是否存在剩余劳动。斯大林提出:"我认为,也必须抛弃从马克思专门分析资本主义的《资本论》中取来而硬套在我国社会主义关系上的其他若干概念。我所指的概念包括'必要'劳动和'剩余'劳动、'必要'产品和'剩余'产品、'必要'时间和'剩余'时间这样一些概念。马克思分析资本主义,是为了说明工人阶级受剥削的泉源,即剩余价值。"①

斯大林否认剩余劳动的存在,是以假定现实存在的社会主义直接等同于马克思恩格斯所描绘的共产主义为前提的。这一认识与列宁不同,在《论我国革命》里,列宁对十月革命所开辟的制度变迁道路的理解,同时也界定了革命后建立的社会主义社会的性质——既然革命后社会的任务是通过变革上层建筑和生产关系,解放和发展生产力,这种社会主义就不是一个全面超越资本主义的新社会形态,而是一个迈向这一新社会形态的过渡阶段。②

斯大林对苏联社会性质的片面认识造成了如下后果:其一,由于否认剩余劳动的存在,对生产关系加以研究的必要性就被淡化乃至取消了,因为生产关系的实质,就是剩余的占有和支配关系。这样一

---

① 《斯大林文选》下卷,人民出版社,1962,第583—584页。
② 二战后国际马克思主义者围绕革命后社会的性质产生了扩日持久的争论,相关评述参见曼德尔:《权力与货币——马克思主义的官僚理论》,孟捷等译,中央编译出版社,2000。

来，社会主义政治经济学的研究对象就被窄化了。其二，在此基础上，斯大林提出了他所谓的"社会主义基本经济规律"——"用在高度技术基础上使社会主义生产不断增长和不断完善的办法，来保证最大限度地满足整个社会经常增长的物质和文化的需要。"① 在这里，最大限度地满足"物质的和文化的需要"是目的，前述"办法"则是手段，这是一条关于手段和目的的相互关系的规律。正如中外学者一再指出的，依照这一表述，社会主义政治经济学就变成了关于生产力合理组织的科学，而不是真正意义的社会主义政治经济学。② 其三，斯大林界定的社会主义基本经济规律，假设社会主义生产关系是先进的，问题只在于落后的生产力。③ 这种见解基本排除了生产关系的变革之于革命后社会主义社会的意义。

斯大林去世后，赫鲁晓夫在苏共二十大发表秘密报告，激烈地批判斯大林。这一事件对中国和世界社会主义运动产生了巨大影响。毛泽东和中国共产党人自此开始了对苏联模式和苏联政治经济学的批判性反思，转而探索将马克思主义基本原理与中国社会主义建设的具体实际相结合的新路径。1956 年，在中共中央政治局扩大会议上，毛泽东提出："赫鲁晓夫这次揭了盖子，又捅了娄子。他破除了那种认为

---

① 《斯大林文选》下卷，人民出版社，1962，第 602 页。
② 参见下述著作里的批评。W. 布鲁斯：《社会主义的政治与经济》，何作译，绍文校，中国社会科学出版社，1981，第 98—101 页；卓炯：《怎样认识价值规律是一个严重的理论问题——就正于钟荆同志》，《中国经济问题》1979 年第 5 期。
③ 1931 年，苏联经济学家沃兹涅先斯基发表《论社会主义经济问题》一文，提出了"先进的社会主义生产关系和相对落后的生产力之间的矛盾"的表述。转引自社会主义政治经济学小组编《社会主义政治经济学》（未定稿第二版讨论稿）上册，1976，第 122 页。

苏联、苏共和斯大林一切都是正确的迷信，有利于反对教条主义。不要再硬搬苏联的一切了，应该用自己的头脑思索了，应该把马列主义的基本原理同社会主义革命和建设的具体实际结合起来，探索在我们国家里建设社会主义的道路了。"① 这一时期，在《论十大关系》《关于正确处理人民内部矛盾的问题》《读苏联〈政治经济学教科书〉笔记》等论著里，毛泽东对社会主义政治经济学一系列问题提出了深刻见解，他的这些思考代表了将前述列宁晚年之问进一步概念化的第二次尝试。

毛泽东的反思是围绕社会主义社会的基本矛盾而展开的。他提出："社会主义社会，仍然存在着矛盾。否认存在矛盾就是否认唯物辩证法。斯大林的错误正证明了这一点。"② "在社会主义社会中，基本的矛盾仍然是生产关系和生产力之间的矛盾，上层建筑和经济基础之间的矛盾。不过社会主义社会的这些矛盾，同旧社会的生产关系和生产力的矛盾、上层建筑和经济基础的矛盾，具有根本不同的性质和情况罢了。"③

社会主义社会的矛盾与以往阶级社会中的矛盾之所以不同，在于前者不再表现为对抗性的阶级矛盾。毛泽东指出，这种非对抗性矛盾即便在马克思主义经典作家所描绘的未来共产主义社会也是存在的："将来全世界的帝国主义都打倒了，阶级没有了，那个时候还有生产关系同生产力的矛盾，上层建筑同经济基础的矛盾。生产关系搞得不

---

① 《毛泽东年谱（1949—1976）》第 2 卷，中央文献出版社，2013，第 550 页。
② 同上书，第 549 页。
③ 《毛泽东文集》第 7 卷，人民出版社，1999，第 214—215 页。

对头,就要把它推翻。上层建筑(其中包括思想、舆论)要是保护人民不喜欢的那种生产关系,人民就要改革它。"① 此外,毛泽东还不同意将生产关系片面地归于所有制,提出生产关系的变革事实上涉及"各种制度问题",如他所说:"解决生产关系问题,要解决生产的诸种关系,也就是各种制度问题,不单是要解决一个所有制问题。"②

毛泽东主张,生产力和生产关系、经济基础和上层建筑的矛盾不仅存在于社会主义的不成熟阶段,而且存在于未来共产主义阶段,是具有重要意义的思想。在马克思主义内部,布哈林等人曾提出,在资本主义过渡到社会主义之后,政治经济学将不复存在。③ 斯大林虽然表面反对这种观点,但事实上贬低了研究生产关系的意义,将社会主义政治经济学作为研究资源配置中目的和手段的关系的科学来对待。毛泽东一反这些观点,强调生产关系和上层建筑的变革在人类社会中具有永恒的意义。

在阅读苏联《政治经济学教科书》时,毛泽东进一步提出了生产力和生产关系、经济基础和上层建筑之间不平衡发展的规律,主张这一规律应该作为总纲贯穿政治经济学体系,他说:"我们要以生产力和生产关系的平衡和不平衡,生产关系和上层建筑的平衡和不平衡,作为纲,来研究社会主义社会的经济问题。……生产力和生产关系之间、生产关系和上层建筑之间的矛盾和不平衡是绝对的。上层建筑适应生产关系,生产关系适应生产力,或者说它们之间达到平衡,总是

---

① 《毛泽东年谱(1949—1976)》第3卷,中央文献出版社,2013,第33页。
② 《毛泽东年谱(1949—1976)》第2卷,中央文献出版社,2013,第529页。
③ 参见陈其人:《布哈林经济思想》,上海社会科学院出版社,1992,第135—137页。

相对的。"①

在毛泽东看来,上述不平衡发展规律的显著特点,是生产关系或上层建筑经常成为矛盾的主要方面,如他所说:"一切革命的历史都证明,并不是先有充分发展的新生产力,然后才改造落后的生产关系,而是要首先造成舆论,进行革命,夺取政权,才有可能消灭旧的生产关系。消灭了旧的生产关系,确立了新的生产关系,这样就为新的生产力的发展开辟了道路。"在资本主义形成史上,为资本主义奠定生产力基础的工业革命,发生在资本主义生产关系确立之后,毛泽东就此提出:"当然,生产关系的革命,是生产力的一定发展所引起的。但是,生产力的大发展,总是在生产关系改变以后。……在英国,是资产阶级革命(17世纪)以后,才进行工业革命(18世纪末到19世纪初)。法国、德国、美国、日本,都是经过不同的形式,改变了上层建筑、生产关系之后,资本主义工业才大大发展起来。"②在这里,毛泽东结合资本主义起源问题,系统地反思了制度变迁的两条道路及其相互关系,认为这一问题在近代历史上具有普遍性。

总之,在以上这些论述里,毛泽东不再如斯大林那样,假设社会主义生产关系天然具有先进性,相反,他强调生产关系适应生产力仅仅具有相对性。此外,在看待社会主义社会生产力和生产关系的相互关系时,毛泽东不是将相对落后的生产力看作矛盾的主要方面,而是反过来将生产关系作为矛盾的主要方面对待,从而将生产关系置于变

---

① 《毛泽东文集》第8卷,人民出版社,1999,第130—131页。
② 同上书,第131—132页。

革的首要位置。毛泽东的上述观点，蕴含着对斯大林提出的社会主义基本经济规律的批判或扬弃。1976 年，《社会主义政治经济学》（未定稿第二版讨论稿）一书就曾根据毛泽东的观点对社会主义基本经济规律作了不同于斯大林的表述，书中写道："社会主义基本经济规律就包含这样的主要内容：**及时调整或变革生产关系和上层建筑**，不断提高技术水平，多快好省地发展社会主义生产，满足国家和人民不断增长的需要，为最终消灭阶级、实现共产主义创造物质条件。"① 这一表述可视为**接纳制度变迁的中国特色社会主义基本经济规律**，其中包含的典型的制度经济学思想，概括地体现在当时流行的一句政治口号中——"抓革命、促生产"。

然而，在"文化大革命"的背景下，只有"抓革命"真正成为时尚，"促生产"却成了危险的举措。有鉴于此，张闻天在写于 1973 年的一篇文章里提出了尖锐的批评："有人说，抓革命保险，抓生产危险。这正是把革命和生产对立起来的错误观点。"张闻天试图强调，革命所造成的制度变迁的绩效必须以是否促进生产力发展来衡量："在无产阶级专政下，继续进行社会主义革命，归根到底，就是为了大幅度地提高生产力，发展社会主义经济。"此外，1961 年他针对当时"左"倾的错误指出："政治是经济的集中表现……但如果政治不能集中表现经济，以全局来表现经济，那么政治就不能指导经济，为经济服务，或反而妨碍经济的发展。"② 在这里，张闻天以马克思主

---

① 社会主义政治经济学编写小组编《社会主义政治经济学》（未定稿第二版讨论稿）上册，1976，第 127 页。重点标识为引者所加。
② 张闻天选集传记组、中共上海市委党史研究室合编《张闻天社会主义论稿》，中共党史出版社，1995，第 260、258、140 页。

义语言表述了与诺思的"国家悖论"相类似的观点。

继毛泽东对社会主义制度经济学的思考之后,张闻天探索了生产关系的两重性问题。1963 年,他撰写了《关于生产关系的两重性问题》一文。张闻天在此文里提出,生产关系具有两重性,一方面表现和适应生产力,另一方面服务于对剩余的占有;前者是在分工协作中形成的劳动关系,后者是所有关系。他还提出,一旦明确生产关系具有两重性,生产力和生产关系的矛盾,就进一步转化为两种生产关系的矛盾,以及分别代表这两种生产关系的各阶级之间的矛盾。①

张闻天的上述思想,有助于完善和发展列宁和毛泽东此前提出的观点,比如,一旦承认生产关系具有两重性,即在表现和适应生产力以外还有服务于剩余占有的功能,则生产关系的改变就可能获得某种自主性,其变化可能不是生产力发展的直接结果,而是政治权力或上层建筑变革的产物。更重要的是,张闻天对生产关系两种功能的分梳,为理解制度变迁中的下述复杂现象作了必要的铺垫:在存在制度变迁第二条道路的情形下,生产关系的变革存在两种可能,一种是将上述两种功能集于一身,从而实现向制度变迁第一条道路的转化,另一种可能是,新的生产关系虽然改变了剩余占有和利用的方式,却未能足够有效地促进生产力的解放和发展。

毛泽东等人关于社会主义制度经济学的重要思想,是理解中国改革开放的宝贵理论资源。改革初期,邓小平曾提出:"革命是要搞阶

---

① 参见张闻天:《关于生产关系的两重性问题》,《经济研究》1979 年第 10 期。对张闻天思想的批判性考察,可参见孟捷:《历史唯物论与马克思主义经济学》,社会科学文献出版社,2016。

级斗争，但革命不只是搞阶级斗争。生产力方面的革命也是革命，而且是很重要的革命，从历史的发展来讲是最根本的革命。""改革是中国的第二次革命"。① 在这里，通过对两种革命的界分，邓小平重申了制度变迁两条道路之间的区别和联系。与前人不同的是，邓小平强调，只有发展社会主义市场经济，才能实现解放生产力和发展生产力的任务，如他所说："计划经济不等于社会主义，资本主义也有计划；市场经济不等于资本主义，社会主义也有市场。计划和市场都是经济手段。社会主义的本质，是解放生产力，发展生产力，消灭剥削，消除两极分化，最终达到共同富裕。"② 这就在理论认识的更高螺旋上沟通了制度变迁的两条路径，由此开创了中国特色社会主义的伟大道路。

3. 尾论

毛泽东等人的制度经济学思想，在学术史上具有重要意义。令人遗憾的是，在国内外制度经济学的文献中，对这些思想的介绍和利用，基本还是一个空白。在笔者看来，毛泽东等人的相关思想，直接预示了20世纪70年代以来兴起的当代制度经济学——包括马克思主义制度经济学和新古典制度经济学（即新制度经济学）——的研究主

---

① 《邓小平文选》第2卷，人民出版社，1994，第311页；《邓小平文选》第3卷，人民出版社，1993，第113—114页。习近平进一步发挥了邓小平的思想，提出"改革开放只有进行时没有完成时"，见《习近平谈治国理政》，外文出版社，2014，第67—69页。
② 《邓小平文选》第3卷，人民出版社，1993，第373页。

题乃至基本概念。20世纪70年代以降,法国调节学派、美国社会积累结构学派以及布伦纳的历史制度分析所代表的马克思主义制度经济学得到迅速发展。以布伦纳为例,他在70年代的研究中比较了英格兰、法国以及东欧地区在16—18世纪所经历的制度变迁。这三个区域的生产力水平在16世纪时大体相当,但在此后的三百年间,生产力水平却发生了明显分化。布伦纳在解释这一现象时,将其归于三个区域的阶级斗争格局在16世纪形成的差异,这种差异造就了几种截然不同的生产关系,分别主宰了各自地区的经济发展。只有在英格兰,新兴的生产关系促进了农业部门的生产率进步,诱发了相对剩余价值生产,最终推动了向资本主义的过渡。在此分析里,布伦纳区分了两种类型的生产关系,一种类型在提高统治阶级剩余的同时,也促进了生产力的发展(以英格兰为典型);另一类型虽然有助于提高剩余,却使生产力发展陷于停滞(以东欧为典型)。①

与布伦纳及其他流派所代表的马克思主义制度分析类似,政治制度对经济增长的影响,也构成了新制度经济学的研究主题。新制度经济学的代表人物诺思,早年曾是马克思主义者,他的著作的一个显著特点,是在新古典经济学的架构内,将生产力和生产关系、经济基础

---

① Brenner, R., 'Agrarian Class Structure and Economic Development in Pre-Industrial Europe', in Ashton, T.H., et al. eds., *The Brenner Debate*, Cambridge University Press, 1985; Brenner, R., 'The Agraian Roots of European Capitalism', in *The Brenner Debate*, Cambridge University Press, 1985; Brenner, R., 'The Origins of Capitalist Development: a Critique of Neo-Smithian Marxism', in *New Left Review*, No.104, July-August, 1977; 罗伯特·布伦纳:《马克思社会发展理论新解》,张秀琴等译,中国人民大学出版社,2016。对布伦纳思想的进一步分析,可参见孟捷:《历史唯物论与马克思主义经济学》第二章和第三章。

和上层建筑的矛盾以一种改头换面的方式纳入其分析。例如，在论及制度变迁的根源时，他提出，要素相对价格变化是导致制度变迁的原因。① 这一见解类似于以生产力解释生产关系的变化。不过，相对于马克思而言，诺思的分析重点并不在此，而在于政治制度之于经济增长的影响。为此，诺思区分了制度的两重功能，据以分析政治制度和经济增长的关系，如他所说："（制度）有两个目的：一是，界定形成产权结构的竞争与合作的基本规则（即在要素和产品市场上界定所有权结构），这能使统治者的租金最大化。二是，在第一个目的框架中降低交易费用以使社会产出最大"②。在这里，诺思事实上和张闻天、布伦纳一样，强调了生产关系两重性及其相互间的矛盾。诺思的这一思想是阿西莫格鲁等人提出的包容性制度和汲取性制度等概念的理论来源。和诺思类似，阿西莫格鲁等人强调政治权力的分配是决定制度演进的主要因素，延续和发展了诺思所倡导的新制度经济学。③

---

① "对统治者来说，既然他没有搭便车问题，他就要不断进行制度创新以适应相对价格的变化。因此，劳动更加稀缺的土地与劳动相对稀缺性的变化就会促使统治者变革制度以适当地增加劳动的租金。"诺思：《经济史中的结构与变迁》，陈郁、罗华平等译，生活·读书·新知三联书店，1994，第32页。

② 诺思：《经济史中的结构与变迁》，第24—25页。诺思承认，他的观点受到了马克思的影响，如他所说："使统治者（或统治阶级）租金最大化的产权结构和那种会带来经济增长的产权结构是相冲突的。这类冲突的一个变种是马克思主义关于生产方式的矛盾的见解，根据这种见解，所有制结构和由不断演化的一组技术变革所带来的潜在收益的实现是不相容的。"见 North, D.C., *The Structure and Change in Economic History*, London and New York：W.W. Norton & Company, 1981, p.28.

③ 德隆·阿西莫格鲁、詹姆斯·A.罗宾逊：《国家什么会失败》，李增刚译，徐彬校，湖南科学技术出版社，2015。对诺思和阿西莫格鲁这对概念的批评，可参见孟捷：《历史唯物论与马克思主义经济学》，第三章，社会科学文献出版社，2016。

值得一提的是，新制度经济学家普遍认为，马克思主义的弊端在于忽略了政治制度对经济发展的影响。以阿西莫格鲁等人为例，他们写道，马克思"只强调了作为'历史动力'的技术和生产力，而各种制度和政治因素——例如，谁拥有政治权力、权力如何行使、怎样限制权力，等等——则被彻底忽视了。""马克思根本没有考虑制度和政治因素，因为他认为它们只不过是生产力释放出来的强大冲击的派生结果而已。"① 这些指责是以生产力一元决定论为对象的，完全忽略了从列宁到毛泽东、再到当代其他学者的马克思主义理论传统。

毛泽东等人的制度经济学思想，沟通了制度变迁中的建构理性主义和进化理性主义，既是对传统马克思主义理论、也是对当代制度经济学的重大发展。在哈耶克看来，马克思主义是建构理性主义的典型代表。哈耶克的批评者则认为，马克思提出过"社会经济形态的发展是一种自然历史过程"，主张"一个社会即使探索到了本身运动的自然规律，……它还是既不能跳过也不能用法令取消自然的发展阶段"。这些观点表明，不能将马克思主义简单地归于建构理性主义。② 在笔者看来，如果我们将马克思关于社会经济发展是一个自然史过程的观点也看作一种进化理性主义的话，则建构理性主义和进化理性主义的

---

① 德隆·阿西莫格鲁、詹姆斯·A. 罗宾逊:《资本主义一般规律之兴衰——评皮凯蒂〈21世纪资本论〉》，贾拥民译，《新政治经济学评论》，2014 年第 28 期；载中国人民大学"复印报刊资料"《理论经济学》2015 年第 4 期，第 81 页和第 79 页。诺思的类似评论见其《经济史上的结构与变迁》，厉以平译，商务印书馆，1993，第 29 页。

② 《马克思恩格斯全集》第 23 卷，人民出版社，1972，第 11—12 页。参见张宇、王生升：《马克思是建构理性主义者吗——评哈耶克对马克思的批评》，《中国人民大学学报》2003 年第 1 期。

区别，就不仅存在于马克思主义和哈耶克等人的理论之间，也在某种意义上存在于马克思主义内部。十月革命爆发后，第二国际社会主义者与列宁、葛兰西等人围绕历史唯物主义的争论，就代表了这两种理论取向的差异。以毛泽东为代表的中国共产党人从辩证唯物论的角度理解历史唯物主义原理，结合具体历史形势下的力量对比分析了中国革命的可能性和现实性，擘画了中国革命的发展阶段，并将解放和发展中国人民的生产力作为军事斗争和政治变革的最终目的；进入社会主义建设时期后，毛泽东等人结合苏联模式的经验和教训，同时联系自身的实践，将生产力和生产关系、经济基础和上层建筑的矛盾作为革命后社会主义社会的基本矛盾，并将变革生产关系和上层建筑以解放和发展生产力视作社会主义社会制度变迁规律，这样一来，毛泽东就开启了现代马克思主义制度经济学的先河，为协调建构理性主义和进化理性主义的分歧指出了新的方向，并成为中国特色社会主义政治经济学的最早拓荒者。

三

从生产力两重性到生产关系两重性
——平心和张闻天对历史唯物主义研究的贡献

普列汉诺夫曾提出,基佐和梯也尔等法国波旁王朝时期的历史学家,已在相当程度上认识到,政治上层建筑的起源在于财产关系或生产关系,因此,经济基础决定上层建筑的观点,并不算是马克思的发明;马克思的真正贡献,是将生产关系归溯到生产力发展的水平,并将生产力的发展视为社会发展的根本动力。普列汉诺夫认为,马克思的这一发现,使得有关社会历史的解释有可能以唯物主义的方式植根在一个统一的基础上,从而形成了他所谓的"一元论历史观"。[①]

将生产力视为社会历史变革根本动因的"一元论历史观",在其运用中面临如下疑难:第一,既然生产力的发展是生产关系乃至经济社会形态变迁的根本动力,生产力自身发展的根源何在?能否撇开生

[①] 普列汉诺夫:《论一元论历史观之发展》,第2章,博古译,生活·读书·新知三联书店,1961。

产关系，解释生产力的自行发展？第二，生产力在生产关系的变化中、经济基础在上层建筑的变化中分别起着归根结底的决定作用，如何在承认这种作用的同时，分析生产关系（或上层建筑）相对独立于生产力（或经济基础）的自主变化？能否跳出"反作用"的框架，理解生产关系（或上层建筑）在一定条件下之于生产力（或经济基础）的决定性作用？

在《矛盾论》里，毛泽东探究了第二个问题，提出了著名的矛盾的主次方面可以在一定条件下相互转化的学说。就生产力和生产关系的相互关系而论，这意味着，当着不变更生产关系，生产力就不能发展的时候，生产关系可以转过来成为矛盾的主要方面，起主要的决定的作用。① 至于第一个问题，最早是由普列汉诺夫提出来的，但是，他在提出这一问题后，又在很大程度上把它取消了，因为他将此问题转换为地理环境对生产力发展的制约问题。② 英国学者里格比在谈论普列汉诺夫的贡献时指出："普列汉诺夫意识到，……如果我们根据生产力的发展来解释社会和政治的变迁，那么又根据什么来解释生产力的这种发展呢？像马克思一样，普列汉诺夫简单地假设生产力具有内在的发展倾向，即使在某些社会条件下，这种发展是以'极慢的速

---

① 毛泽东："诚然，生产力、实践、经济基础，一般地表现为主要的决定的作用，谁不承认这一点，谁就不是唯物论者。然而，生产关系、理论、上层建筑这些方面，在一定条件下，又转过来表现其为主要的决定的作用，这也是必须承认的。当着不变更生产关系，生产力就不能发展的时候，生产关系的变更就起了主要的决定的作用。……当着政治文化等等上层建筑阻碍着经济基础的发展的时候，对于政治上和文化上的革新就成为主要的决定的东西了。"《毛泽东选集》第 1 卷，人民出版社，1991，第 325—326 页。
② 普列汉诺夫：《马克思主义基本问题》，载王荫庭编《普列汉诺夫读本》，中央编译出版社，2008，第 192 页。

度'实现的。他更关注的问题是,生产的发展为什么会在不同的时间和地点上存在着非常大的不平衡。"①

从历史唯物主义研究的历史来看,平心占据着一个重要的位置,因为他率先系统地考察了第一个问题。平心认识到,要解释这个问题,就不能将生产力视为若干要素的简单堆积,而要将其作为自身充满矛盾的系统。自1959年开始,平心撰写了一系列文章,提出了他的生产力理论。他提出,生产力一方面具有物质技术属性,另一方面又具有社会属性,这两重属性构成了一对矛盾,并在此矛盾的基础上论证了生产力自行增殖的原理,从而解决了前述问题。②

平心的观点自提出后便产生了重要反响,然而,在当时的时代氛围下,他的观点并没有获得普遍支持,反而遭到许多人的批评。正如蒋学模在1979年的一篇文章里提及的(后文还将论及这篇文章),与平心争论的学者,大都强调生产关系变革在推动生产力的发展上所起的决定性作用。这些争论构成了张闻天研究的背景,同时也催生了他的有关生产关系两重性的研究。1963年,张闻天撰写了《关于生产关系的两重性问题》一文。他认为,生产力和生产关系的矛盾,必然转化为生产关系内部的矛盾,即劳动关系和所有关系的矛盾,劳动关系的功能在于直接表现生产力,甚至其本身就是生产力的一部分,所有关系的功能则是服务于对剩余的占有和利用。张闻天的观点是对《矛盾

---

① S.H.里格比:《马克思主义与历史学》,吴英译,译林出版社,2012,第78页。
② 在1959年6月的《学术月刊》上,平心发表了《论生产力性质》一文,这是他最早论生产力的文章。此后,在与他人的争论中,平心共写了十篇相关论文阐述其思想。对平心理论的评述,可参见王珏主编《中国社会主义政治经济学四十年》第二卷,中国经济出版社,1991。

论》思想的重要补充和发展。他对生产关系两重性的分梳，一方面有利于说明生产关系何以可能先于生产力而变更，另一方面也暗示了生产关系的变更所面临的两种可能的前途——一种前途是，新的生产关系将前述两种功能集于一身，即在改变剩余的占有和利用方式的同时也表现了新兴的生产力；另一种是，新的生产关系虽然改变了剩余占有和利用的方式，却未能足够有效地促进生产力的解放和发展。

本文由三节构成，前两节分别评述了平心和张闻天的思想。从理论逻辑来看，平心和张闻天之间存在某种内在联系，前者事实上催生了后者的观点。在第三节即尾论里，我们强调，只有将毛泽东、平心、张闻天以及邓小平和习近平等人的思想相综合，才能构成一个足够宏大而完整的方法论框架，以解释包括改革开放在内的当代中国制度变迁。

还可向读者预先交代的是，作为一项思想史研究，本文不仅从纵向的角度，对平心和张闻天在历史唯物主义研究中的原创性贡献作了考察，而且从横向的角度，与国外学者在 20 世纪 70 年代后提出的理论作了比较。为此，后文在讨论相关问题时，也引入了诸如科恩、巴里巴尔、布伦纳等人的理论。笔者相信，这种多向度的比较研究，有助于我们更准确地认识平心和张闻天在历史唯物主义理论史上的贡献。

1. 平心的生产力理论

斯大林曾提出，生产力是由两方面因素构成的，一方面是有生产经验和劳动技能、运用生产工具从事物质资料的生产的人，另一方面是生产工具。① 斯大林的这种生产力因素论，长期以来影响了人们对生产力的理解。许多人以这种因素论的视角看待马克思，将马克思也归入因素论者，认为马克思与斯大林的区别只在于，马克思主张的是三因素论，斯大林是两因素论，淡化乃至忽略了马克思和斯大林在看待这一问题的方法论上的根本差别。马克思的相关见解出现在《资本论》第一卷，那里写道："劳动过程的简单要素是：有目的的活动或劳动本身，劳动对象和劳动资料。"② 在这里，至少在文字上，马克思与斯大林的区别也是明显的，这体现在：马克思所谈论的是劳动过程的诸要素，而不是生产力的诸要素；此外，马克思不是将劳动的主体即人，而是将有目的的活动或劳动本身作为劳动过程的要素。在这种字面意义的区别背后，是马克思与生产力因素论者在方法论上的深刻差异。

可以将马克思看待生产力问题的方法论大致概述如下。第一，马克思将劳动过程视为有机整体，而不是要素的机械堆积。因此，在谈论生产力的时候，马克思首先不是从单个要素（比如人、机器或土地）的角度来理解生产力，而是将生产力看作劳动的生产力。马克思也使用过个人生产力的概念，但他更加注重社会劳动的生产力，强调后者是与个人生产力根本不同的生产力的新形态。③ 马克思还揭示了

---

① 《联共（布）党史简明教程》，人民出版社，1975，第133—134页。
② 《马克思恩格斯全集》第23卷，人民出版社，1972，第202页。
③ 马克思为此写道："单个劳动者的力量的机械总和，与许多人手同时共同完成同一不可分割的操作……所发挥的社会力量有本质的差别。在这里，结合劳动的效果要末是个人劳动根本不可能达到的，要末只能在长得多的时间内，或者只能在很小的规模上达到。这里的问题不仅是通过协作提高了个人生产力，而且是创造了一种生产力，这种生产力本身必然是集体力。"《马克思恩格斯全集》第23卷，第362页。

资本主义社会的一种悖论，即社会劳动生产力的进步，往往是以单个要素或个人的生产力退化为代价的。在论述工场手工业分工的时候，他指出，这种分工通过劳动工具的专门化与局部工人的分组和结合，"创立了社会劳动的一定组织，这样就同时发展了新的、社会的劳动生产力"。但是，由于这种分工"只是为资本家而不是为工人发展社会劳动生产力"，因此"它只是靠使各个工人畸形化来发展社会劳动生产力"。①

第二，劳动过程具有设定目的的特点，一旦脱离劳动的社会合目的性，生产力诸要素必然失去其作为生产力的意义。此外，由于劳动所固有的社会合目的性贯穿于整个劳动过程，作为劳动过程的规范、准则、纪律等发挥着作用，因此，在生产力中也会存在观念或精神成分，其中既包括经验、技能和知识，也涉及劳动者的精神状态和主观创造性。

第三，由于社会劳动生产力首先是为资本服务的，因此，在马克思看来，社会劳动的生产力就表现为资本的生产力。② 在这里，马克思是把资本的生产力作为社会劳动的生产力的物化形式来看待的。马克思的这一观点与当代流行的将资本认作生产要素的观点是截然相反的。将资本看作生产要素，将资本的生产力视为资本这一要素的生产力，而不是社会劳动生产力的物化形态，恰好堕入了马克思所批判的

---

① 《马克思恩格斯全集》第23卷，第403页。
② "由许多单个的局部工人组成的社会生产机构是属于资本家的。因此，由各种劳动的结合所产生的生产力也就表现为资本的生产力。"《马克思恩格斯全集》第23卷，第398—399页。

资本拜物教的陷阱。

平心正确地理解了马克思的上述思想,他强调,必须将生产力看做一个充满矛盾的整体:"决不能把生产力看做劳动力和生产资料的单纯堆积体,而应该看做通过社会劳动的人力与物力的矛盾运动体。"① 平心认为,在马克思那里,生产力所体现的不仅仅是人和自然的关系,也包含着生产者之间的社会联系。生产力的性质是二重的,既有物质技术属性,也有社会属性,前者指的是劳动资料和劳动对象的数量、性能以至来源,以及与之对应的劳动生产率与一般技术水平,后者指的是"一定历史阶段劳动者的社会地位、生活面貌与精神机能,一般的劳动性质,生产的社会性质,劳动组织性质,生产资料使用的目的性与社会作用,生产力诸因素新陈代谢的特点以及生产力变化和发展的各种社会条件,所有这一切综合起来,标志着一定社会经济形态的生产力的社会属性"②。

平心认为,此处所谓生产力的社会联系,与生产关系是不同的,前者是由劳动技术结合的需要产生的,是"直接为生产使用价值服务的社会联系,同生产关系既有交错又有区别"。他还认为,如果生产力中不包含这种社会联系,"那末,生产力就只能是嵌进生产关系网眼里没有自己灵魂的一大堆活东西和死东西;而生产力的每一步增长、每一个变化都要受到生产关系的限制,如何能成为生产中最活跃最革命的社会力量呢?又如何能成为同生产关系互相矛盾互相联系的

---

① 平心:《论生产力问题》,生活·读书·新知三联书店,1980,第42—43页。
② 同上书,第59—61页。

对立体呢?"① 平心在此强调的生产力内部的社会联系,就是协作和分工的关系,也就是后来张闻天所指的既属生产力也属生产关系一般的劳动关系,而这种劳动关系并不限于个别劳动过程或个别企业,也涵盖了整个社会内部的劳动关系,即社会内部的分工。平心将分工视为生产力的见解,是以经典作家的论述为前提的,在《德意志意识形态》里,马克思恩格斯就提出了分工是生产力的观点,他们写道:"一个民族生产力发展的水平,最明显地表现于该民族分工的发展程度。"②

在上述认识的基础上,平心提出了生产力发展的内在动力问题,这一动力便是生产力系统内部的矛盾。平心认为,这种矛盾是多维的,它涉及"(生产力的)物质技术属性与社会属性之间的矛盾,结构与运动之间的矛盾,量与质的矛盾,劳动生产率与生产需要、生活需要之间的矛盾,各种劳动资料与劳动对象之间的矛盾,新旧劳动资料性能的矛盾,新旧原材料的性能的矛盾,各个生产领域与生产部门之间的生产力水平的矛盾,同一生产领域与生产部门的各单位之间生产水平的矛盾,等等"③。

需要指出的是,平心对上述矛盾的分类,并不是足够明晰的。例如,以所谓结构与运动的矛盾而论,在平心看来,生产力总和作为社会生产的物质内容,始终处于运动中,即处在人与自然的物质变换之中,生产力的这种运动既体现为量的变化,也体现为性能或质的变

---

① 平心:《论生产力问题》,第185、189页。
② 《马克思恩格斯选集》第1卷,人民出版社,1995,第68页。
③ 平心:《论生产力问题》,第144页。

化。与这种运动相对应的结构,事实上就是他所说的生产力内部的社会联系,即协作和分工所代表的劳动关系。结构与运动的矛盾,因而也就可以归于生产力的社会属性与物质属性的矛盾。类似地,还有劳动生产率与各种需要之间的矛盾。在平心那里,劳动生产率水平属于生产力的物质技术属性,生产资料使用的目的性——此处的目的性可以理解为针对特定需要进行生产——则属于生产力的社会属性,两者的矛盾也可以归于生产力的物质技术属性和社会属性之间的矛盾。在社会化大生产中,劳动的社会合目的性,对应于以交换为中介的需要的体系,随着社会内部分工或市场体系的扩大,这种需要的体系也越来越复杂,并反过来对生产提出新的要求,为生产力发展提供新的动力。平心写道:"人们在生产和再生产中,在生产的消费和补偿不断更替中,不但积累和交换物质产品,而且积累和交换各种劳动经验和生产技能,生产的发展与复杂化引起需要的扩大和多样化,需要的扩大和多样化反转来又促进生产的继续发展和复杂化。这就是生产力展示自己增殖自己更新的历史趋势的真实基础。"[1] 此外,不同部门间生产率水平的差异,也体现了生产力的物质技术属性与社会属性之间的矛盾。譬如,当生产棉布的部门发生生产率革命时,棉纱行业就会因其产品供不应求而面临技术进步的压力,换言之,既有的社会生产各部门间的平衡关系就需要重新建立。不过,尽管存在上述分类上的瑕疵,平心的基本结论却是正确的,如他所说:在所有矛盾中,"最重要的矛盾是物质技术属性和社会属性之间的矛盾",即生产力二重性的矛盾。[2]

---

[1] 平心:《论生产力问题》,第55页。
[2] 同上书,第100—101页。

平心在上述分析的基础上提出，政治经济学不仅要研究生产关系，而且要将生产力作为研究对象，要研究社会生产力的变化与发展规律，这一结论也是正确的。在经济思想史上，那些与生产力的社会属性直接相关的重要现象，早在古典经济学那里就受到了应有的重视。一个典型例子是所谓斯密定理，斯密认为，企业内部分工发展的程度，受到市场广狭的限制，市场过小，会限制企业内部的分工和生产率发展，反之，则会促进这种发展。① 在这里，市场的广狭，事实上就是以交换为媒介的社会内部分工的发展。马克思在评论斯密定理时指出，企业内的分工，作为商品生产的方法，是一种"**大规模生产的方法**"，它一方面以社会内部行业的划分即社会内部分工为前提，另一方面又通过"一个产品在其一个接一个的阶段或者状态中转化为不同的商品"（即后来所谓迂回生产），以及"创造作为商品的新产品"等各种途径扩大社会内部的分工。② 显然，不仅企业内分工，而且社会内部的分工，都不仅是生产关系，也是生产力的一部分（马克思的生产方式概念，通常就表达了这种双重含义），代表了生产力的社会属性或社会向度。

20世纪70年代以来，新熊彼特派经济学或当代演化经济学系统地研究了社会生产力发展规律的问题，考察了生产力的物质技术属性与社会属性的矛盾。其中较为突出的例子，是多西和佩蕾丝等人关于

---

① 亚当·斯密：《国民财富的性质和原因的研究》上卷，郭大力、王亚南译，商务印书馆，1983，第16页。
② 《马克思恩格斯全集》第26卷Ⅲ，人民出版社，1974，第296、318页。另可参见《马克思恩格斯全集》第23卷，人民出版社，1972，第390—391页。

技术经济范式和技术轨道的研究。依照佩蕾丝的定义，技术经济范式"由一套普遍的、通用的技术原则和组织原则所构成，代表着一场特定的技术革命得以运用的最有效方式，以及利用这场革命重振整个经济并使之现代化的最有效方式。一旦得到普遍采纳，这些原则就成了组织一切活动和构建一切制度的常识基础"。在这里，我们可以将技术经济范式理解为生产力系统中的劳动关系（协作和分工关系）赖以组织的原则，它体现了平心所说的生产力的社会维度。在演化经济学看来，一种技术经济范式形成和确立后，会同时造成一种技术轨道，即生产力发展的确定路径和形式，在这一轨道上，那些与技术经济范式相容的创新会得到鼓励和接纳，而那些不能与之兼容的，就会遭到排斥。这种兼容-排斥效应，事实上就是平心所谓生产力的技术属性和社会属性的矛盾的一种具体表现。①

在对生产力内部矛盾进行分析的基础上，平心提出了生产力自行增殖的原理。他提出，生产力在同生产关系的矛盾中发展，但生产力的发展并不完全依赖生产关系的反作用，由于生产力系统内在的矛盾，"生产和生产力有一种自己增殖自己更新的趋向"，"生产和生产力的自己发展趋向是社会物质生产过程的基本规律"。他还指出，"生产力发展是服从它自己的运动规律的，生产关系只有在它和这种规律相适合而不是相抵触的时候，才能够对生产力起强大的推动作用；但

---

① 本段内的引文，参见佩蕾丝：《技术革命与金融资本》，田方萌等译，孟捷等校，中国人民大学出版社，2007，第 21 页。关于技术轨道概念，参见 Dosi, G., "Technological Paradigms and Technological Trajectories: A Suggested Interpretation of the Determinants and Directions of Technical Change", Research Policy, 1982, vol.11, pp.147 - 162。

是生产关系不能越过这种规律的活动范围来推动生产力前进"①。

平心认为,提出生产力具有自己增殖的可能性,对于理解生产力决定生产关系这一原理具有重要意义。如果否认这种可能性,把生产力增长完全归于生产关系,或者完全归于生产力与生产关系的矛盾,就难以对生产力决定生产关系的原理作出令人信服的论证,生产力和生产关系的相互关系,就无法理解为内容决定形式的关系。

平心的生产力论,与英国牛津大学的马克思主义哲学家科恩的研究有明显的相似性。在初版于1978年的《卡尔·马克思的历史理论》里,科恩将历史唯物主义核心思想概括为发展原理和首要性原理。前者旨在说明,生产力何以是一直发展的;后者则要说明,流行的生产关系何以只能从生产力发展的水平中求得解释。为了与平心比较,我们来看看科恩对发展原理的论证。与平心不同,科恩试图在完全脱离生产关系,即不仅抽象了所有关系,而且抽象了劳动关系的前提下,建立一个个体动机和行为模型,用于证明发展原理。该模型包括下述三项"事实性命题"②:

(1) 人,就其特性而言,多少是有理性的。
(2) 人的历史境遇是一种稀缺的境遇。
(3) 人具有的聪明才智使其有能力改善其境遇。

---

① 平心:《论生产力问题》,第52页。
② G.A.科恩:《卡尔·马克思的历史理论:一个辩护》,段忠桥译,高等教育出版社,2008,第182页。

在这里，科恩和新古典微观经济学的亲缘性是一目了然的，他接纳了方法论个人主义，以个人理性和资源稀缺性为前提，将发展原理视为个体的最大化选择的结果。科恩这样做，在逻辑上有其必然性，因为他要彻底撇开生产关系——不仅是所有关系，而且是劳动关系——来解释生产力的发展，这样一来，生产的主体必然沦为孤零零的个人。[①]与科恩不同的是，平心在论证其生产力自行增殖原理时，并没有像科恩那样进行过度抽象，而是将劳动关系作为生产力的社会属性来看待，通过考察生产力的社会属性与生产力的物质技术属性的矛盾，最终得出了生产力自行增殖的规律。

平心虽然把生产力内部的矛盾作为推动生产力进步的重要原因，但他同时又认为，与生产力和生产关系的矛盾相比，生产力内部的矛盾是居于从属地位的矛盾。他明确认识到，自己的分析只是一个更具整体性的理论的组成部分；要最终形成这一整体性理论，就需要对矛盾的双方即生产力和生产关系各自内部的矛盾分别作进一步分析。平心虽然没有如张闻天那样深入开展对生产关系内部矛盾的分析[②]，但他对生产力两重性的区分，客观上催生了张闻天的分析。在上述认识的基础上，平心还提出，生产力和生产关系各自内部的矛盾，事实上是生产力和生产关系之间的矛盾得以展开的条件。平心赞同毛泽东所说的，生产关系在特定条件下会转化为矛盾的主要方面，并对生产力

---

① 对科恩的进一步批判，可参见孟捷：《历史唯物论与马克思主义经济学》，第2章，社会科学文献出版社，2016。

② 与张闻天不同，平心将生产关系内部的矛盾归结为不同所有制的矛盾、所有制与分配制度的矛盾等等，参见平心：《论生产力问题》，第144页。

发展起着巨大的推动作用,但他同时提出,生产关系的变革,必须适应生产力自身发展的规律,生产关系不能越过这些规律的活动范围来推动生产力进步。这样一来,平心就大体勾勒了对历史唯物主义理论体系开展分析和重建的基本路径。①

平心的理论是对历史唯物主义研究的重要贡献。1979年,在一篇评述平心学术贡献的文章里,蒋学模指出:"总的看来,李平心同志关于生产力性质的论文,提出了经济学研究中的一个重要课题,创造性地阐述了关于生产力发展规律的一些重要观点。当然,一种新的社会科学理论刚刚提出来的时候,很难一下子说得十分准确,必然会有一些需要进一步探讨的地方。只要总的路子对头,就应当受到欢迎。然而在当时,李平心同志的富于创造性的理论,却被认为是'离经叛道',被当作修正主义来批判。现在是对他的理论贡献实事求是地加以肯定的时候了。""李平心同志关于生产力性质理论的上述观点,现在按照实事求是的科学精神来看,是大胆的,富于创造性的,基本上正确的,应该说,是对历史唯物主义的一个贡献。"②

2. 张闻天论生产关系的两重性

1963年,即在平心发表其最初论述生产力的文章四年后,张闻天

---

① 参见平心:《论生产力问题》,第136、49、87、100、171、190页。
② 蒋学模:《应当重视对生产力的研究——评介李平心同志关于生产力性质的理论》,《文汇报》1979年4月6日。

撰写了《关于生产关系的两重性问题》一文，较为全面地考察了生产关系内部的矛盾。① 从理论逻辑来看，生产力两重性与生产关系两重性存在某种内在的关联。为了理解这一点，我们先介绍法国哲学家巴里巴尔的观点，将其与张闻天做一个比较。

法国哲学家巴里巴尔在与阿尔都塞合著的《读〈资本论〉》一书里，对马克思的生产方式概念提出了一种结构分析。依照他的观点，生产方式是由三种因素和两重关系构成的。这三种因素是：劳动者、生产资料和非劳动者；两重关系是：所有权关系，以及现实的或物质的占有关系。巴里巴尔将所有这些构成因素和关系称作"一切生产方式的……各个不变要素"②。

巴里巴尔进而提出，生产力不是孤立的要素，不是对生产方式的所有构成因素的罗列，只有在第二种关系中，即在人对自然的占有中，生产力才能体现出来。在此意义上，他甚至提出，生产力不是要素，不是物，而是一种生产关系。③ 此外，他还认为，在劳动过程中，单纯依靠劳动者并不能推动生产资料，非劳动者或资本家的监督和指挥是使劳动者推动社会生产资料，使个别劳动成为社会劳动，并使劳动过程具有合目的性的必要条件。

巴里巴尔反对将生产力理解为要素的堆积，试图结合劳动过程这一整体来看待生产力；与此同时，被他视作生产力的生产关系，就是

---

① 张闻天：《关于生产关系的两重性问题》，《经济研究》1979 年第 10 期。
② 艾蒂安·巴里巴尔：《关于历史唯物主义的基本概念》，载路易·阿尔都塞、艾蒂安·巴里巴尔：《读〈资本论〉》，李其庆译，中央编译出版社，2001，第 261 页。该书法文版初版于 1965 年。
③ 同上书，第 261、289 页。

劳动过程中的协作和分工关系，也就是劳动关系。这样一来，他就和平心一样区分了生产力的两重性，一方面是从单个要素来看的生产力的物质技术属性，另一方面是在劳动中通过劳动关系展现的社会属性。此外，通过指认在既定的生产方式中存在两重关系，一方面是劳动关系，另一方面是所有关系，巴里巴尔也区分了生产关系的两重性。值得注意的是，在逻辑上，对生产力两重性的区分势必会引致对生产关系两重性的区分，因为主张生产力两重性意味着将劳动关系纳入生产力系统，这样一来，劳动关系作为生产力和生产关系的中介性质就会凸显出来，并成为同时区分生产关系两重性的前提（参见图3-1）。

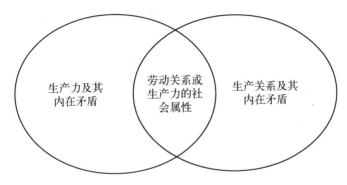

图3-1 生产力两重性和生产关系两重性

张闻天对生产关系两重性的考察，是从强调生产力不能脱离生产关系，以及生产关系必然表现生产力的观点出发的。为此，在其论文的开端，他摘引了马克思《雇佣劳动与资本》的表述，作为其考察的出发点。马克思在那里写道：

"人们在生产中不仅仅同自然界发生关系。他们如果不以一定方式结合起来共同活动和互相交换其活动，便不能进行生产。为了进行生产，人们便发生一定的联系和关系；只有在这些社会联系和社会关系的范围内,才会有他们对自然界的关系,才会有生产。

"生产者相互发生的这些社会关系,他们借以互相交换其活动和参与共同生产的条件,当然依照生产资料的性质而有所不同。随着新作战工具及射击火器的发明,军队的整个内部组织就必然改变了,各个人借以组成军队并能作为军队行动的那些关系就改变了,各个军队相互间的关系也发生了变化。

"总之,各个人借以进行生产的社会关系,即社会生产关系,是随着物质生产资料、生产力的变化和发展而变化和改变的。"①

在上述引文里,最值得注意的是下面这两句话,即生产关系的存在是为了便于生产者"互相交换其活动和参与共同生产",以及"社会生产关系,是随着物质生产资料、生产力的变化和发展而变化和改变的"。笔者曾提出,马克思对生产关系的这些近乎定义式的阐述有以下两点缺陷:第一,它等同于假定生产关系只有唯一的功能,即表现和适应生产力的发展;第二,它倾向于将生产关系等同于劳动关系,而未对所有关系和劳动关系作出区分。

张闻天是在全然正面的意义上引证这些论述的(他征引了其中第一段),在他看来,马克思此处的观点表明:一方面,"生产力只有通过生产关系才能表现出来";另一方面,"一定的生产关系,一定是表现一定的生产力的生产关系,而不可能是表现别的东西的生产关系"②。这种表现生产力的生产关系,事实上就是劳动关系,也就是

---

① 《马克思格斯全集》第6卷,人民出版社,1965,第486—487页。
② 张闻天选集传记组、中共上海市委党史研究室合编《张闻天社会主义论稿》,中共党史出版社,1995,第210页。

平心所谓生产力的社会属性。然而，与平心探究生产力内部的矛盾不同，张闻天将考察的重心转向生产关系，他分析了生产关系的两重性，提出生产力和生产关系的矛盾必然表现为生产关系内部的矛盾。张闻天的分析包含以下要点：第一，要区分两类生产关系，其中一类是直接与生产力相联系的生产关系，用他的话来说，是"直接表现生产力的生产关系"，这种生产关系是"人们为了进行生产，依照生产技术（即生产资料，特别是生产工具）情况和需要而形成的劳动的分工和协作的关系"。张闻天建议，这种生产关系可称作"生产关系一般"，在个别地方，他还曾以"直接生产关系"代指这种生产关系。在他看来，上述生产关系一般并不能独立存在，而需要和一定社会形态里特殊的生产关系或所有关系相结合。"这种特殊的生产关系，即一定社会形态中的生产资料和生产品的所有关系。任何生产关系一般，都必须在所有关系的形式中表现出来。生产关系一般是内容，而所有关系是形式。"他还指出，所有关系事实上是"包摄所有这些生产、分配、交换和消费关系的总的形式"，是作为总体的生产关系，而不只是对生产资料的所有关系。在此意义上，他尖锐地批评了斯大林对生产关系的定义，指摘其将所有制概念不适当地窄化了。

第二，生产力和生产关系的矛盾，表现为上述两种生产关系的矛盾，"生产关系内这两方面的对立统一关系，这种一般和特殊的关系，内容和形式的关系，这就是我们所说的生产关系的两重性"。"在一定的历史条件下，所有关系对生产关系一般的发展，起促进的作用；但是到一定的发展阶段，这种所有关系又阻碍这种发展。""显然，这里被消灭的是生产关系的特殊，即所有关系，而不是生产关系一般；那表现生产力的生产关系一般不但不能消灭,而且还要继续保存和发展下去,不过要在另一种所有关系……中表现出来而已。"张闻天认为,上述两重生产关系之间的矛盾,还进一步表现为不同阶级之间的矛盾。从事直接生产的阶级,在生产关系内总是代表生产力的;而剥削阶级在生产关系内总是代表所有关系。①

张闻天对生产关系两重性的分梳,同时涉及类型和功能两个层次。在类型上,生产关系区分为生产关系一般(劳动关系)和生产关系特殊(所有关系);在功能上,劳动关系表现生产力,所有关系服务于对剩余的占有和利用。张闻天的这一见解包含如下缺失:第一,他以生产关系一般来代指劳动关系,并不是完全适当的。以资本主义经济为例,在很多情况下,资本主义劳动关系都不是中性的,而是打上了所有关系的烙印。在《资本论》里,马克思对此有很多分析。②第二,在他那里,只有劳动关系可以表现生产力,他忽略了,某些所有关系也有表现和适应生产力的功能。例如,马克思在《资本论》里就指出:"假如必须等待积累去使某些单个资本增长到能够修建铁路的程度,那末恐怕直到今天世界上还没有铁路,但是,集中通过股份公司转瞬之间就把这件事完成了。"③ 在这里,对铁路建设起到重要推动作用的股份公司,就代表了一种特殊的所有关系。因此,无论劳动关系还是所有关系,事实上都有两种功能,即一方面表现生产力,

---

① 张闻天选集传记组、中共上海市委党史研究室合编《张闻天社会主义论稿》,第211—213 页。
② 布雷弗曼在其《劳动与垄断资本》(商务印书馆,1979)一书里,结合垄断资本主义的实践,总结了马克思的相关思想。
③ 《马克思恩格斯全集》第23卷,人民出版社,1972,第688页。

另一方面服务于对剩余的占有和利用。生产关系两重性,严格讲来就不是指劳动关系和所有关系的类型差别,而是生产关系所担负的两种不同功能。为此,可以提出表3-1所概括的四种组合:(1)表现生产力的劳动关系;(2)表现生产力的所有关系;(3)服务于剩余占有的劳动关系;(4)服务于剩余占有的所有关系。

表3-1 两种生产关系及其双重功能:四种组合

	表现生产力	服务于对剩余的占有和利用
劳动关系	(1)	(3)
所有关系	(2)	(4)

资料来源:孟捷,《历史唯物论与马克思主义经济学》,社会科学文献出版社,2016,第12页,表1-1。

表3-1不仅是一个单纯的分类,而且为我们提示了几种不同的生产关系变迁的路径。比如,变革可以从(1)开始,出现一种新的表现生产力的劳动关系,继而引起(2)的改变,造成一种新的表现生产力的所有关系。这实际上是生产力一元决定论所指明的制度变迁路径。变革也可以由(2)开始,形成一种新的表现生产力的所有关系,继而引起(1)的改变。变化还可以由(4)开始,造成一种新的影响剩余的占有和利用的所有关系,但这最终却没有引起(1)的变化。在这三种可能性中,后面两种制度变迁路径,都是所有关系先行改变的例子,但其带来的后果迥然不同。由上述分析可以看出,张闻天对生产关系两重性的分析,事实上为理解第二和第三种制度变迁提供了概念的准备。由他的分析出发,我们可以得到如下结论:在制

度变迁过程中,服务于剩余的占有和利用的那一类生产关系,有可能相对独立于直接表现生产力的生产关系,从而相对独立于生产力而变化,在这种情况下,变革生产关系的动力通常来自阶级斗争或上层建筑领域的变革。如果生产关系的这种改变最终造成了生产力的发展或解放,制度变迁就具有历史进步意义,反之,就走上了错误的道路。

张闻天在其他著述里,曾将上述结论运用于分析极左路线下制度变迁和经济发展之间的关系。1961年,在庐山会议的发言里,他指出:"政治是经济的集中表现。……但如果政治不能集中表现经济,以全局来表现经济,那么政治就不能指导经济,为经济服务,或反而妨碍经济的发展。"1973年,针对"抓革命、促生产"中的错误倾向,他写道:"有人说,抓革命保险,抓生产危险。这正是把革命和生产对立起来的错误观点。""在无产阶级专政下,继续进行社会主义革命,归根到底,就是为了大幅度提高生产力,发展社会主义经济。"他还以高度概括的方式提出了社会主义时期通过制度变迁以解放和发展生产力的规律:"这里需要认清关于生产力、生产关系和上层建筑的辩证关系:革命——改变生产关系——大大发展生产力——再改变生产关系。"①

可以将张闻天的上述思想同美国马克思主义史学家布伦纳相比较。20世纪70年代,布伦纳为了分析资本主义的历史起源,开展了一项比较经济史研究,分别考察了英国、法国以及东欧地区在16—17世纪所经历的制度变迁。他认为,在这三个区域,阶级力量对比和阶级斗争格局的差异带来了三种截然不同的制度变迁模式:在英国,形

---

① 张闻天选集传记组、中共上海市委党史研究室合编《张闻天社会主义论稿》,中共党史出版社,1995,第140、260、258、133页。

成了由地主、资本主义佃农和农业雇佣工人组成的阶级结构，农业生产关系变得资本主义化；在法国，出现了分布广泛的自耕农阶层，在此基础上兴起了绝对主义国家；在包括德国东部和波兰等地在内的东欧地区，却出现了先前被消灭的农奴制再度崛起的情况。在考察英国的制度变迁时，布伦纳特地指出，地主、资本主义佃农和农业雇佣工人的阶级结构，有利于推动生产率进步，最终推动了资本主义的产生。他写道："资本主义唯独在西欧得到成功的发展，这是由阶级制度、产权制度、剩余榨取制度决定的，在这种制度下，剩余榨取者为了增加剩余而被迫采用的方法，在前所未有的程度上——尽管并不完美——与发展生产力的需要相适应。把资本主义与前资本主义生产方式区别开来的，在于资本主义要求那些控制了生产的人主要通过增加所谓相对的、而非只是绝对的剩余劳动，来提高他们的'利润'（剩余）。"①

在这里，以是否促进相对剩余价值生产为标准，布伦纳事实上区分了两种不同类型的生产关系：在英国，由地主、资本主义佃农和农业雇佣工人组成的阶级关系，在增加剩余的同时，促进了生产力的发展；而在德国东部或波兰，农奴制的崛起虽然有助于增加统治阶级的剩余，却压制了生产力的发展。我们可以将这两种生产关系分别命名为**生产型**生产关系和**汲取型**生产关系，区分这两种生产关系的根据，是其各自承担的功能：生产型关系在功能上将剩余的增长和生产力的发展结合在一起，而汲取型关系则通过纯粹意义的剥削来实现剩余的增长。制度变迁的进步意义，在于促成汲取型生产关系向生产型生

---

① Brenner, R., "The Origins of Capitalist Development: A Critique of Neo-Smithian Marxism", *New Left Review*, No.104, July-August, 1977, p.68.

关系的转变。

布伦纳的上述研究，是以类似于张闻天的概念区分为前提的。通过区分生产关系两重性，分析生产关系内部的矛盾，张闻天为考察生产关系的相对自主变化准备了概念工具。从张闻天到布伦纳的理论沿革，体现了一种内在的逻辑联系，其结果是为马克思主义制度经济学在20世纪70年代的兴起奠定了方法论基础。除了布伦纳的历史制度分析外，在70年代兴起的马克思主义制度经济学还包括调节学派和社会积累结构学派，其共同特点都在于探究阶级斗争所造成制度变迁对经济增长的影响。值得一提的是，当代马克思主义制度经济学是和新制度经济学在大体同一时期出现的，双方在研究议程上有着明显的一致性，都将制度变迁之于生产力的影响作为各自探讨的主题。①

3. 尾论

正如前文指出的，平心提出其生产力理论时，正值社会主义三大改造刚刚完成。在这一时代背景下，人们很难用生产力决定生产关系的原理，来解释当时的社会变革。这一点反映在许多与平心商榷的文章中，不少论者提出，与生产力决定生产关系的原理相比，生产关系对生产力的决定性作用，才是推动生产力进步的更主要的力量。② 改

---

① 进一步的讨论，可参见孟捷：《历史唯物论与马克思主义经济学》，第3章，社会科学文献出版社，2016。
② 围绕平心生产力论的相关争论，可参见王珏主编《中国社会主义政治经济学四十年》第二卷，中国经济出版社，1991，第321—322页。

革开放后,在评介平心的理论贡献时,蒋学模回顾了这一现象,他写道:"二十多年来,我国哲学社会科学理论工作者中间,在生产力和生产关系的相互关系上,一直在传播和宣扬这样一种观点,认为在一定的条件下,当着不变更生产关系生产力就不能发展的时候,生产关系可以转过来成为矛盾的主要方面,起主要的决定的作用。'四人帮'更把这种观点从'左'的方面推到极点……把生产关系反作用于生产力、促进或阻碍生产力发展的马克思主义观点,篡改成了生产关系及其上层建筑必须不断改革才能保证生产力不断发展的'左'倾修正主义观点。多年来,我国生产关系变革频繁,不仅没有起到促进生产力发展的积极作用,而且起了阻碍生产力发展的消极作用,这同生产力和生产关系的关系上过分夸大生产关系作用的'左'倾观点,不能说没有关系。"①

蒋学模批判了在极左路线指引下的制度变革,指摘其脱离了生产力发展规律,这是正确的,但是,他将批判的矛头同时指向《矛盾论》,却是片面的。平心的理论虽然是对传统历史唯物主义的重要补充,但单独依靠这一理论,并不能为包括改革开放在内的当代中国制度变迁提供一个全面的理论解释。《矛盾论》的哲学思想,是以中国革命乃至俄国革命为背景而提出的,它试图论证,像中国这样经济发展极度落后的国度,何以可能走一条和生产力一元决定论不同的制度变迁道路,也就是借助于革命,改变上层建筑和生产关系,以破除妨碍生产力发展的一切力量。从一个更宽阔的历史背景来看,毛泽东的

---

① 蒋学模:《应当重视对生产力的研究——评介李平心同志关于生产力性质的理论》,《文汇报》1979年4月6日。

上述思想是深刻的，他创造性地将辩证唯物论与历史唯物论相结合，从方法论上解释了当代中国所经历的制度变迁道路的独特性，同时也协调了这一制度变迁道路与生产力一元决定论的关系。不过，在《矛盾论》里，毛泽东并未像张闻天那样对生产关系的两重功能加以区分，因而未能对生产关系变革在何种程度上享有自主性给出一个更为充分的解释。① 在此意义上，张闻天的工作是对毛泽东思想的重要补充。

值得强调的是，邓小平曾运用变革生产关系以解放生产力这个来自《矛盾论》的公式，解释改革开放的必要性。他提出："革命是要搞阶级斗争，但革命不只是搞阶级斗争。生产力方面的革命也是革命，而且是很重要的革命，从历史的发展来讲是最根本的革命。"② 在此基础上，他进而提出："改革是中国的第二次革命。"③ 在这里，邓小平通过区分两种不同的革命，强调制度变迁必须以解放和发展生产力为旨归，从而也界定了改革的含义。习近平继承和发展了邓小平的思想，进一步提出"改革开放只有进行时没有完成时"④，这就相当于宣布，通过制度变迁以持续地解放和发展生产力，事实上是贯穿于整个社会主义初级阶段的基本规律。

平心和张闻天的理论，是继毛泽东之后中国学者对历史唯物主义研究的原创性贡献。通过分析生产力和生产关系各自内部的矛盾，他

---

① 孟捷：《历史唯物论与马克思主义经济学》，社会科学文献出版社，2016，第53页。
② 《邓小平文选》第2卷，人民出版社，1994，第311页。
③ 《邓小平文选》第3卷，人民出版社，1993，第113—114页。
④ 习近平：《改革开放只有进行时没有完成时》，载《习近平谈治国理政》，外文出版社，2014，第67—69页。

们分别从两个不同侧面深化了对历史唯物主义原理的认识。在此之后，提出一个更为综合、更为完整的历史唯物主义理论体系的任务，就呼之欲出了。在评述平心的文章里，蒋学模还提出："特别是，李平心同志关于生产力发展有它自己的规律，'生产关系只有在它和这种规律相适合而不是相抵触的时候，才能够对生产力起强大的推动作用'的观点，更是发前人之所未发，是实践经验的总结，并对实践有巨大的指导意义。"① 在这里，蒋学模在无意间暗示了下述观点，即平心和毛泽东、张闻天等人的思想具有高度的互补性，可以纳入一个更为综合的理论框架，以解释包括改革开放在内的当代中国制度变迁。在笔者看来，这一理论框架包括以下要点：第一，生产关系的变革，不仅涉及生产关系特殊（所有关系），也涉及生产关系一般（劳动关系），而后者从平心和张闻天的角度看，就是生产力的一部分。因此，所谓变革生产关系以解放和发展生产力，在更严格的意义上就意味着：通过变革所有关系以改变劳动关系，进而造成生产力的社会属性和物质属性的矛盾，以推动生产力的发展。第二，在平心和张闻天那里，生产力内部的社会联系或生产关系一般，通常指的是分工，包括企业内分工和劳动的社会分工。有待明确的是，在劳动的社会分工这一概念里，是否包含分工的协调方式。在工业文明时代，社会分工的协调方式有两种，即计划和市场。如果分工的协调方式本身也隶属于生产关系一般，那么计划和市场就可以和所有关系即生产关系特殊区别看待。邓小平事实上就是这么看问题的，改革之初，他深刻地

---

① 蒋学模：《应当重视对生产力的研究——评介李平心同志关于生产力性质的理论》，《文汇报》1979年4月6日。

提出:"计划经济不等于社会主义,资本主义也有计划;市场经济不等于资本主义,社会主义也有市场。计划和市场都是经济手段。"① 在这里,邓小平明确地将市场或市场经济——以商品交换为媒介的社会内部分工——排除在所有关系之外,将其作为张闻天意义上的生产关系一般,或平心所强调的生产力的社会向度来看待。在学术界,卓炯敏锐地把握到这一问题,早在 1961 年,他就强调商品经济的必然性来自社会分工,而与所有制没有必然联系。改革开放后,他自觉地运用张闻天的观点,提出商品经济是隶属于一般劳动过程或生产形式的范畴,而不是属于社会经济形式的范畴。社会分工若与资本主义所有制结合,就产生资本主义商品经济;若与社会主义公有制结合,就产生社会主义商品经济。② 卓炯所代表的这些理论努力,是将平心和张闻天的观点运用于社会主义市场经济的重要尝试。所谓生产关系要与生产力的发展规律相适合的命题,在改革开放的实践中最终体现为作为生产关系特殊的公有制与作为生产关系一般的市场经济的结合。这种结合,是从毛泽东到平心和张闻天、再到邓小平的理论沿革的最终归宿。他们各自的理论尽管形成于不同的历史时期,却像交互支撑的脚手架一样,共同奠定了中国特色社会主义政治经济学的方法论基础。

---

① 《邓小平文选》第 3 卷,人民出版社,1993,第 373 页。
② 卓炯:《卓炯自选集》,云南人民出版社,1991,第 41—42、194—195、406 页。

四

略论习近平经济思想的体系结构

党的十八大以来,以习近平同志为核心的党中央坚持观大势、谋全局、干实事,成功驾驭了我国经济发展大局,提出了一系列治国理政的新理念新思想新战略,在实践中形成了习近平新时代中国特色社会主义经济思想。习近平新时代中国特色社会主义经济思想是由道路-价值论、阶段-制度论和理念-政策论构成的。道路-价值论解释了为什么要在党的领导下走中国特色社会主义道路,以及为什么要以人民为中心等问题;阶段-制度论解释了为什么我们还处于社会主义初级阶段,为什么新发展阶段是社会主义初级阶段中的一个阶段,以及社会主义初级阶段的经济制度体系等问题;理念-政策论解释了为什么要用新发展理念指导经济社会发展,如何构建新发展格局等问题。上述三个层次理论的关系符合马克思主义辩证方法从抽象到具体的叙述逻辑,构成了一个完整而科学的理论体系。

1. 道路-价值论

"道路问题是关系党的事业兴衰成败第一位的问题,道路就是党的生命。"① 习近平经济思想中的道路-价值论解释了为什么要在党的领导下走中国特色社会主义道路,以及为什么要以人民为中心等问题。习近平强调:"中国特色社会主义是党和人民历经千辛万苦、付出巨大代价取得的根本成就,是实现中华民族伟大复兴的正确道路。"② 改革开放以来,中国经济发展取得的伟大成就,都是在探索和发展中国特色社会主义道路的前提下取得的。

中国特色社会主义道路虽然是在改革开放以后开创的,但与改革开放前的社会主义革命和建设依然有着一脉相承的关系。在革命战争年代,毛泽东就屡次指出,中国革命的根本目的,在于推翻妨碍生产力发展的力量,以解放生产力。他写道:"政治、军事的力量,是为着推翻妨碍生产力发展的力量;推翻妨碍生产力发展的力量,目的是为着解放生产力,发展经济。""中国一切政党的政策及其实践在中国人民中所表现的作用的好坏、大小,归根到底,看它对中国人民的生产力的发展是否有帮助及其帮助之大小,看它是束缚生产力的,还是解放生产力的。"③ 在社会主义建设时期,他指出,社会主义社会的

---

① 《习近平谈治国理政》,外文出版社,2014,第21页。
② 习近平:《在庆祝中国共产党成立100周年大会上的讲话》,《人民日报》2021年7月2日。
③ 《毛泽东文集》第3卷,人民出版社,1996,第109页;《毛泽东选集》第3卷,人民出版社,1991,第1079页。

基本矛盾，依然是生产力和生产关系、经济基础和上层建筑的矛盾；变革上层建筑和生产关系，以发展生产力，依然是社会主义社会的根本规律。他提出："将来全世界的帝国主义都打倒了，阶级没有了，那个时候还有生产关系同生产力的矛盾，上层建筑同经济基础的矛盾。生产关系搞得不对头，就要把它推翻。上层建筑（其中包括思想、舆论）要是保护人民不喜欢的那种生产关系，人民就要改革它。"①

毛泽东的上述思想，揭示了当代中国制度变迁的一般规律，是理解改革开放的宝贵理论资源。改革初期，邓小平提出："革命是要搞阶级斗争，但革命不只是搞阶级斗争。生产力方面的革命也是革命，而且是很重要的革命，从历史的发展来讲是最根本的革命。""改革是中国的第二次革命。"② 在这里，通过对两种革命的界分，邓小平重申了社会主义时期的根本任务在于变革上层建筑和生产关系，以解放和发展生产力。与前人不同的是，邓小平强调，只有发展社会主义市场经济，才能实现解放和发展生产力的任务，如他所说："计划经济不等于社会主义，资本主义也有计划；市场经济不等于资本主义，社会主义也有市场。计划和市场都是经济手段。社会主义的本质，是解放生产力，发展生产力，消灭剥削，消除两极分化，最终达到共同富裕。"③ 这就在理论和实践的螺旋上提升到更高的层次，由此开创了

---

① 《毛泽东年谱（1949—1976）》第3卷，中央文献出版社，2013，第33页。
② 《邓小平文选》第2卷，人民出版社，1994，第311页；《邓小平文选》第3卷，人民出版社，1993，第113—114页。
③ 《邓小平文选》第3卷，人民出版社，1993，第373页。

中国特色社会主义的伟大道路。

习近平继承和发展了毛泽东、邓小平等人的思想。首先，他指出了中国特色社会主义道路和既往道路的连续性问题："我们党领导人民进行社会主义建设，有改革开放前和改革开放后两个历史时期，这是两个相互联系又有重大区别的时期，但本质上都是我们党领导人民进行社会主义建设的实践探索。中国特色社会主义是在改革开放历史新时期开创的，但也是在新中国已经建立起社会主义基本制度并进行了20多年建设的基础上开创的。"① 其次，习近平强调："改革开放是我们党在新的时代条件下带领人民进行的新的伟大革命，是当代中国最鲜明的特色，也是我们党最鲜明的旗帜。"② 只有走中国特色社会主义道路，发展社会主义市场经济，才能解放和发展生产力，实现中华民族伟大复兴。最后，习近平指出，在中国特色社会主义道路上，"改革开放只有进行时没有完成时"③，这就进一步发展了邓小平的思想，更加突出了中国特色社会主义道路的本质特征是变革上层建筑和生产关系，即通过改革开放以解放和发展生产力。中国共产党正是通过宣布改革是永远不会结束的革命，确认了自身既是执政党又是革命党的属性，进而保证了自己的先进性和政治合法性。

道路的选择界定了前进的方向和具体路径，同时也界定了党的使命。党的十九大报告指出："中国共产党一经成立，就把实现共产主

---

① 习近平：《关于坚持和发展中国特色社会主义的几个问题》，《求是》2019年第7期。
② 《十八大以来重要文献选编》（上），中央文献出版社，2014，第508页。
③ 《习近平谈治国理政》，外文出版社，2014，第67—69页。

义作为党的最高理想和最终目标，义无反顾肩负起实现中华民族伟大复兴的历史使命……我们党深刻认识到，实现中华民族伟大复兴，必须推翻压在中国人民头上的帝国主义、封建主义、官僚资本主义三座大山，实现民族独立、人民解放、国家统一、社会稳定。"① 这意味着，推动当代中国的国家形成、实现中华民族伟大复兴和实现共产主义，构成了党在不同阶段的三重历史使命。

道路的选择也界定了特定历史条件下人民的概念以及党和人民的关系，进而形成了"为人民服务""以人民为中心"这样的基本价值理念。中国共产党是在半殖民地半封建社会条件下领导人民进行新民主主义革命和社会主义革命的，在复杂的历史形势下，党不仅仅代表工人阶级，而且代表着更为广泛的阶级或阶层的利益。1935年12月，瓦窑堡会议就提出，中国共产党不仅是工人阶级的先锋队，而且是中华民族解放的先锋队，自此人民的概念开始频繁出现党的文件里，成为当代中国政治的代表性话语。在发表于1949年6月的《论人民民主专政》里，毛泽东提出，人民的概念涵盖了工人、农民、小资产阶级和民族资产阶级，党领导人民对敌人实施专政。1957年2月，在《关于正确处理人民内部矛盾的问题》里，毛泽东提出"在现阶段，在建设社会主义时期，一切赞成、拥护和参加社会主义建设事业的阶级、阶层和社会集团，都属于人民的范围"②。改革开放以后，"三个代表"重要思想在中共十六大的提出，再次确立了人民的概念，将市场经济发展造成的新社会阶层包含在内，界定了"最广大人民的根本

---

① 《习近平谈治国理政》第三卷，外文出版社，2020，第11页。
② 《毛泽东文集》第7卷，人民出版社，1999，第205页。

利益",将其与人民眼前的、局部的利益作了分别,以便论证面向社会主义市场经济的制度变革的历史正当性。①

进入新时代,人民概念的内涵得到进一步丰富和发展。在《在庆祝中国共产成立100周年庆祝大会上的讲话》中,习近平强调:"江山就是人民、人民就是江山,打江山、守江山,守的是人民的心。中国共产党根基在人民、血脉在人民、力量在人民。中国共产党始终代表最广大人民根本利益,与人民休戚与共、生死相依,没有任何自己特殊的利益,从来不代表任何利益集团、任何权势团体、任何特权阶层的利益。"② 在人民民主概念的基础上,习近平提出了"坚持以人民为中心的发展思想",即"发展为了人民、发展依靠人民、发展成果由人民共享",将其作为"马克思主义政治经济学的根本立场"。③ 他同时强调:"实现共同富裕不仅是经济问题,而且是关系党的执政基础的重大政治问题。"④

2. 阶段-制度论

道路的选择派生出阶段的界分。习近平经济思想中的阶段-制度

---

① 参见《江泽民文选》第3卷,人民出版社,2006,第286页。
② 习近平:《在庆祝中国共产党成立100周年大会上的讲话》,《人民日报》2021年7月2日。
③ 习近平:《立足我国国情和我国发展实践 发展当代中国马克思主义政治经济学》,《人民日报》2015年11月25日。
④ 习近平:《把握新发展阶段,贯彻新发展理念,构建新发展格局》,《求是》2021年第9期。

论，解释了新发展阶段为什么是社会主义初级阶段中一个新的重要阶段，以及社会主义初级阶段的经济制度体系和由此派生的制度优势等问题。习近平强调："正确认识党和人民事业所处的历史方位和发展阶段，是我们党明确阶段性中心任务、制定路线方针政策的根本依据，也是我们党领导革命、建设、改革不断取得胜利的重要经验。"①

在党的十九届五中全会上，习近平提出了我国已经进入了一个新发展阶段的重要论断。新发展阶段不仅是社会主义初级阶段中具有较高起点的特定历史阶段，还是促进社会主义从初级阶段向更高阶段过渡的历史阶段。改革开放40多年来，我国经济实力、科技实力、综合国力和人民生活水平都跃上了新的大台阶，这为全面开启建设社会主义现代化国家的新征程，奠定了雄厚物质基础。新发展阶段这一历史方位的判定，意味着中华民族正经历着从站起来、富起来到强起来的伟大历史性跨越。

对新发展阶段的判定，是以对该阶段主要矛盾的认识为前提的。习近平在党的十九大报告中提出："我国社会主要矛盾已经转化为人民日益增长的美好生活需要和不平衡不充分的发展之间的矛盾。"这一认识体现了党对当今中国社会发展阶段性特征的科学判断，是习近平新时代中国特色社会主义经济思想的重大创新。

新发展阶段论的提出，深化了对社会主义初级阶段的认识，更进一步明确了我国经济社会发展的新的历史方位和战略任务。一方面，新发展阶段论坚持了牢牢把握社会主义初级阶段这个最大国情的论

---

① 习近平：《把握新发展阶段，贯彻新发展理念，构建新发展格局》，《求是》2021年第9期。

断。党的十九大报告中，习近平重申：" 我国仍处于并将长期处于社会主义初级阶段的基本国情没有变，我国是世界最大发展中国家的国际地位没有变。"① 另一方面，新发展阶段论表明了社会主义初级阶段不是一个静态、一成不变、停滞不前的阶段，而是一个动态发展变化过程。正如习近平总书记指出的，这是"一个动态、积极有为、始终洋溢着蓬勃生机活力的过程，是一个阶梯式递进、不断发展进步、日益接近质的飞跃的量的积累和发展变化的过程"②。

经过数十年改革开放，我国已经形成了社会主义初级阶段的经济制度体系。这一制度体系包括党的领导这一根本领导制度，以及基本经济制度和其他重要经济制度。习近平指出："中国特色社会主义制度是一个严密完整的科学制度体系，起四梁八柱作用的是根本制度、基本制度、重要制度，其中具有统领地位的是党的领导制度。党的领导制度是我国的根本领导制度。"③ 2017 年 12 月 18 日，习近平在中央经济工作会议上从七个方面总结回顾了党的十八大以来形成的新时代中国特色社会主义经济思想，其中第一个方面就是"坚持加强党对经济工作的集中统一领导"④。

改革开放以来，通过总结社会主义建设正反两方面经验，我国逐步确立了公有制为主体、多种所有制经济共同发展的基本经济制度，按劳分配为主体、多种分配方式并存的基本分配制度，实现了从高度

---

① 《习近平谈治国理政》第三卷，外交出版社，2020，第 10 页。
② 习近平：《把握新发展阶段，贯彻新发展理念，构建新发展格局》，《求是》2021 年第 9 期。
③ 《习近平谈治国理政》第三卷，第 125 页。
④ 同上书，第 234 页。

集中的计划经济体制到充满活力的社会主义市场经济体制的历史性转变。党的十八大以来,以习近平同志为核心的党中央围绕新时代如何坚持和完善我国社会主义基本经济制度、推动经济高质量发展,在理论和实践上作了新的探索。2019年,党的十九届四中全会审议通过的《中共中央关于坚持和完善中国特色社会主义制度推进国家治理体系和治理能力现代化若干重大问题的决定》指出:"公有制为主体、多种所有制经济共同发展,按劳分配为主体、多种分配方式并存,社会主义市场经济体制等社会主义基本经济制度,既体现了社会主义制度优越性,又同我国社会主义初级阶段社会生产力发展水平相适应,是党和人民的伟大创造。"这一重要论断是对社会主义基本经济制度的内涵作出的新概括,是习近平新时代中国特色社会主义经济思想的重要创新和发展,具有重大理论和实践意义。

社会主义初级阶段的基本经济制度具有如下两个特点。首先,基本经济制度的形成和发展,是党的领导这一根本制度在社会主义市场经济中的具体表现。党的领导这一根本制度与基本经济制度是有机结合的。社会主义初级阶段的基本经济制度由三项构成,其中每一项都呈现为二元结构,即公有制和非公有制、按劳分配和按要素分配、有为政府和有效市场。这种二元结构展现了社会主义初级阶段作为通往共产主义的过渡阶段所具有的特点:一方面,公有制、按劳分配、更好发挥政府的作用,体现了党所尊奉的价值和目标,规定了制度的性质和制度变迁的方向;另一方面,非公有制、按要素分配、市场的决定性作用,尊重了客观经济规律和广大群众的首创精神。其次,基本经济制度的这种二元结构也表明,社会主义初级阶段存在着两种协调经济和配置资源的方式，一方面是市场价格机制，另一方面是政府的作用，即党领导下的国家经济治理。在社会主义市场经济中，既要充分发挥市场在资源配置中的决定性作用，也要更好地发挥国家或政府的作用。

社会主义初级阶段的基本经济制度创造性界定了社会主义和市场经济的关系，同样也创造性界定了经济和政治、市场和国家（政府）的关系，社会主义市场经济中的经济与政治是相互嵌入、相互融合的。习近平对此问题有深刻的认识，他提出，社会主义市场经济的特点是"经济政治化"和"政治经济化"。[1] 他还指出："一个国家的政治制度决定于这个国家的经济社会基础，同时又反作用于这个国家的经济社会基础，乃至于起到决定性作用。在一个国家的各种制度中，政治制度处于关键环节。"[2] 政治上层建筑的这种决定性反作用尤其体现在党的领导和社会主义意识形态，有助于在全社会形成集体利益、集体目标、集体知识，从而使得"集中力量办大事"成为社会主义经济制度的最大优势。

3. 理念-政策论

辩证法总是渴求具体的。习近平新时代中国特色社会主义经济思想的三个构成部分，在叙述逻辑上服从马克思主义辩证方法的从抽象

---

[1] 习近平：《对发展社会主义市场经济的再认识》，《东南学术》2001年第4期。
[2] 习近平：《在庆祝全国人民代表大会成立六十周年大会上的讲话》，《十八大以来重要文献选编》（中），中央文献出版社，2016，第62页。

到具体的关系，这意味着：第一，在叙述过程中较晚呈现的理论，是更为具体的理论，它将此前的理论涵摄于内；第二，从抽象到具体的最终目标，是生动的社会实践，在此意义上，理念-政策论作为习近平新时代中国特色社会主义经济思想的第三个组成部分，不仅仅是理论，而必然转化为治国理政的实践，成为实践的一部分。

理念-政策论解释了新发展理念在引领经济发展中的根本重要性，同时包含着面向新发展格局的国家经济治理的相关战略和政策内容。创新、协调、绿色、开放、共享五大新发展理念作为一个整体，是对习近平新时代中国特色社会主义经济思想的高度概括和总结。习近平指出："党的十八大以来，我们成功地驾驭了我国经济发展大局，形成了以新发展理念为主要内容的新时代中国特色社会主义经济思想。这一思想，是5年来我们推动我国经济发展实践的理论结晶，是运用马克思主义基本原理对中国特色社会主义政治经济学的理性概括，是党和国家十分宝贵的精神财富，必须长期坚持、不断丰富发展，推动我国经济发展产生更深刻、更广泛的历史性变革。"①

新发展理念是理念-政策论的核心，从叙述逻辑的角度看，新发展理念在习近平新时代中国特色社会主义经济思想体系的地位和作用有如下特点：第一，新发展理念一方面以道路-价值论和阶段-制度论为前提，另一方面集中反映了这两个理论的内容，是对这些理论内容的提炼和升华。正如习近平指出的，新发展理念作为一个系统的理论体系，"阐明了我们党关于发展的政治立场、价值导向、发展模式、

---

① 《习近平谈治国理政》第三卷，第236页。

发展道路等重大政治问题"。第二，新发展理念面向治国理政的实践，是"管全局、管根本、管长远"的，具有"战略性、纲领性、引领性"，其自身结构也反映了人类社会实践将目的-价值与手段-路径相结合的特点，"回答了关于发展的目的、动力、方式、路径等一系列理论和实践问题"。[1] 第三，新发展理念作为理念-政策论的核心，是沟通道路-价值论、阶段-政策论与治国理政实践的中介。在此意义上，新发展理念事实上处于理论转化为实践、实践升华为理论的过渡点上，是实践中的理论和不断被反思的实践。

新发展理念与我国经济发展实践水乳交融的关系，生动地体现在面向新发展格局的各项政策和战略当中。加快构建以国内大循环为主体、国内国际双循环相互促进的新发展格局，是"十四五"规划提出的一项关系我国发展全局的重大战略任务。正是在构筑新发展格局的实践当中，新发展理念获得了全面的运用、检验和深化。构筑新发展格局，需要在宏观经济管理中将供给侧作为矛盾的主要方面，将供给侧结构性改革作为深化改革的主线。习近平就此指出："在我国发展现阶段，畅通经济循环最主要的任务是供给侧有效畅通，有效供给能力强可以穿透循环堵点、消除瓶颈制约，可以创造就业和提供收入，从而形成需求能力。因此，我们必须坚持深化供给侧结构性改革这条主线。"关于实施供给侧改革的必要性，他还提出："构建新发展格局最本质的特征是实现高水平的自立自强。当前，我国经济发展环境出

---

[1] 习近平：《把握新发展阶段，贯彻新发展理念，构建新发展格局》，《求是》2021年第9期；习近平：《关于〈中共中央关于制定国民经济和社会发展第十三个五年规划的建议〉的说明》，载《十八大以来重要文献选编》（中），中央文献出版社，2016，第774页。

现了变化，特别是生产要素相对优势出现了变化。劳动力成本在逐步上升，资源环境承载能力达到了瓶颈，旧的生产函数组合方式已经难以持续，科学技术的重要性全面上升。在这种情况下，我们必须更强调自主创新。因此，在'十四五'规划《建议》中，第一条重大举措就是科技创新，第二条就是突破产业瓶颈。"[1] 在这些论述里，新发展理念的内容都已转化为应对我国经济生活中的各种复杂矛盾的具体的政策实践。

4. 结论

习近平新时代中国特色社会主义经济思想是一个内容丰富、结构分明的整体，涵盖了道路-价值论、阶段-制度论、理念-政策论三个不同层次的理论内容。这三个层次的理论服从由抽象到具体的叙述逻辑，层层递进，最终趋向于经济社会实践这一最为生动鲜活的具体。理论引导实践，理论也来自实践。习近平指出："理念是行动的先导，一定的发展实践都是由一定的发展理念来引领的。发展理念是否对头，从根本上决定着发展成效乃至成败。实践告诉我们，发展是一个不断变化的进程，发展环境不会一成不变，发展条件不会一成不变，发展理念自然也不会一成不变。"[2] 习近平新时代中国特色社会主义经济思想的形成和发展，是一个实践上升为理

---

[1] 习近平：《把握新发展阶段，贯彻新发展理念，构建新发展格局》，《求是》2021年第9期。
[2] 同上。

论、理论引导并融汇于实践的交替往复的螺旋式上升过程。

中国共产党通过四十余年的改革开放,成功地探索了一条发展科学社会主义的道路。中共十九大提出:"中国特色社会主义进入新时代,……意味着科学社会主义在21世纪的中国焕发出强大生机活力。"① 习近平新时代中国特色社会主义经济思想,作为21世纪的科学社会主义,为当代中国的制度变革和经济社会发展注入了巨大的精神力量。毛泽东曾说过:"自从中国人学会了马克思列宁主义以后,中国人在精神上就由被动转入主动。"② 如果我们将这里马克思列宁主义诠释为不断发展的中国化马克思主义,诠释为习近平新时代中国特色社会主义思想,类似论断也依然是适用的。新时代中国特色社会主义经济思想既有鲜明的时代性,也是向未来彻底开放的,两者统一在变革世界的实践当中。"改革开放只有进行时没有完成时",这一具有政治哲学品格的论断,与冷战结束后流行于西方的"历史终结论"形成了鲜明对比。正如习近平所说:"我国的实践向世界说明了一个道理:治理一个国家,推动一个国家实现现代化,并不只有西方制度模式这一条道路,各国完全可以走出自己的道路来。可以说,我们用事实宣告了'历史终结论'的破产,宣告了各国最终都要以西方制度模式为归宿的单线式历史观的破产。"③

---

① 《习近平谈治国理政》第三卷,人民出版社,2020,第8页。
② 《毛泽东选集》第4卷,人民出版社,1991,第1516页。
③ 《习近平谈治国理政》第二卷,外文出版社,2017,第37页。

五

参照系、市场失灵与国家的经济作用

——中国特色社会主义政治经济学学理化的若干问题

1. 引言

中国特色社会主义政治经济学的话语体系,既包含政策-制度话语,也包含学术-理论话语,是由两者共同构成的整体。前一话语集中体现为党和国家的路线、方针、政策,后一话语则体现为学术生产或科学研究的成果。两种话语虽有交集,但在类型和功能上存在明显的差别,各自具有其相对独立性或自主性。政策-制度话语是在因应社会主义经济体制的重大实践问题的过程中产生的,具有特定历史时空下的现实相关性,旨在为改革开放提供直接的政策指引。学术-理论话语则具有某种概念的普遍性,它要从马克思主义经济学范式出发,借助于经济理论术语,为政策-制度话语提供系统化、一般化的说明。

在改革开放之前极左思潮泛滥的年代，社会主义政治经济学学术-理论话语的相对自主性没有得到应有的承认，在学术机构开展的知识话语生产，与党的路线方针政策的宣传（即本文所谓政策-制度话语）在内容和形式上几乎雷同，个别坚持学术-理论话语相对独立性的学者受到压制和不公正的批判。历史经验证明，这种状况并不适合社会主义事业发展的需要。改革开放以后，上述局面迅速改观，学术-理论话语的相对独立性得到认可，并在20世纪80年代实现了空前的繁荣和发展。在20世纪90年代"社会主义市场经济"这一政策-制度话语的形成和发展中，学术-理论话语发挥了重要的建设性作用。

然而，令人遗憾的是，当前国内政治经济学界对于上述两种话语间的关系，仍然存在认识上的不一致，出现了两派截然相反的见解：一派回到了改革开放之前，主张中国特色社会主义政治经济学就是党和国家领导人的讲话和著述汇编，学术界不具备发展中国特色社会主义政治经济学的资格和能力。这种观点是严重的倒退，它取消了学术-理论话语的自主性，表面上重视中国特色社会主义政治经济学，实则切断了政策-制度话语和学术-理论话语的联系，否认了前者进一步学理化的可能性和必要性，消弭了社会主义政治经济学的科学性，削弱乃至破坏了中国特色社会主义政治经济学话语体系的总体影响力。与此同时，另一派见解则正好相反，只承认学术-理论话语的重要性，甚至试图在放弃马克思主义、引进西方经济学的前提下发展中国特色社会主义政治经济学的学术-理论话语。这两种态度都是错误的，正确的态度应该是，在认可两种话语类型的差异的前提下，寻求在两者间实现创造性转化的可能性，进而达成两者的内在一致性和整体性，即形成完整的中国特色社会主义政治经济学话语体系。

在这个问题上，可以通过观察西方经济学的话语体系，来深化对于上述两种话语类型的关系的理解。西方经济学也是由类似的两种话语构成的整体。就政策-制度话语而言，西方经济学近几十年来提供了一套新自由主义话语，所谓"华盛顿共识"是这套话语的表现形式。在其国内，这套话语的直接实践功能，是削弱在战后"黄金年代"成长起来的工人阶级及其工会的力量，重建资本尤其是金融资本的权力；在国际上，则是通过私有化、自由化、金融化等等，削弱发展中国家自主发展的能力，或者如剑桥大学经济学家张夏准所说的"踢掉梯子"，也就是发达国家自己在达到更高的发展阶段后，反过来阻挠发展中国家采取发达国家曾经利用过的手段来发展自己的经济。① 在这套政策-制度话语之外，则是学术-理论话语的生产，就其要端而言，就是20世纪80年代以来形成的有别于传统凯恩斯主义的新古典经济学。后者不仅依靠微观经济学为自由市场经济的资源配置效率提供学理的说明，而且在宏观经济学上实现了对凯恩斯主义的反革命，通过提出理性预期宏观经济学、实际经济周期理论等等来反对国家干预，因而在学术上支持了新自由主义的政策-制度话语。②

---

① 张夏准：《富国陷阱——发达国家为何踢开梯子？》，肖炼等译，社会科学文献出版社，2009。
② 20世纪80年代以来，西方经济学的学术-理论话语通过各种途径——包括培养经济学博士——影响到发展中国家，其中也包括中国，从而进一步加强了其政策-制度话语的霸权。对改革开放以来西方经济学在中国传播过程的描述，参见史蒂夫·科恩：《新自由主义经济学是如何在中国获得霸权的》，《中国社会科学内部文稿》2016年第1期。

近年来，在推动中国特色社会主义政治经济学由政策-制度话语向学术-理论话语转化，实现笔者所谓中国特色社会主义政治经济学的学理化方面，取得了初步的成绩。其主要表现为：第一，出现了一些试图全面而系统地呈现中国特色社会主义政治经济学理论成果的教材和著作，如张宇、谢地、任保平、蒋永穆等人编著的教材《中国特色社会主义政治经济学》，以及张宇个人的同名著作等。这些教材或著作提出了由制度、运行、发展、开放诸篇构成的较为完整的理论体系，为将中国特色社会主义政治经济学"上升为系统化的经济学说"作出了自己的贡献。① 第二，围绕中国特色社会主义政治经济学的体系建设，尤其是这一体系的叙述逻辑和起点范畴，开展了有益的争论，形成了不同的看法。其中一种看法主张，中国特色社会主义政治经济学的起点范畴是国家，因为国家的形成是社会主义经济制度确立的前提，同时国家权力也是改革开放的最初推动力量②；另一种看法则主张，起点范畴是"在双层所有制结构（公有制与非公有制）以及多种规律或者机制（例如社会主义基本经济规律和市场经济规律）制约条件下生产出来的特殊的变形商品"③。上述争论启发了大家的

---

① 习近平同志2015年提出，要"把实践经验上升为系统化的经济学说，不断开拓当代中国马克思主义政治经济学新境界"。见习近平：《不断开拓当代中国马克思主义政治经济学新境界》，载《十八大以来重要文献选编》（下），中央文献出版社，2018，第7页。

② 邱海平：《论中国政治经济学的创新及逻辑起点》，《教学与研究》2010年第3期，第19—24页；林光彬：《中国的国家理论与政治经济学理论体系创新》，《中国社会科学院研究生院学报》2017年第6期，第57—60页。

③ 颜鹏飞：《新时代中国特色社会主义政治经济学研究对象和逻辑起点——马克思〈资本论〉及其手稿再研究》，《内蒙古社会科学（汉文版）》2018年第4期，第31页。

思考，对中国特色社会主义政治经济学的体系建设起到了促进作用。

不过，中国特色社会主义政治经济学的学理化尽管在现阶段取得了不少成绩，但距离学理化的最终目标，即形成真正"系统化的经济学说"仍有较大的距离。要实现中国特色社会主义政治经济学的学理化，亟待解决如下三方面的问题：第一，要全面更新对历史唯物主义的认识，使之适应于解释当代中国制度变迁和改革开放以来形成的中国特色社会主义市场经济制度；第二，要借鉴《资本论》中的相对剩余价值生产理论，从中发展出一个参照系理论，以解释社会主义市场经济的动态效率，即其在解放生产力发展生产力上的具体作用和机制；第三，需要从这一参照系得以存在的约束条件出发，建立马克思主义的市场失灵理论，再从中引申出国家的内生性作用，将其与国家的外生性作用相结合，以构建中国特色社会主义政治经济学的国家理论。在以下各节里，我们就依次探讨这些问题。

2. 历史唯物论的重构与中国特色社会主义政治经济学

经过40余年的改革开放，中国共产党领导中国人民建设了一种极具特色的新型市场经济，即中国特色社会主义市场经济。要从理论上系统而全面地解释中国特色社会主义市场经济，一个先决条件是要全面更新对历史唯物论的传统认识。在这个问题上，习近平同志为我们做出了榜样。早在福建工作时期，习近平同志就专门撰写了学术论文，提出社会主义市场经济的特点是"经济政治化"和"政治经济化"①；他还指出："一个国家的政治制度决定于这个国家的经济社会基础，同时又反作用于这个国家的经济社会基础，乃至于起到决定性作用。在一个国家的各种制度中，政治制度处于关键环节。"②

习近平同志关于社会主义市场经济的特点是政治经济化和经济政治化的表述，是对中国特色社会主义政治经济学进行学理化的重要尝试。这一表述结合中国实际，提出了对历史唯物论既有观点的新阐释。依照传统历史唯物论（即自第二国际以来流行的经济决定论或生产力一元决定论），经济基础和上层建筑在制度上是截然两分的不同领域，而根据习近平同志的概括，上层建筑即国家权力，在社会主义市场经济体制中嵌入了基础，成为后者的组成部分。在这种情况下，基础和上层建筑作为两种制度领域截然二分的假设，就难以成立了。

笔者在 2016 年出版的《历史唯物论与马克思主义经济学》一书里，系统地讨论了如何更新对历史唯物论的认识，使之运用于解释当代中国制度变迁和中国特色社会主义市场经济的问题。在这本书里讨论了两个核心论点：第一，生产关系在功能上具有两重性。一方面，生产关系表现和适应生产力；另一方面，生产关系服务于对剩余的占有和支配。这两重功能可以是统一的，但也可能彼此分离。后一种可能性意味着，生产关系的变革，不仅服从于生产力发展的需要，而

---

① 习近平：《对发展社会主义市场经济的再认识》，《东南学术》2001 年第 4 期，第 36 页。
② 习近平：《在庆祝全国人民代表大会成立六十周年大会上的讲话》，载《十八大以来重要文献选编》（中），中央文献出版社，2016，第 62 页。

且会受到生产力之外的其他因素,尤其是政治、意识形态等上层建筑因素的直接影响。只有当上述两重功能彼此统一时,生产关系的改变才会伴随着不可逆的生产方式整体的变迁(笔者称之为有机生产方式的变迁),或言之,才会促成严格意义的经济社会形态的更迭。

第二,任何一种制度形式(如血族、宗教或国家等),只要承担生产关系的功能,就成为经济基础的组成部分。这意味着,基础和上层建筑,抑或经济和政治、市场和国家之间的区别,并不是两类不同制度的区别,而是制度因其功能的差异所产生的区别。由此派生而来的观点是,基础在人类社会的位置事实上是变动不居的。在历史上,血族、宗教和国家,都曾承担过生产关系的功能。在国家权力承担生产关系作用的场合,整个国家机器事实上被一分为二,其中一部分(如外交、军事)仍然是纯粹的上层建筑,另一部分则嵌入了基础,并成为后者的一部分。这一现象不仅存在于社会主义市场经济,也存在于现代资本主义市场经济当中。换言之,上述观点具有普适性,而不只是适用于某种特例。①

从思想史的角度看,强调国家等制度因素在扮演生产关系的功能时嵌入了基础,是对卡尔·波兰尼理论的一个马克思主义回应。在波

---

① 类似见解在马克思那里也能找到源头,他曾指出,在前资本主义生产方式中,超经济的强制在剩余榨取关系即生产关系中发挥着作用。马克思这样写道:"要能够为名义上的地主从小农身上榨取剩余劳动,就只有通过超经济的强制,而不管这种强制采取什么形式。……所以这里必须有人身的依附关系,必须有不管什么程度的人身不自由和人身作为土地的附属物对土地的依附,必须有真正的依附农制度。"《马克思恩格斯全集》第25卷下册,人民出版社,1974,第891页。

兰尼看来，一个"脱嵌的"，即完全摆脱了其他制度形式的嵌入，纯粹由其自我调节的市场，事实上是一个乌托邦。① 换言之，一个可持续发展的市场经济，必然是有市场之外的制度形式嵌入的。在此，我们可以从马克思主义的角度给波兰尼的术语"嵌入"作一个定义：所谓嵌入，意味着市场之外的制度形式承担了生产关系的功能，因而成为经济基础的一部分。②

在中国特色社会主义市场经济中，国家嵌入经济基础、在其内部发挥作用的思想，近年来在相关教材里得到了传播。张宇等人在其编著的教材里就写道："在社会主义社会中，由于生产资料公有制占据主体地位，因此，国家不仅作为一种上层建筑从外部对经济生活产生间接影响，而且要作为公有经济的所有者和经济基础的组成部分，从内部对经济生活产生直接影响。经济和政治在这里具有了水乳交融般的密切关系。"③ 这些论断是正确的，但还可以补充以下两点：第一，在理论上需要进一步明确，国家成为经济基础的组成部分的原因，不仅在于国家是公有经济的法权意义的所有者，而且在于国家权力直接承担了生产关系的功能。第二，在传统计划经济年代，财政分配是国家发挥生产关系功能的主要途径，在社会主义市场经济条件下，国家发挥生产关系功能的途径趋于多元化，需要就此开展更为具体的、理论和经验相结合的研究。

---

① 卡尔·波兰尼：《大转型》，冯刚、刘阳译，浙江人民出版社，2007，第3页。
② 参见孟捷：《历史唯物论与马克思主义经济学》，社会科学文献出版社，2016。
③ 张宇、谢地、任保平、蒋永穆等：《中国特色社会主义政治经济学》，高等教育出版社，2017，第82页。

3. 作为参照系的相对剩余价值生产理论

中国特色社会主义政治经济学的学理化需要完成的第二项任务，是提出一个参照系理论，以解释社会主义市场经济的动态效率，即其在解放生产力发展生产力上所起的具体作用和机制。笔者曾提出，要解决这个问题，就必须借鉴马克思的相对剩余价值生产理论，剥去其资本主义的外壳，将其发展为适用于社会主义市场经济的参照系理论。① 笔者曾将这一参照系称作**社会剩余价值生产**理论，但为方便讨论起见，本文同时也使用相对剩余价值生产理论这一称谓。②

在国内学术界，关于《资本论》的原理和范畴可否运用于中国特色社会主义政治经济学，一直是有争议的问题。少数学者认为，《资本论》只能解释资本主义经济，不能运用于中国特色社会主义政治经济学，只有《哥达纲领批判》等少数著作可以成为中国特色社会主义政治经济学的理论指引。与此类观点不同，大多数学者认为，只要适当地区分《资本论》原理和范畴的一般性和特殊性，剥去其资本主义的外壳，就可将其运用于中国特色社会主义政治经济学。在社会主义

---

① 参见孟捷：《〈资本论〉的当代价值》，《光明日报》2018 年 6 月 5 日；孟捷：《相对剩余价值生产与现代市场经济——迈向一个以〈资本论〉为基础的市场经济一般理论》，《政治经济学报》2020 年第 2 期，第 3—20 页。
② 严格讲来，相对剩余价值生产理论有广义和狭义之分。狭义指的是《资本论》第 1 卷第四篇关于相对剩余价值生产方法的理论（这一理论构成了马克思参照系理论的主体），广义则包括《资本论》里所有涉及技术进步和资本积累矛盾的理论，如资本有机构成提高、失业和利润率下降等。广义的相对剩余价值生产理论不仅包括参照系，也包括资本积累内在矛盾的理论，即马克思的市场失灵理论。

政治经济学发展史上,以卓炯、蒋学模等为代表的老一代学者很早就提出了类似观点。从方法论的角度看,这类见解得以成立的先决条件,在于承认《资本论》的范畴和原理不仅反映资本主义生产关系,即具有所谓特殊性或阶级性,而且反映了现代市场经济的一般性或社会性。在此问题上,我们不妨回顾一下邓小平同志的见解。他在南方谈话里提出,市场和计划都是手段,资本主义可以用,社会主义也可以用。① 在这里,邓小平从实践的角度提出了市场经济的范畴和规律具有一般性或社会性,从而可以和社会主义生产关系相结合的问题。

可喜的是,在将《资本论》的原理和范畴运用于中国特色社会主义政治经济学的问题上,习近平同志早就提出了如下明确的论断:"如果说马克思在《资本论》中揭示的关于资本主义生产的基本原理和规律难以适用于社会主义条件下的计划经济的话,那么,对于我们当前正在大力发展的社会主义市场经济,却具有极为重要的指导意义。这是因为,无论是私有制的市场经济,还是以公有制为主体的市场经济,只要市场经济是作为一种经济运行机制或经济管理体制在发挥作用,市场经济的一般性原理及其内在发展规律同样都是适用的,诸如价值规律、竞争规律、供求规律、积累规律、社会资本再生产的社会总产品实现规律以及利润最大化原理、提高利润率和积累率的方法、竞争与垄断理论、经济危机理论等等,都同样适用于发展社会主义市场经济的实践。"② 习近平同志的这些观点,理应成为中国特色社会主义政治经济学学理化的方法论指引。

---

① 《邓小平文选》第3卷,人民出版社,2001,第373页。
② 习近平:《对发展社会主义市场经济的再认识》,《东南学术》2001年第4期,第28页。

在中国特色社会主义政策-制度话语中，发展社会主义市场经济的必要性，往往是以如下方式论证的——我国尚处于社会主义初级阶段，仍属于全球最大发展中国家，因而须借助于市场经济来发展和解放生产力。这个论断自然是正确的，但从学术-理论话语的立场看，仅仅从这个角度来解释又是不充分的，我们需要一个正面论述现代市场经济何以具有动态效率的经济学理论。如果没有这个理论，新古典经济学就会乘虚而入，因为新古典经济学恰好提供了一个市场经济何以具有资源配置效率的理论，这便是微观经济学的核心理论——完全竞争市场的一般均衡论。

完全竞争市场论在国外学术界也是饱受争议的。著名经济学家、诺贝尔奖得主斯蒂格利茨就指出，新古典微观经济学其实不是一个关于市场经济的理论，而是一个解释市场社会主义乃至社会主义计划经济的理论。① 斯蒂格利茨还指出，在为一般均衡论给出数学证明的阿罗-德布鲁模型当中，技术是给定不变的，这意味着，该模型排斥了创新；不仅如此，斯蒂格利茨还认为，阿罗-德布鲁模型不可能通过自身的任何改进容纳创新。这样一来，市场经济的一个核心特征就在这一模型中彻底消失了。要指出的是，斯蒂格利茨的上述观点并非完全为其个人独创，而是植根于经济思想史。在资产阶级经济学家中，熊彼特最先体认到，微观经济学是一个静态资源配置理论，并不适于

---

① 斯蒂格利茨写道："我的观点之一是，如果经济中的新古典模型是正确的，那么市场社会主义则会成功；同样的道理，如果经济中的新古典模型是正确的，那么中央计划经济所遇到的问题应比实际情况少得多。"见约瑟夫·E. 斯蒂格利茨：《社会主义向何处去》，周立群、韩亮、余文波译，吉林人民出版社，1998，第12页。

解释作为一个由创新带来的动态过程的资本主义市场经济。① 此外，斯蒂格利茨认为完全竞争市场论更适合于市场社会主义的观点，则滥觞于波兰经济学家兰格，后者曾将微观经济学的分析工具用于研究一个社会主义经济的可行性。兰格的尝试促使哈耶克意识到，完全竞争市场理论根本不适合于解释市场经济及其效率，必须另辟蹊径，重建经济理论以达到这一目的。② 有趣的是，新古典经济学的许多当代拥趸，浑然不知这一段历史，仍然将一个与现实市场经济无关的理论奉为"金科玉律"。

新古典经济学之所以能流行于今日，主要不在于对现实的解释力，而在于为资本主义生产关系提供了一个狡猾的意识形态辩护。这一辩护是这样完成的：现实经济中存在的种种矛盾或危机（如2008年金融危机），都是市场之外的制度因素造成的，而与市场竞争的核心机制无关。20世纪70年代以来，这一辩护术被用于攻击凯恩斯主张的国家干预，并取得了相对的成功。

新古典经济学采用这一辩护术，预先排除了其自身立场存在根本偏误的可能性。这是因为，现实经济中的任何矛盾或危机，在它看来都源于和一个理想参照系（完全竞争市场）的背离，而不在于这种参照系本身具有内在缺陷。这样一来，完全竞争市场理论就被置于无法被证伪的境地。在科学哲学家波普看来，一个永远不会被证伪的理

---

① 对熊彼特思想的评述，参见孟捷：《熊彼特的资本主义演化理论：一个再评价》，《中国人民大学学报》2003年第2期，第87—94页。
② 哈耶克曾对新古典完全竞争市场论提出了犀利的批判，参见哈耶克：《个人主义与经济秩序》，邓正来译，生活·读书·新知三联书店，2003。

论，不是科学，而是神学。新古典经济学就是披着数学公理外套的现代神学。①

值得一提的是，最早将资产阶级经济学比作神学的，正是马克思。在《哲学的贫困》里，他写道："经济学家们在论断中采用的方式是非常奇怪的。他们认为只有两种制度：一种是人为的，一种是天然的。封建制度是人为的，资产阶级制度是天然的。在这方面，**经济学家很象那些把宗教也分为两类的神学家**。一切异教都是人们臆造的，而他们自己的教则是神的启示。"② 在这里，马克思还暗示了新古典经济学的另一个特点——通过宣布完全竞争市场是人类经济组织唯一合理的形式，同时也宣告了历史的终结。

新古典微观经济学对市场经济效率的解释，必须被另一个理论取代，这便是由马克思的相对剩余价值生产理论发展而来的参照系理论。与新古典理论对静态资源配置效率的注重不同，相对剩余价值生产理论解释了市场经济的动态效率，也就是演化经济学所说的一个经济体接纳创新的能力。长期以来，不少人戴着有色眼镜看待马克思的剩余价值论，认为剩余价值论只是对资本主义经济的道德批判，忽略了马克思的经济学理论与19世纪英国李嘉图派空想社会主义者的区别。③ 而事实上，剩余价值论的一个主要功能，是解释资本主义市场

---

① 纽约新学院大学著名马克思主义经济学家弗里提出了新古典经济学是经济神学的观点，见 Foley, D. K., *Adam Smith's Fallacy: A Guide to Economic Theology*, Harvard University Press, 2008。
② 《马克思恩格斯全集》第4卷，人民出版社，1965，第153—154页。
③ 笔者在《历史唯物论与马克思主义经济学》（社会科学文献出版社，2016）第七章系统地讨论了这一问题。

经济何以能成为推动生产力发展的引擎。早在《共产党宣言》里——马克思那时还没有形成自己的经济理论——他就和恩格斯一起书写了如下格言:"资产阶级争得自己的阶级统治地位还不到一百年,它所造成的生产力却比过去世世代代总共造成的生产力还要大,还要多。"① 大约十年后,在《资本论》第一部手稿里(《1857—1858年经济学手稿》),马克思系统地厘定了相对剩余价值生产理论,对《共产党宣言》的格言式表述——可以看成一种理论假设——给出了系统的论证,从而形成了自己的经济学。

透过相对剩余价值生产理论,马克思解释了资本主义经济中技术进步的动因、过程和结果。技术进步的动因表现为资本家对超额剩余价值的追求。技术进步的过程集中反映于马克思的部门内竞争理论,在这个理论中,马克思区分了一个代表性部门内的两类企业,并将超额剩余价值的形成归于先进企业的创新。先进企业和其他企业竞争的结果,是造成技术进步在部门内逐步扩散,以及先进企业一度攫取的超额剩余价值趋于消失。在此基础上,马克思总结了技术进步的两个结果:第一,技术进步所造成的劳动力价值下降,促成了所有主要部门剩余价值率的增长;第二,虽然劳动力价值在下降,但工人阶级的实际工资率——工人阶级享受的生活资料的范围——也会伴随这一过程而增长。在论及第二个结果时,马克思特地指出,工资率的提高体现了"资本的历史的合理性"②。在《历史唯物论与马克思主义经济学》一书中,笔者曾提出,相对剩余价值生产理论对于资本的历史合

---

① 《马克思恩格斯全集》第4卷,第471页。
② 《马克思恩格斯全集》第46卷上册,人民出版社,1979,第247页。

理性的论证，相当于提出了马克思自己的"看不见的手"原理，因为它从个别资本家追求超额利润的贪欲出发，在一个两阶级模型中得出了既有利于资产阶级也有利于工人阶级的结果。①

值得强调的是，相对剩余价值生产理论不仅是对资本主义市场经济动态效率的理论说明，在剥去其附着的资本主义生产关系的外壳后，我们完全可以将这个理论一般化，使之运用于社会主义市场经济。如果我们能做到这一点，就为中国特色社会主义政治经济学的学理化奠定了扎实而可靠的基础。长期以来，国内马克思主义经济学，或中国特色社会主义政治经济学，忽略了参照系理论对于阐释现代市场经济动态效率的重要性。而缺乏这样一个参照系，就从根本上妨碍中国特色社会主义政治经济学的学理化。

相对剩余价值生产理论拥有如下切近的前提：它预设了企业之间充分的竞争，这种竞争迫使企业将其剩余价值或利润最大限度地用于生产性投资和创新。在马克思那里，只要具备这些前提，就会造成企业的技术进步，从而带来相对剩余价值生产的结果。尽管马克思的这个理论还可进一步精细化，即为相对剩余价值生产纳入更多的条件，但在这里，我们不妨从这些最为切近的前提出发，探讨将该理论运用于社会主义市场经济的可能性。

让我们把问题表述为：具有社会主义性质的国有企业，是否可以充分地参与竞争？在笔者看来，过去40年改革的经验表明，国有企业是完全可以做到这一点的。我想以一个现代市场经济中的典型部门

---

① 孟捷：《历史唯物论与马克思主义经济学》，社会科学文献出版社，2016，第219—220页。

为例来讨论这个问题,这就是家用汽车业。在20世纪90年代中期以前,中国家用汽车业被国外品牌主宰。90年代中期以后,因为以奇瑞、吉利等为代表的一系列中国自主品牌企业进入市场,家用低端车型才开始降价。奇瑞汽车是地方国有企业,地方政府事实上扮演了熊彼特意义的企业家角色。今天,中国家用汽车业是全球最具竞争性的市场之一,其中既有外资主导的合资企业,也有国有企业和私营企业。因此,和一些流行见解相左,中国家用汽车业的例子表明,国有企业的进入加强了这个行业的竞争,而不是相反。在这里,政府在发挥其作为熊彼特意义的企业家作用的时候,并不像一些常见的新自由主义观点所称的那样,刻意扭曲了价格,从而使资源配置偏离了优化状态,而是使价格向竞争性价格收敛,让市场真正有效地发挥了作用。在以奇瑞为代表的自主品牌汽车进入之前,所谓市场是被少数寡头企业垄断的市场,它们扭曲了价格,使中国消费者付出了高昂的代价。①

　　将相对剩余价值生产理论运用于社会主义市场经济,其前提是承认剩余价值概念在社会主义市场经济中的适用性。剩余价值具有两重性,其一是阶级性,其二是社会性。在相对剩余价值生产理论中,剩余价值的增长是以生产力进步为前提而实现的;同时迫于竞争的压力,剩余价值又主要用于生产性投资和创新,在这种情况下,剩余价

---

① 在现代市场经济中,私营寡头垄断市场是在许多部门常见的现象,正如美国马克思主义经济学家克罗蒂指出的,这类市场的竞争往往是破坏性竞争,它加剧了产能过剩,并成为全球经济停滞和危机的重要原因。对克罗蒂的介绍,参见孟捷、向悦文:《克罗蒂和布伦纳的破坏性竞争理论比较研究》,《经济纵横》2013年第5期。

值便具有公共投资基金的性质,即具有社会性。私人剩余价值生产也就相应地转化为社会剩余价值生产。① 但另一方面,由于剩余价值的支配权掌握在资本家阶级手里,并可服从于其统治的目的,使剩余价值转而用于各种非生产性用途,剩余价值又具有阶级性。在相对剩余价值生产理论中,资本家作为积累的机器,为社会承担了积累的职能,表现为合格的"生产资料的受托人"②,剩余价值的社会性居于主导地位。

在这里,判断占有剩余价值是否具有历史正当性的关键,主要在于剩余价值被生产和利用的方式,而不在于抽象的、法律意义的剩余所有权。脱离剩余价值的生产和利用方式,单纯从法律意义的所有权来理解剩余价值的社会经济性质,植根于斯大林对生产关系的定义,这个定义将生产资料所有制与生产关系的其他内容割裂开来,使生产关系的定义变得狭窄而片面,事实上违背了马克思的思想。正如马克思所说,"给资产阶级的所有权下定义不外是把资产阶级生产的全部社会关系描绘一番"。③ 这启示我们,对占有剩余价值的历史正当性的理解,要从剩余价值被生产和利用的整个过程着眼。在现代市场经济中,只要剩余价值是借助生产力进步而取得的,且主要被用于生产性投资和创新,占有剩余价值就是为社会的长远利益和整体利益而服务的,私人剩余价值生产即可转化为社会剩余价值生产。资本家阶级

---

① 改革开放以来,以卓炯、蒋学模为代表的经济学家就认为,剩余价值概念在经过重新理解和界定后,可以运用于社会主义市场经济。见卓炯:《对剩余价值论的再认识》,《学术研究》1980年第5期;蒋学模:《社会主义经济中的资本范畴和剩余价值范畴》,《经济研究》1994年第10期。
② 《马克思恩格斯全集》第26卷第Ⅲ册,人民出版社,1974,第469页。
③ 《马克思恩格斯选集》第1卷,人民出版社,1995,第177页。

对剩余价值的这种占有，就更像是马克思在《哥达纲领批判》里所说的社会对公共投资基金的扣除。准此，一个纯粹的相对剩余价值生产模型，也可以兼容作为分配性正义的按劳分配原则。①

总之，我们完全可以借鉴和发展马克思的相对剩余价值生产理论，将其作为一个参照系，用于解释社会主义市场经济的动态效率，并为"使市场在资源配置中起决定性作用"这样的论断提供学理化的论证。在张宇等人编著的《中国特色社会主义政治经济学》一书中，有一小节题为"市场在资源配置中起决定性作用"，但遗憾的是，作者在此没有结合马克思的相对剩余价值生产理论，而是试图诉诸价值规律来提供这种论证。他们写道："为什么要使市场在资源配置中起决定性作用？这是因为市场决定资源配置是市场经济的一般规律，市场经济本质上就是市场决定资源配置的经济，其基本的经济规律就是价值规律。价值规律通过价格、供求、竞争、生产要素的流动，调节着社会生产，促使人们节约劳动时间，实现社会总劳动在各部门之间的按比例分配。"② 但问题是，价值规律作为现代市场经济的共性规律，并不能体现任何一种现代市场经济在其核心制度上的特殊性，将其作为社会主义市场经济的基本经济规律来看待，是不恰当的。在马克思那里，资本主义市场经济的基本规律是剩余价值规律，我们或可称其为私人剩余价值规律。透过其参照系理论，马克思表明，这一私

---

① 参见笔者在下文里的进一步讨论，孟捷：《相对剩余价值生产与现代市场经济——迈向一个以〈资本论〉为基础的市场经济一般理论》，《政治经济学报》2020 年第 2 期，第 3—20 页。

② 张宇、谢地、任保平、蒋永穆等：《中国特色社会主义政治经济学》，高等教育出版社，2017，第 77 页。

人剩余价值规律有可能向社会剩余价值规律转化。然而，在现实经济中，由于资本积累内在矛盾的影响，这一转化受到极大的限制。只有在社会主义市场经济中，凭借公有制经济的主体地位和党领导下的国家经济治理，社会剩余价值生产才表现为一种强有力的趋势，并成为调节资源配置的基本经济规律。

4. "市场失灵"和国家的经济作用

一旦我们将相对剩余价值生产作为参照系来看待，接下来要讨论的，就是这一参照系的实现条件问题。在现实经济中，相对剩余价值生产会遇到多重条件的约束。笔者试图将这些约束条件概括为三个方面，并称其为相对剩余价值生产的三重条件，它们分别是相对剩余价值生产的科学-技术条件、制度条件和经济条件。①

相对剩余价值生产是以机器大工业或马克思所说的"特殊的资本主义生产方式"为前提的，这种生产方式的特点不仅在于利用了机器体系，而且体现于科学在其中的系统化运用。科学技术知识存量的增长，事实上是相对剩余价值生产得以实现的条件。但问题是，和资本积累相比，科学技术知识存量的增长经常不能赶上前者增长的速度，从而限制了相对剩余价值生产的实现。

在《资本论》里，马克思事实上假定，相对剩余价值生产的科学-技术条件是始终能满足的。他着重探讨的，是相对剩余价值生产

---

① 孟捷：《〈资本论〉的当代价值》，《光明日报》2018年6月5日。相对剩余价值生产的三重条件也可以扩展为四重条件，即将生态条件也作为资本积累的约束条件来看待。

的经济条件,笔者用这一概念代指有利于资本积累的经济环境,它可以通过马克思所采用的范畴或变量,如剩余价值率、资本有机构成、资本周转速度、两大部类的关系、平均利润率等等来刻画。正如马克思所指出的,那些造成相对剩余价值生产的因素,也会带来破坏相对剩余价值生产的趋势,其中最为突出的便是利润率下降趋势,它会加剧剩余价值生产和剩余价值实现的矛盾,造成资本过剩和人口过剩同时并存,从而破坏相对剩余价值生产的经济条件。

在《资本论》里,马克思在很大程度上也忽略了相对剩余价值生产的制度条件。以法国调节学派和美国社会积累结构学派(SSA)为代表的当代马克思主义制度经济学,对相对剩余价值生产的制度条件开展了较为系统的分析。他们提出,马克思用来刻画资本主义经济运动规律的那些变量和范畴,在现实中是和各种具体的历史制度形式(相对剩余价值生产的制度条件)相结合而发挥作用的;应该在《资本论》所分析的一般运动规律基础上,引入所谓"中间层次"的分析,即将马克思的抽象理论与更为具体的制度分析相结合,进而形成一种关于资本主义发展的历史阶段的理论。①

以相对剩余价值生产的三重条件为基础,可以发展一个马克思主义的市场失灵理论。在这三重条件难以满足的情况下,全社会剩余价值便不能充分地用于生产性投资和创新,从而导致人口过剩和资本过剩,大量剩余价值此时将转入各种非生产性用途,包括与实体经济无

---

① 对这两个学派的介绍,可参见科茨:《法国调节学派与美国积累的社会结构学派之比较》,田方萌译,孟捷译审,《西北大学学报》2018年第5期;孟捷、高峰:《发达资本主义经济的长波》,第一章,上海人民出版社,2019。

关的金融资产投资，形成所谓金融化，这样一来，相对剩余价值生产的机制就遭到了破坏。在这种条件下，若要回到我们的参照系，即纯粹意义的相对剩余价值生产模型，就必须借助于国家的干预，以帮助恢复相对剩余价值生产的三重条件。举例来说，为了保证相对剩余价值生产的科学-技术条件，就要求国家在汉密尔顿-李斯特倡导的国家创新体系中发挥作用；保证相对剩余价值的经济条件，要求国家发挥凯恩斯主义的需求管理作用；至于相对剩余价值生产的制度条件，它与其他两种条件是密切结合的，在调节学派和SSA学派那里，这些制度条件涉及资本和劳动的关系、资本和资本的关系、国家和市场的关系等诸多面向。

马克思经济学的参照系理论和市场失灵理论，是历史唯物主义原理在政治经济学里的具体化。在任何一个既定的生产方式中，生产力和生产关系都存在对立统一关系。所谓统一，是指生产关系能够表现、适应和促进生产力的发展；所谓对立，则恰好相反。参照系理论所体现的，是生产力和生产关系相互统一的一面，市场失灵理论所反映的，则是两者相互对立的一面。在一种生产方式处于上升期时，生产力和生产关系相互统一的一面占据主导地位，反之，在其下降期，两者的对立居于主导。马克思经济学中的参照系和市场失灵理论，具体地分析了造成资本主义生产方式兴起和衰落的根源。

以马克思主义市场失灵理论为前提，发展一个国家经济作用的理论，是中国特色社会主义政治经济学的学理化所需完成的第三项任务。熟悉新制度经济学的读者一定会发现，我们在此遵循的思路，与诺思的理论有形式上的近似。诺思的理论框架主要由下述三个环节构成（或可名之为"三位一体"结构）：第一，在诺思看来，新古典完全竞争市场理论是一个参照系，提供了对经济增长的唯一可能的解释。第二，由于制度或交易成本的存在，现实市场经济和参照系是偏离的，经济增长也因此受到阻碍。第三，为了实现向参照系的复归，就必须发挥国家和意识形态的作用，推动制度变迁，削减交易成本。要提醒读者的是，诺思理论的提出，旨在革新新古典经济学，使其在与马克思主义的竞争中立于不败之地。诺思曾明确写道："与马克思主义相比，自由市场意识形态并未在一个包含社会、政治和哲学（更不必谈形而上学）理论的包罗万象的框架内而发展。其结果是，在面临各种条件的变化时，要维持和取得各个集团对它的忠诚，面临着严峻的困难。"① 经由诺思的努力，新制度经济学成功地帮助新古典主义实现了一次"创造性转化"。新古典经济学本来是一个内容极为狭窄的理论，对历史制度变迁几无解释力，但在诺思之后，原本为马克思主义者耳熟能详的概念，如生产关系、国家、意识形态等等，现在也改头换面，成了新制度主义的核心概念，并据此形成了新制度主义的原理和体系。②

---

① North, D.C., *The Structure and Change in Economic History*, London and New York: W.W. Norton & Company, 1981, p.53.
② 诺思用新制度经济学的术语表达了马克思主义关于生产关系的两重功能及其相互间矛盾的思想。他写道："使统治者（或统治阶级）租金最大化的产权结构和那种会带来经济增长的产权结构是相冲突的。这类冲突的一个变种是马克思主义关于生产方式的矛盾的见解，根据这种见解，所有制结构和由不断演化的一组技术变革所带来的潜在收益的实现是不相容的。" North, D.C., *The Structure and Change in Economic History*, London and New York: W.W. Norton & Company, 1981, p.28. 对诺思等人的批判性分析，可参见孟捷：《历史唯物论与马克思主义经济学》，第三章，社会科学文献出版社，2016。

一旦我们将相对剩余价值生产理论确立为解释社会主义市场经济动态效率的参照系，诺思理论的"三位一体"结构在形式上就完全可以为中国特色社会主义政治经济学所借鉴。然而，借鉴了这种三位一体结构的中国特色社会主义政治经济学，由于其参照系与完全竞争市场理论判然有别，其理论体系的实质内容与新制度经济学也就存在根本的不同。

要指出的是，在这种三位一体结构里，国家的经济作用首先有所谓"内生性"的特点，其含义是，国家发挥经济作用只是为了克服市场失灵，即在参照系所要求的范围内发挥作用。然而，在现实经济中，国家并不限于发挥这种内生性作用，国家还有外生性作用，这指的是，国家出于维护特定生产关系或阶级关系再生产的目的而发挥必要的经济作用。诺思也曾谈论过这种外生性作用，但内生性作用和外生性作用的并存，在他那里是作为国家悖论来看待的，外生性作用被他视为阻碍经济增长的力量。这样一来，对于市场经济而言，只有内生性作用才具有促进经济增长的正面意义，且这一作用又被他局限为国家在削减交易成本方面所起的作用。诺思的这些看法，表明了其理论的局限性。

值得一提的是，张宇等人虽非完全排斥在市场失灵的前提下讨论国家的经济作用，但把市场失灵看作国家发挥经济作用的次要依据。在其个人著作中，张宇专门辟出篇幅批评了新古典经济学的市场失灵理论，认为这一理论所分析的外部性、垄断等问题，是以完全竞争市场为前提的，具有多重片面性，无法反映市场经济的总体矛盾。[①] 这

[①] 张宇：《中国特色社会主义政治经济学》，中国人民大学出版社，2016，第220—221页。

些见解是正确的，但问题是，在批判新古典市场失灵论的同时，应该发展一个马克思主义的市场失灵理论作为替代，张宇等人却没有提出这一问题。这样一来，建立一个内生性国家理论的任务，在他们那里事实上就被悬置了。

在淡化国家的内生性作用的同时，张宇等人格外注重国家的外生性作用，即国家作为公有产权和公共利益的代表，在贯彻社会主义基本经济规律和有计划按比例发展规律方面所起的作用，如张宇所说："社会主义国家实行宏观调控的主要依据不是所谓的市场失灵或缺陷，而是生产资料的公有制以及在此基础上产生的有计划按比例发展规律。无论存在不存在所谓的市场失灵，只要公有制占据主体地位，国家作为生产资料公共所有权和社会公共利益的总代表，都需要并且能够在社会的范围内按照社会的需要有计划地调节社会再生产过程，合理地配置社会资源，以满足人民日益增长的物质文化需要，实现社会主义生产目的，从而成为推动经济发展的主导力量。"①

与张宇等人不同的是，笔者强调，社会主义市场经济中国家的经济作用，是由外生性作用和内生性作用共同构成的整体，两种作用虽然存有区别，但也是相互依存、相互结合、相互转化的。社会主义市场经济中国家的内生性作用，在某种意义上是国家的外生性作用的延伸，其作用的范围和程度，都超过了资本主义国家，并成为中国特色社会主义市场经济的制度优势。在上述引文里，张宇刻意淡化了国家

---

① 张宇：《中国特色社会主义政治经济学》，中国人民大学出版社，2016，第222页；另见张宇、谢地、任保平、蒋永穆等：《中国特色社会主义政治经济学》，高等教育出版社，2017，第73—74页。

的内生性作用，忽略了外生性作用和内生性作用的内在联系，片面地强调了外生性作用的意义，表现出对研究对象——社会主义市场经济——的某种不自觉的游离。此外，在界定国家的外生性作用时，直接援用社会主义基本经济规律和有计划按比例发展规律是远远不够的，斯大林在提出这些规律时，是以传统计划经济体制为前提的，在市场经济条件下，应该研究这些规律的转化形式，以便更具体地界定国家的外生性作用。

5. 尾论

参照系、市场失灵和国家的经济作用是中国特色社会主义政治经济学学术-理论话语的核心构造。在这一构造中，参照系理论解释了社会主义市场经济的动态效率，亦即解释了政策-制度话语中流行的下述命题——市场在资源配置中起决定性作用。正如笔者主张的，马克思的相对剩余价值生产理论包含了这样一个参照系，只要剥去其资本主义的外壳，引入反映社会主义市场经济的制度因素，就可以为我们所用，作为社会主义市场经济的参照系理论来看待。

马克思主义的参照系和市场失灵理论，为说明社会主义市场经济中国家的内生性作用奠立了基础。然而，国家的经济作用是由内生性作用和外生性作用共同组成的，两类作用的结合界定了社会主义市场经济中的国家经济治理。如果我们假设，在考察国家经济治理时，可以抽象掉国家的外生性作用，只考虑以克服市场失灵为目的的国家的内生性作用，国家经济治理显然只能是市场调节的辅助或补充。反之，一旦我们纳入国家的外生性作用，国家经济治理就不只是起辅助或补充作用，而必然成为与市场调节互有区别的另一种经济协调和资源配置机制。但问题也就由此而来了：既然市场调节和国家经济治理分别代表了两种不同的资源配置和经济协调机制，在社会主义初级阶段，就存有两个经济调节者，这两个调节者之间是什么关系？或者，如何理解市场在资源配置中起决定性作用这一命题？

在社会主义市场经济中，市场调节和国家经济治理的关系具有如下辩证性质：第一，当市场不能克服其内在矛盾，不能为自身的运作提供一般条件的时候，国家就起到决定性作用。第二，社会主义市场经济不是在其内部与国家截然两分的市场经济，相反，在社会主义市场经济中，国家不仅利用传统宏观调控手段干预经济，而且立足于公有制成为市场经济的主体，在市场经济内部发挥着作用。从此角度来看，将市场调节和国家经济治理作为一种二律背反来看待，就是错误的。市场调节虽然有其自主性，但在某种意义上也可成为国家经济治理的实现形式。反过来，旨在贯彻社会主义生产目的的国家经济治理，往往只有借助市场机制、与市场机制结合才能最终实现。第三，国家经济治理还体现在国家建构市场、引领市场的作用上。在新兴产业尚未兴起的时候，由于投资的不确定性等因素，私人资本往往难于开展投资，此时国家可以承担建构或创造市场的任务。当代著名演化经济学家马祖卡托结合发达资本主义经济的实践深入分析了这一问题。她指出："公共部门投资的作用远远不止修复市场失灵。通过更愿意参与奈特的不确定性世界，在技术开发的早期阶段进行投资，公共部门实际上能够创造出新产品和相关市场。"① 在社会主义市场经济中，我们可以观察到更多与此类似的现象。这种由国家创设的市场，可以称作**建构性市场**，它有如下两个主要特点：其一，国家或政府是市场中的特殊当事人，发挥着引领市场发展的作用；其二，国家将某种符合其发展战略——最终是符合社会主义生产目的——的使用价值目标引入市场，使之与企业追求的价值目标相结合。如果以上讨论是正确的，市场调节在资源配置中起决定性作用这一命题，便只具有相对的即依条件而转化的意义。在某些情况下，国家经济治理并不只是市场调节的辅助或补充，也发挥着决定性作用，相应地，市场调节此时就转化为国家经济治理的特殊实现形式。

---

① 她还写道："市场失灵概念之所以难以理解政府在创新过程中的作用，一个关键原因是它忽视了关于创新历史的一个基本事实。政府不仅资助了最具风险的研究，无论是应用研究还是基础研究，而且它实际上常常是最激进、最具突破性的创新类型的资金来源。在这个程度上，它积极地创造了市场，而不仅仅是修复市场。"Mazzucato, M., *The Entrepreneurial State*: *Debunking Private vs. Public Sector Myths*, London, New York: PublicAffairs, 2018, pp.63-64, p.68.

六

剩余价值与中国特色社会主义政治经济学：一个思想史的考察

近年来，笔者就剩余价值论之于社会主义政治经济学的适用性问题，作了一些思考，提出可以从马克思的理论中离析出一个"纯粹的"相对剩余价值生产模型（本文称之为社会剩余价值生产模型），以解释现代市场经济包括社会主义市场经济在解放生产力和发展生产力上所起的作用。从学术史的角度看，这一探讨接续了20世纪80—90年代以卓炯、蒋学模为代表的老一代学者的研究思路。他们主张，剩余价值概念具有两重性，在剥去其资本主义的形式后，也适用于社会主义政治经济学。2001年，习近平同志曾撰文提出："如果说马克思在《资本论》中揭示的关于资本主义生产的基本原理和规律难以适用于社会主义条件下的计划经济的话，那么，对于我们当前正在大力发展的社会主义市场经济，却具有极为重要的指导意义。"① 这一论断事实上肯定了卓炯等人当年所作的贡献。令人遗憾的是，进入新世纪以来，卓炯等人所代表的研究传统似乎停滞了，对剩余价值概念全然排斥的态度在学术界屡见不鲜，而这样一来，社会主义政治经济学的研究就出现了如下充满矛盾的局面：一方面，人们将价值规律尊奉为社会主义市场经济的基本经济规律，同时也毫无顾忌地使用资本概念；另一方面，却唯独坚持剩余价值概念不适用于社会主义政治经济学，其结果是造成社会主义政治经济学缺乏自己的理论范畴，难以形成逻辑谨严的学说体系，且始终未能实现从政策话语向学术话语的彻底转变。

在这篇文章里，笔者拟对剩余价值论之于社会主义政治经济学的适用性问题，从思想史的角度作一考察。我们的考察建立在下述观点的基础上。首先，马克思的相对剩余价值生产理论，包含了现代经济学的所谓"参照系"理论，这个理论在方法论上有如下特点：它力图撇开特殊的历史制度因素，立足于相对抽象的经济规律，说明现代市场经济在资源配置和资源创造上的动态效率。这一参照系有助于我们将历史唯物主义的核心思想进一步具体化，这是因为：一方面，参照系理论从经济学上解释了现代市场经济凭借何种机制推动了生产力进步，从而获得其历史正当性；另一方面，它也有助于我们判断，现代市场经济在何种程度上与其历史进步作用相背离，从而"耗尽"了在给定制度前提下推动生产力进步的潜力。在《〈政治经济学批判〉序言》里，马克思说："无论哪一个社会形态，在它所能容纳的全部生

---

① 习近平：《对发展社会主义市场经济的再认识》，《东南学术》2001 年第 4 期。

产力发挥出来以前，是决不会灭亡的。"① 借助参照系理论，一种经济社会形态的历史性衰落，就可表达为现实经济运行与前述参照系的持久而无可挽回的偏离。

其次，马克思剩余价值论的意义，还在于帮助我们理解现代市场经济包括社会主义市场经济的基本规律和基本矛盾。后文在批判地反思斯大林的相关见解时，会展开讨论这一问题，这里只限于指出，剩余劳动、剩余价值这样的概念，是将历史唯物论与政治经济学相联系的中介，只有在这些概念的基础上，才有可能具体地考察生产关系的性质和内容，揭示特定经济结构的运行规律及其矛盾。否定剩余劳动或剩余价值概念的适用性，会削弱乃至阻碍社会主义政治经济学对生产关系的分析，使社会主义政治经济学退化为研究生产力的合理组织的科学抑或生产力经济学。

1. 斯大林论社会主义社会的剩余劳动

斯大林的《苏联社会主义经济问题》是一部对于社会主义政治经济学的发展影响深远的著作。这部著作关于剩余劳动和必要劳动的关系、社会主义基本经济规律以及社会主义商品生产等问题的看法，不仅深刻地影响了改革前的社会主义政治经济学，而且支配了当今许多人的思维。值得强调的是，斯大林对上述问题的看法，是以假设现实存在的社会主义直接等同于马克思恩格斯所描绘的未来社会为

---

① 《马克思恩格斯选集》第 2 卷，人民出版社，1995，第 33 页。

前提的。这样一来,在批判地反思斯大林的看法之前,就需要对十月革命所开辟的历史道路以及革命后社会的性质作一个简要的分析。

十月革命所开辟的历史道路,是落后国家迈向共产主义的一条特殊的制度变迁道路。列宁在其晚年著作里,曾在回答第二国际批评家的诘问时,表达了他对这一道路的性质和使命的理解。列宁提出:第一,世界历史是由一般性和特殊性共同组成的,十月革命发生在生产力相对落后的俄国,反映了世界历史中的特殊性因素的影响;第二,制度变迁未必一定服从生产力进步推动生产关系改变的公式,也可遵循先变革上层建筑,继而变革生产关系,最终推动生产力发展的路径。① 在这里,列宁一方面区分了世界历史上制度变迁的两条道路,另一方面,也重新界定了社会主义的含义——苏俄在革命后建成的社会主义并不是一个全面超越资本主义的新型社会形态,而是迈向这一社会形态的过渡阶段。②

然而,20世纪30年代,在宣布苏联建成社会主义之后,斯大林抛弃了列宁的上述看法,直接将苏联社会主义等同于共产主义社会的第一阶段。这一认识图景的改换,深刻地折射在斯大林对社会主义政治经济学与《资本论》的相互关系的看法上,他说:"我认为,也必须抛弃从马克思专门分析资本主义的《资本论》中取来而硬套在我国

---

① 笔者曾通过有机生产方式变迁这一概念概括地表达了列宁的这种思想,见孟捷:《历史唯物论与马克思主义经济学》,社会科学文献出版社,2016。
② 孟捷:《在必然性和偶然性之间:从列宁晚年之问到当代中国社会主义政治经济学》,《学习与探索》2018年第5期。

社会主义关系上的其他若干概念。我所指的概念包括'必要'劳动和'剩余'劳动、'必要'产品和'剩余'产品、'必要'时间和'剩余'时间这样一些概念。马克思分析资本主义,是为了说明工人阶级受剥削的泉源,即剩余价值。"① 依照斯大林的观点,在苏联社会主义经济中,剩余劳动已不复存在,所有劳动都属于必要劳动,所有产品都是必要产品,这样一来,他就基本否定了《资本论》原理之于社会主义政治经济学的适用性。

改革之初,即在20世纪80年代,以卓炯为代表的我国学者就开始批评斯大林的这种见解(后文还将详述卓炯的观点)。在此可先讨论的是,斯大林的这一见解带来了哪些理论的和意识形态的后果。在笔者看来,否认必要劳动和剩余劳动的界分适用于现实存在的社会主义,其最主要的理论后果是淡化乃至取消了社会主义政治经济学对生产关系加以研究的必要性,把社会主义政治经济学的研究对象在相当程度上变成了人与物的关系,而不是人与人之间的权力关系。

恩格斯在总结马克思毕生的理论贡献时曾提出,马克思一生有两大贡献,其一是提出了唯物史观,其二是发展了剩余价值论。值得强调的是,唯物史观和政治经济学是相互联系的有机整体,建立这种相互联系的中介范畴之一,就是剩余劳动。自进入阶级社会以来,人类所经历的各种生产方式都是以生产、占有和支配剩余为目的的,围绕对剩余或剩余劳动的占有和支配,形成了作为权力关系的生产关系

---

① 斯大林:《苏联社会主义经济问题》,人民出版社,1961,第13页。

(参见图6-1)。在写于20世纪60年代的一篇重要论文里,张闻天提出生产关系具有两重性:一方面,作为人与人之间在协作和分工中形成的劳动关系,生产关系具有一般性;另一方面,作为服务于剩余的占有和支配的所有关系,又具有特殊性。现实生产关系是劳动关系和所有关系的具体结合。笔者曾在批判地考察张闻天上述观点的基础上提出,生产关系的这种两重性,可以理解为生产关系的两重功能:其一为表现和适应生产力,其二是服务于对剩余的占有和支配。无论劳动关系或所有关系,都具有这两重功能。① 反观斯大林,他反对区分必要劳动和剩余劳动,将社会主义社会的一切劳动都归于必要劳动,这就等于否认了生产关系的两重功能,一切生产关系都只是表现和适应生产力,换言之,他事实上否认在社会主义社会还有可能存在不适

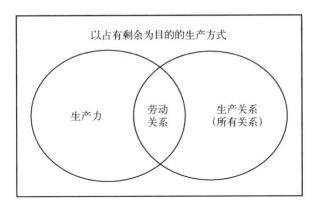

图6-1 以占有剩余为目的的生产方式的构成②

---

① 张闻天:《关于生产关系的两重性问题》,《经济研究》1979年第10期,第42页。笔者对张闻天的评价以及对生产关系的两重功能的进一步分析,可见孟捷:《历史唯物论与马克思主义经济学》,第9—13页。
② 孟捷:《历史唯物论与马克思主义经济学》,社会科学文献出版社,2016,第19页,图1-1(有改动)。

应、不表现生产力的生产关系。然而，现实存在的社会主义作为一个通向共产主义社会的漫长的过渡阶段，同样存在着围绕剩余的占有和支配的权力关系。社会主义政治经济学的重要任务，是分析生产关系如何服务于对剩余的占有和支配，以及能否借此实现社会所委托的公共职能。即便剩余劳动的占有和支配最终服务于社会，从而得以克服必要劳动和剩余劳动的对立，也必须经由批判的分析得出这一结论，而不是像斯大林那样，先验地假定剩余劳动直接就是必要劳动，从而取消了上述问题。

斯大林的观点所造成的进一步后果，是妨碍了以真正历史唯物主义的方式对社会主义经济体制中的基本矛盾开展分析。由于否认剩余劳动的存在，以剩余劳动的占有和支配为核心的生产关系就被推到幕后了，相应地，生产力与生产关系的矛盾也就被淡化或者被歪曲了。需要指出的是，上述理论倾向不仅来自斯大林，而且来自许多同时代的马克思主义经济学家（如布哈林或卢森堡），在他们看来，随着社会主义的建立和商品经济的式微，以揭露日常生活拜物教、洞察现实真相为目的的政治经济学也会消失，此后所需要的只是经济政策理论，抑或关于生产力的合理组织的科学（生产力经济学）。① 布哈林等人的这种观点和斯大林一样，都是以假定现实存在的社会主义直接等同于马克思恩格斯所描绘的共产主义，以及社会主义条件下的

---

① 与布哈林等人不同的是，斯大林明确主张，社会主义政治经济学的研究对象依然是生产关系。在《苏联社会主义经济问题》里，斯大林还严厉批评了以雅罗申科为代表的苏联经济学家，指其错误地将社会主义政治经济学等同于研究生产力合理组织的科学。然而，尽管斯大林表面上重视生产关系，他对生产关系的定义，以及否认剩余劳动在社会主义社会的存在，最终使他陷入自我矛盾，与他批评的对象不自觉地合流了。

生产力和生产关系不再发生矛盾为前提的。不过，和布哈林等人的这种政治浪漫主义相比，斯大林的观点还有进一步的意识形态后果：它依靠淡化或取消现实中的矛盾，完成了对现实的辩护。在这里，可以把斯大林的上述见解和新古典经济学作一番比较。斯大林将社会主义社会的剩余劳动归于必要劳动，这一见解与新古典分配理论将利润归于成本是极为类似的，两者都试图将剩余消灭，从而成为无需分析剩余的经济学。这不是简单的巧合，而是辩护论共有的特点。在革命后建立的社会主义社会，这种辩护论的出现还有一个引人注目的特征：它要求马克思主义者在理论上主动"缴械"，即通过否认剩余劳动的存在，最终放弃以批判的方式运用马克思主义的分析工具。①

斯大林对社会主义政治经济学的意识形态化，最终完成于他所提出的社会主义基本经济规律理论。依照斯大林的表述，这一规律指的是："用在高度技术基础上使社会主义生产不断增长和完善的办法，来保证最大限度地满足整个社会经常增长的物质和文化的需要。"②在这条规律里，如果最大限度保证社会的"物质的和文化的需要"是目的的话，前述"办法"便是手段，因而这也是一条关于手段和目的

---

① 布鲁斯是20世纪60年代参加了波兰经济改革的著名经济学家，他曾尖锐地指出：社会主义政治经济学"存在着丢失马克思主义传统的最根本的侧面之一这种情况。就是说，对政治的、经济的现象做批判的研究是不可能的。不是去揭露发展过程中的现实矛盾，而是用全部协调的名义去掩盖那些矛盾的科学，失去了一切影响现实世界的希望，使它从科学堕落为辩护论。在过去，很不幸，社会主义政治经济学也未能避免这种命运"。W. 布鲁斯：《社会主义的政治与经济》，何作译，绍文校 中国社会科学出版社，1981，第101页。

② 斯大林：《苏联社会主义经济问题》，第31页。

的关系的规律。正如波兰经济学家布鲁斯曾经指出的,仅仅研究手段和目的之间具有技术性质的联系,就变成了某种一般意义的人类行为学,或者生产力的合理组织的科学,而不是真正意义的社会主义政治经济学。类似地,在一篇发表于 1979 年的文章里,卓炯也发表了针对这一规律的意见:"我们知道,政治经济学是研究生产关系的科学,社会主义和共产主义都是一种生产关系,而不是一堆产品。因此,经济规律必须能表达这种生产关系的实质和本质。斯大林的这条基本经济规律除了戴上一顶社会主义的帽子以外,丝毫看不出同社会主义的生产关系有什么联系……斯大林为什么会得出这样一条基本经济规律来呢?按照我的揣摩,这是和他的产品经济思想相联系的。因为社会主义经济既然是产品经济,当然就用不着联系生产关系,可是这就不是政治经济学而变成生产力经济学了。"①

2. 毛泽东对社会主义社会基本矛盾的思考

斯大林的社会主义基本经济规律,暗中假设了社会主义生产关系是先进的,问题只在于落后的生产力。换言之,社会主义经济的主要矛盾被界定为先进的社会主义生产关系和相对滞后的生产力之间的矛盾。②

---

① 参见 W. 布鲁斯:《社会主义的政治与经济》,第 98—101 页;卓炯:《怎样认识价值规律是一个严重的理论问题——就正于钟荆同志》,《中国经济问题》1979 年第 5 期。
② 1931 年,苏联经济学家沃兹涅先斯基发表《论社会主义经济问题》一文,提出了"先进的社会主义生产关系和相对落后的生产力之间的矛盾"的表述。载社会主义政治经济学小组编《社会主义政治经济学》(未定稿第二版讨论稿)上册,1976,第 122 页。

斯大林去世后，苏共召开二十大，猛烈地批判斯大林的错误，给社会主义国家造成了巨大冲击。人们突然意识到，社会主义的生产关系和上层建筑并不是完善的，依然存在各种深刻而复杂的矛盾。正是在这一特殊历史时期，毛泽东提出，要破除那种认为苏联、苏共和斯大林一切都正确的迷信，并开始了对社会主义政治经济学的批判性反思，这些反思集中体现在他对社会主义社会基本矛盾的思考上。毛泽东提出，"在社会主义社会中，基本的矛盾仍然是生产关系和生产力之间的矛盾，上层建筑和经济基础之间的矛盾"①。"将来全世界的帝国主义都打倒了，阶级没有了，那个时候还有生产关系同生产力的矛盾，上层建筑同经济基础的矛盾。生产关系搞得不对头，就要把它推翻。上层建筑（其中包括思想、舆论）要是保护人民不喜欢的那种生产关系，人民就要改革它。"② 在这些论述里，毛泽东一方面恢复了历史唯物主义在社会主义政治经济学中的方法论地位，另一方面强调，生产关系的变革是革命后社会需要一以贯之地完成的任务。此外，他还反对将生产关系片面地归于所有制，提出生产关系的变革涉及各种制度问题，如他所说："解决生产关系问题，要解决生产的诸种关系，也就是各种制度问题，不单是要解决一个所有制的问题。"③ 在这些论述里，毛泽东不再如斯大林那样，假设社会主义生产关系天然具有先进性，并将相对落后的生产力看作矛盾的主要方面，而是反过来将生产关系置于变革的首要位置，即作为生产力和生产关系这一矛盾运

---

① 《毛泽东文集》第7卷，人民出版社，1999，第214页。
② 《毛泽东年谱（1949—1976）》第3卷，中央文献出版社，2013，第33页。
③ 《毛泽东年谱（1949—1976）》第2卷，中央文献出版社，2013，第529页。

动中的主要方面来对待,这样一来,社会主义政治经济学就被同时理解为一种现代意义的制度变迁理论。毛泽东的这些理论成就,不仅为社会主义政治经济学的发展重新定向,而且构成了中国特色社会主义政治经济学的真正发端。①

毛泽东的上述见解,还隐含着对斯大林社会主义基本经济规律的批判。②"文革"中问世的《社会主义政治经济学》(未定稿第二版讨论稿),曾对社会主义基本经济规律作了引人注目的修正,这一修正可以认为是以毛泽东的上述见解为前提的。书中写道:"社会主义基本经济规律就包含这样的主要内容:**及时调整或变革生产关系和上层建筑**,不断提高技术水平,多快好省地发展社会主义生产,满足国家和人民不断增长的需要,为最终消灭阶级、实现共产主义创造物质条件。"③ 在这里,社会主义基本经济规律不再无条件地假定生产关系和上层建筑的先进性,转而强调社会主义生产关系和上层建筑需要经历不断的调整和变革,以此为前提,生产力才能得到发展,进而为向更高级的经济社会形态过渡提供物质条件。不过,在"文化大革命"的背景下,这种生产关系和上层建筑的变革,被片面地理解为"增强和发展生产关系中的共产主义因素,限制资产阶级法权",

---

① 毛泽东的相关理论是中国特色社会主义政治经济学的发端这一提法,见顾海良主编《中国特色社会主义政治经济学史纲》,高等教育出版社,2019,第6页。

② 有趣的是,毛泽东在读苏联《政治经济学教科书》关于社会主义基本经济规律的一章时,在"社会主义不同于以前社会形态的特点,是生产的不断地扩大"这段话的旁边,写了两个字的批注:"难说。"见《毛泽东读社会主义政治经济学批注和谈话》(简本),中华人民共和国国史学会,2000,第458页。

③ 社会主义政治经济学编写小组编《社会主义政治经济学》(未定稿第二版讨论稿)上册,第127页。重点标记为引者所加。

进而与"一切党内外新老资产阶级的反抗和破坏"相斗争，这就使得制度变迁走上了一条极左的路线，发展生产力的愿景也最终难以兑现。①

需要指出的是，毛泽东对社会主义社会基本矛盾的思考尽管有其历史功绩，但将这一矛盾仅仅表述为生产力和生产关系、经济基础和上层建筑的矛盾，依然失之粗略。任何社会都有生产力与生产关系的矛盾，在对特定经济社会形态开展政治经济学分析的时候，需要将这一矛盾具体化。在马克思主义经典作家那里，对资本主义生产方式的基本矛盾有过多种表述。以恩格斯为例，他在《反杜林论》中将资本主义生产方式的矛盾表述为生产的日益社会化与生产资料的资本主义私人占有之间的矛盾，以及个别企业生产的有组织和整个社会生产的无政府状态的矛盾。② 在《资本论》里，马克思则将资本积累过程中的矛盾进一步具体化为剩余价值生产与剩余价值实现的矛盾。他说："直接剥削的条件和实现这种剥削的条件，不是一回事。二者不仅在时间和空间上是分开的，而且在概念上也是分开的。前者只受社会生产力的限制，后者受不同生产部门的比例和社会消费力的限制。但是社会消费力既不是取决于绝对的生产力，也不是取决于绝对的消费力，而是取决于以对抗性的分配关系为基础的消费力；这种分配关系，使社会上大多数人的消费缩小到只能在相当狭小的界限以内变动的最低限度。这个消费力还受到追

---

① 社会主义政治经济学编写小组编《社会主义政治经济学》（未定稿第二版讨论稿）上册，第123页。
② 恩格斯：《反杜林论》，人民出版社，1999，第288页。

求积累的欲望的限制，受到扩大资本和扩大剩余价值生产规模的欲望的限制。"① 在这里，一方面，剩余价值生产只受到生产力的限制，另一方面，剩余价值实现则受制于从资本主义生产关系派生而来的一系列制度因素。剩余价值生产及其实现的矛盾，作为资本主义基本经济规律即剩余价值规律的进一步展开，反映了生产力和生产关系之间的张力。

马克思对资本积累基本矛盾的表述给了我们重要的方法论提示。这一矛盾是围绕剩余的生产、占有和支配而构筑起来的，以此为主线，马克思具体地考察了生产力和生产关系在资本主义生产方式中的相互作用。类似地，如果我们想要揭示社会主义经济中的基本规律和矛盾，也需要在生产力、生产关系与剩余的生产和占有之间，建立起特定的联系。只有这样做，才能将生产力和生产关系、经济基础和上层建筑之间的一般性矛盾，转化为较为具体的矛盾，从而对特定的经济结构及其运动规律展开真正深入的分析。

3. 卓炯论剩余价值在社会主义政治经济学中的适用性

这一节的任务，是对卓炯之于社会主义政治经济学的贡献做一个鸟瞰。卓炯明确提出，《资本论》原理可以运用于解释社会主义市场经济，并对此作了系统的论述。他的贡献大体涉及如下两个方面：第一，他试图区分剩余价值的二重性，即一般性和特殊性，以便将剩余

---

① 《马克思恩格斯全集》第 25 卷，人民出版社，1974，第 272—273 页。

价值概念运用于社会主义政治经济学。正如他自己在写于改革之初的一篇文章里总结的："如果把价值和剩余价值从资本主义制度解放出来，那么，马克思的《资本论》体系就可以完全为社会主义服务，成为当前经济改革和实现四个现代化的思想武器，并把马克思的经济科学推向前进。"① 第二，他对社会主义经济规律体系作了有益的探索，一方面批判了斯大林的社会主义经济规律体系，另一方面探索了社会主义市场经济条件下的基本经济规律。

为了论证剩余价值具有一般和特殊这两重属性，卓炯引证了马克思主义经典作家的相关论断，如马克思说："**一般剩余劳动，作为超过一定的需要量的劳动，必须始终存在**。只不过它在资本主义制度下，象在奴隶制度等等下一样，具有对抗的形式，并且是以社会上的一部分人完全游手好闲作为补充。**为了对偶然事故提供保险，为了保证必要的、同需要的发展以及人口的增长相适应的累进的扩大再生产**（从资本主义观点来说叫作积累），**就需要一定量的剩余劳动**。"在这里，马克思表明：第一，剩余劳动是人类社会存在的一般条件，从而具有一般性；第二，只是在阶级社会，它才具有对抗的形式，从而带来了在占有和支配剩余劳动方面的特殊性，也就是说，社会上的一部分人占有和利用其他人的剩余劳动，"来强制和垄断社会发展"。②

在马克思看来，剩余价值是剩余劳动的物化，就像价值是劳动时

---

① 卓炯：《对剩余价值论的再认识》，载《卓炯经济文选》，中国时代经济出版社，2010，第127页。

② 《马克思恩格斯全集》第25卷，第926页。

间的物化一样。① 这也意味着，只要有剩余劳动，只要是市场经济，就必然有剩余价值。② 卓炯强调了这一点，他进而提出，劳动过程和价值增殖过程的统一，不仅构成了资本主义生产过程，而且构成了他所谓"扩大商品生产的生产过程"，这里的扩大商品生产，被用来概括资本主义商品生产和社会主义商品生产的共性。③ 通过这些诠释和界定，卓炯使剩余价值、价值增殖过程等原本属于资本主义生产方式的概念获得了一般性，正如他所说的："在《资本论》的理论体系中，剩余价值有两种不同的含义：一个是与生产劳动相联系的，剩余价值只是剩余劳动时间的凝结，只是物化的剩余劳动；一个是与资本主义生产关系相联系的，即雇佣工人在生产过程中所创造的、超过其劳动力价值的价值，这一部分价值被资本家无偿占有，体现着资本家剥削雇佣工人的关系。可是，长期以来，我们只把剩余价值当做剥削来理解。其实，在社会主义条件下，工人也在创造出大于其劳动力价值的价值。社会主义政治经济学，应当是一门研究社会主义国家和全

---

① "把价值看作只是劳动时间的凝结，只是物化的劳动，这对于认识价值本身具有决定性的意义，同样，把剩余价值看作只是剩余劳动的凝结，只是物化的剩余劳动，这对于认识剩余价值也具有决定性的意义。"《马克思恩格斯全集》第 23 卷，人民出版社，1972，第 243 页。

② 价值、剩余价值和资本是一组互为前提、"三位一体"的概念，这意味着，只要其中两个概念被接纳，第三个概念在逻辑上就必然存在。比如，一旦接纳了价值概念和剩余价值概念，就必然存在资本概念；一旦接纳了剩余价值和资本概念，就必然存在价值概念；一旦接纳了价值概念和资本概念，就必然存在剩余价值概念。那些反对剩余价值之于社会主义市场经济适用性的观点，无法在逻辑上解释在价值和资本概念之间缺失的一环，没有这一环，就无法在理论上得出资本的概念。

③ 卓炯：《对商品经济的再认识》，载《卓炯经济文选》，中国时代经济出版社，2010，第 160—161 页。

体劳动人民如何致富的科学。增加社会财富是社会主义商品经济的生产目标。而财富的增加,又来源于剩余价值的生产。"①

卓炯在批判斯大林社会主义基本经济规律的同时,也深入地思考了社会主义市场经济下的基本经济规律。然而,从其著作里可以发现,在这一问题上卓炯前后表达了两种不同的观点。他的第一种观点,是把价值规律理解为社会主义基本经济规律,这也是改革初期即 20 世纪 80 年代许多经济学家的共识。② 然而,一旦将价值规律作为基本经济规律,卓炯就面临自身理论的某种断裂或自相矛盾:一方面,他已经提出剩余价值范畴在剥离其资本主义形式时也适用于社会主义;另一方面,却不敢承认某种形式的剩余价值规律也是社会主义的基本经济规律。其结果便是造成了下述折中主义:他在价值规律里塞进了许多属于剩余价值规律的内容,从而在扩大价值规律的外延的同时,又把剩余价值规律保留了下来。例如,在谈论部门内企业通过将个别价值压低到社会价值以下,以推动生产率进步时,他写道:"难道这是资产

---

① 卓炯:《以社会主义的价值体系为核心,建立社会主义政治经济学理论体系》,载《卓炯经济文选》,第 306—307 页。在另一处他还说:"资本主义和社会主义的区别,不在于有无剩余价值,而在于剩余价值归谁所有。因为只要工人有剩余劳动,他们都要创造剩余价值。只要承认这一点,去掉马克思分析资本的形式,剩余价值的理论都适用于社会主义。"卓炯:《关于"〈资本论〉的生命力"的探讨》,载《卓炯经济文选》,第 140 页。
② 从其表述来看,卓炯将价值规律看作商品生产的基本经济规律,但由实际阐发来看,他事实上是把价值规律作为社会主义基本经济规律来看待的。参见卓炯:《怎样认识价值规律是一个严重的理论问题——就正于钟荆同志》,《中国经济问题》1979 年第 5 期;《怎样认识价值规律的调节作用》,《广州日报》1979 年 2 月 16 日;《论价值规律的伟大意义》,载段若非编《经济体制改革理论问题探讨》,北京工业学院出版社,1986。以上著作均收入了《卓炯经济文选》。

阶级的功劳吗？这是价值规律在无形中产生的结果。价值规律本身是没有阶级性的。但是在资产阶级统治下，它变成了为资产阶级服务的工具。"① 在这里，以追逐超额剩余价值为出发点的相对剩余价值生产，成了价值规律的内容。

卓炯过度扩大价值规律的外延②，也反映了他对《资本论》叙述方法的错误理解。在马克思那里，价值规律的符合其概念的发展——其标志是商品价值量取决于社会必要劳动时间——是以充分竞争的资本主义经济为前提的，价值规律不能脱离剩余价值规律以及作为其外在表现的竞争规律单独起作用。依照《资本论》的叙述方法，价值概念是先于资本概念而引入的，但正如马克思深刻地指出的："在理论上，价值概念先于资本概念，而另一方面，价值概念的纯粹的发展又要以建立在资本上的生产方式为前提。"③ 在前资本主义生产方式中，商品经济总是作为自然经济的补充而存在的，价值关系在这种条件下难以得到充分发展，价格经常是由社会习俗调节的，并不存在价格向价值收敛这样一种必然性趋势。卓炯将价值规律作为包括简单商品生产在内的所有商品生产的基本规律，有违马克思的上述看法。④

除了将价值规律作为社会主义基本经济规律之外，早在 1962 年，

---

① 卓炯：《论价值规律的伟大意义》，载《卓炯经济文选》，第 256 页。
② 依照卓炯的表述，价值规律之所以是商品生产的基本规律，在于它是发展生产的规律，是等价交换的规律，还是分配的规律，甚至是扩大再生产的规律。见卓炯：《怎样认识价值规律是一个严重的理论问题——就正于钟荆同志》，载《卓炯经济文选》，第 97 页。
③ 《马克思恩格斯全集》第 46 卷上册，人民出版社，1979，第 205 页。
④ 此处的探讨可参见本书第七篇文章。

卓炯还表达了另一个观点,即将社会主义公共必要价值规律作为社会主义基本经济规律。所谓公共必要价值是相对于劳动力价值而言的,后者可看作个人必要价值。他说:"要从科学上确定共产主义,必须确定它的剩余劳动表现的形式,我之所以假定社会主义的基本经济规律为公共必要价值,就是从这里提出来的。于此可见,必要劳动和剩余劳动的矛盾,在私有制下表现为对抗性的矛盾,而在公有制下则表现为非对抗性的矛盾。"① 卓炯当时提出这一见解,是以将社会主义经济理解为商品经济为前提的。在 20 世纪 60 年代,这一思想具有超前性,因为当时还不存在遍及整个社会的商品经济。在改革开放后的年代,卓炯继续讨论了这一问题,提出所谓扩大商品生产追求的生产目的是剩余价值一般;一旦扩大商品生产和社会主义相结合,就成为社会主义的扩大商品生产,此时,"社会主义企业家追求的也不是剩余价值一般,而是为了满足社会需要的公共必要价值"②。相应地,伴随剩余价值一般转化为公共必要价值,社会主义市场经济中的资本也转化为社会主义资本,他将其简称为"社本"。③ 然而,卓炯在提出上述见解时,却将公共必要价值规律看作价值规律的组成部分,其理由是,商品价值的三个组成部分,即不变资本、可变资本和剩余价值,都各有其规律,如他所说的"价值规律分解为三条主要规律",其中剩余价值规律在社会主义经济中进一步转化为公共必要价值规律。④ 这样一

---

① 卓炯:《从劳动范畴来试探社会主义政治经济学的体系》,载《卓炯经济文选》,第89页。
② 卓炯:《论价值规律的伟大意义》,载《卓炯经济文选》,第258页。
③ 卓炯:《价值规律论》,载《卓炯经济文选》,第204页;卓炯:《从劳动范畴来试探社会主义政治经济学的体系》,载《卓炯经济文选》,第89页。
④ 卓炯:《论价值规律的伟大意义》,载《卓炯经济文选》,第256—258页。

来，卓炯就把公共必要价值规律置于价值规律之下，前者隶属于后者，而究竟什么是社会主义基本经济规律，依然没有得到明确的回答。

需要指出的是，卓炯在进行上述思考的时候，改革还处于早期阶段，社会主义初级阶段的基本经济制度即以公有制为主体、多种所有制并存的格局还没有形成。剩余价值一般转化为公共必要价值的观点，与多种所有制并存的格局是不相匹配的。在非公有制企业大量存在的情况下，剩余价值依然具有阶级性，我们可以谈论这种阶级性如何向社会性转化，从而将资本家转变为马克思所说的社会受托人，但也正由于这一点，直接将公共必要价值规律作为现实经济中的运动规律是有欠妥当的。此外，即便对于国有企业，剩余价值也不宜无条件地被看作公共必要价值。国有企业虽然具有公有性质，但由于它们是自主经营、自负盈亏的主体，所生产的剩余价值同样具有某种私人性①，剩余价值在何种程度上转化为公共必要价值，还取决于剩余价值的占有和支配方式。无条件地假设国有企业的剩余价值等同于公共必要价值，相当于回到了取消必要劳动和剩余劳动区别的斯大林的理论。

---

① "社会主义全民所有制企业虽然都属于全体劳动人民所有，没有不同的所有者，但是，社会主义全民所有制企业在生产、经营上是相对独立的经济单位，相互之间存在着'你我界限'，要取得对方产品仍然要通过商品交换的方式。社会主义全民所有制各个企业之间的关系还是由商品关系联结着。这些情况表明，社会主义全民所有制和将来的共产主义全民所有制有所不同，它还保留着某些旧社会的传统或痕迹。"社会主义政治经济学编写小组编《社会主义政治经济学》（未定稿第二版讨论稿）上册，1976，第28—29页。这一论断对于社会主义市场经济条件下的国有企业，显然也是适用的。

4. 社会剩余价值生产规律是社会主义初级阶段的经济规律

卓炯的理论探讨尽管留下了诸多缺憾,却为我们留下了真正值得重视的问题。卓炯针对价值规律和公共必要价值规律的讨论,触及了社会主义基本经济规律所应符合的标准。譬如,在论及价值规律的时候,他提出,基本经济规律的意义,在于解释生产力何以能在特定制度环境下实现进步;在论及公共必要价值规律的时候,他提出,基本经济规律应说明剩余劳动的占有和支配的社会过程。根据他的见解,既然剩余价值一般是现代市场经济的共有范畴,问题就在于理解它在资本主义市场经济和社会主义市场经济中更为具体的表现形式。从历史唯物主义的立场看,一个社会的基本经济规律所应符合的这两重标准,并不是彼此孤立的,而是相互结合在一起的。就资本主义而论,如马克思所说:"资本的文明面之一是,它榨取剩余劳动的方式和条件,同以前的奴隶制、农奴制等形式相比,都更有利于生产力的发展,有利于社会关系的发展,有利于更高级的新形态的各种要素的创造。"① 在马克思那里,自产业革命造就了"特殊的资本主义生产方式"以后,剩余劳动的榨取便主要取决于生产力进步,这就是所谓相对剩余价值生产。在相对剩余价值生产中,一方面,剩余价值的增长取决于生产力进步;另一方面,剩余价值又在竞争的压力下尽可能转

---

① 《马克思恩格斯全集》第25卷,人民出版社,1974,第925—926页。

化为生产性投资和创新,从而进一步推动了剩余价值的增长。剩余价值增长和生产力进步的这种互为前提、彼此促进的关系,使得资本主义成为人类历史上第一个将剩余的增长与生产力进步有机地联系在一起的经济社会形态。相对剩余价值生产规律因此也成为资本主义基本经济规律的核心内容。

需要指出的是,马克思的相对剩余价值生产理论包含两个维度,除了上述解释剩余价值与生产力进步的相互关系的理论外,还有另一个理论,其任务是说明,生产力进步这个相同的前提,又会造成资本有机构成提高、失业增长、平均利润率下降,进而导致经济危机。因此,相对剩余价值生产理论不仅说明了"资本的文明面",而且提供了资本主义生产方式的病理学分析。笔者在近年来的著作里,试图区分相对剩余价值生产理论的这两个方面,并将其中第一个理论作为"参照系"理论,强调其意义在于解释市场经济在资源配置和资源创造上的动态效率。在这个参照系里,一方面,剩余价值被资本家无偿占有,因而具有阶级性;但另一方面,生产出来的剩余价值却因资本家个人对超额剩余价值的追求和竞争的外在强制,转化为生产性投资和创新,从而最终服务于社会利益。与此同时,剩余价值尽管也包含着资本家的消费基金,但资本家的消费必须服从于其营业或积累的需要,因而被限制在合理的程度内。在此意义上,资本家成了"为积累而积累"的机器,所谓剥削也只是为了完成资本家作为社会受托人所担负的历史职能。① 这样一来,在马克思所描绘的参照系里,剩余价

---

① 《马克思恩格斯全集》第 23 卷,人民出版社,1972,第 652—653 页。

值就实现了从阶级性向社会性的转化，剩余价值规律也就转化为社会剩余价值规律。值得指出的是，此处的社会剩余价值规律只存在于作为理想类型的参照系里，并不直接就是现实经济中的运动规律。

第二个理论是马克思的病理学分析，借用新古典经济学的术语，这也是一个"市场失灵"理论，其任务是解释现实经济何以会偏离参照系，也就是削弱乃至破坏在生产力进步与剩余价值增长之间的有机联系，从而导致社会剩余价值规律失效。在这种情况下，一个可能的出路是凭借国家的作用对整个经济加以协调，使现实经济尽可能地向参照系回归。由此出发，我们便可以引申出马克思主义关于国家的内生性经济作用的理论，这种内生性作用旨在应对市场失灵，缓和马克思所指认的那些病理学的矛盾。

值得强调的是，在资本主义和社会主义市场经济中，不同的制度环境，对于市场失灵的形成和国家的经济作用会造成根本不同的影响。在《资本论》里，马克思构建了剩余价值生产和剩余价值实现的矛盾这一分析框架，并据此考察市场失灵。资本主义经济制度的重大影响，同时体现在剩余价值生产和剩余价值实现这两个环节上。从前一环节看，对利润的追逐作为资本主义企业的唯一动机，同时构成了生产和需求之间建立联系的中介，正如马克思所说，"资本主义生产不是在需要的满足要求停顿时停顿，而是在利润的生产和实现要求停顿时停顿"①。从后一环节来看，资本家以利润率为前提的积累意愿，与对抗性分配关系所造成的消费不足为道，限制了剩余价值的实现程

---

① 《马克思恩格斯全集》第 25 卷，人民出版社，1974，第 288 页。

度。此外，资本家的动机既然是追逐更多的利润，这一目标未必一定要通过生产性资本的积累来达到，在制度环境允许的条件下，资本家可以选择"脱实向虚"，将金融化作为资本积累的另一途径。① 自凯恩斯以来，虽然资本主义国家开始奉行干预经济的政策，但由于国家的阶级属性并未有根本改变，其对经济的干预也受到极大的约制，在资本主义阶级关系的再生产和对市场失灵的协调之间，后者经常屈从于前者。发达资本主义经济金融化的发展，就是这种协调失败的表征。

在社会主义制度环境下，国家可以根据人民的根本利益和国家的长期发展战略发挥其计划和协调作用。现实经济向参照系的收敛，从而导致的剩余价值规律向社会剩余价值规律的转化，是以国家的经济作用为中介而实现的。社会主义政党-国家坚持"以人民为中心"，并不代表特殊利益集团的利益，这使得国家在发挥其协调经济的作用时，能够达到资本主义国家难以企及的程度。② 例如，由于国有企业

---

① Sweezy, Paul M., "Monopoly Capital after Twenty-five Years", *Monthly Review*, December 1991, p.56.

② 凯恩斯体认到，"让资产阶级民主国家去组织大到可以验证我的论述的宏大实验的开支，这在政治上似乎没有可能，除非是在战争时期"。参见：Keynes, J.M., "The United States and Keynes Plan", 载 Hofstadter, R., *The Age of Reform*, New York: Vintage Books, p.307. 与凯恩斯观察到的这一事实相反，在社会主义制度下，集中力量办大事成为显著的制度优势。正如习近平同志在 2014 年时指出的："在推进科技体制改革的过程中，我们要注意一个问题，就是我国社会主义制度能够集中力量办大事是我们成就事业的重要法宝。我国很多重大科技成果都是依靠这个法宝搞出来的，千万不能丢了！要让市场在资源配置中起决定性作用，同时要更好发挥政府作用，加强统筹协调，大力开展协同创新，集中力量办大事，抓重大、抓尖端、抓基本，形成推进自主创新的强大合力。"《习近平谈治国理政》，外文出版社，2014，第 126—127 页。

的存在，利润导向并不是唯一重要的生产动机，相反，国有企业会根据国家战略和宏观政策的要求规划其生产，并据此引领和带动非公有制企业。再如，国家可以利用其影响投资的权力，在投资规模大、不确定性高的战略性基础设施和通用性技术领域开展投资，推动新市场的形成和整个社会的生产性资本积累。总之，在社会主义市场经济中，凭借国家的经济作用，现实经济更有可能向参照系所描绘的理想状态收敛，社会剩余价值生产也因此成为社会主义市场经济的基本经济规律。

5. 结语

早在1961年，针对国内关于价值规律的研究，张闻天就提出："我们的经济学家对马克思《资本论》的经济范畴的使用，有一种恐惧，怕在使用中犯修正主义的错误，同时使用时却又照搬原来的意义，而不去指明旧形式下的新内容。我想，只要说明《资本论》的范畴在社会主义起了根本的质的变化之后，这些范畴的充分运用，不但无害，而且有利。因为这些范畴虽然表现资本主义社会的特殊性，但也表现一切社会化生产的共同性，还不说在社会主义下也还有资本主义的残余。"① 针对社会主义社会的剩余劳动问题，张闻天指出："苏联《政治经济学教科书》不但对劳动和产品的分析非常简略、马虎和零碎，对剩余劳动的分析，也是如此。……《资本论》关于剩余劳动的分析，对它似乎并不存在！剩余劳动问题如不讲清楚，许多其他问

---

① 张闻天选集传记组、中共上海市委党史研究室合编《张闻天社会主义论稿》，中共党史出版社，1995，第157—158页。

题也是讲不清的。""现在社会主义经济学者不研究剩余劳动价值,因而也不重视社会主义的资金积累规律。"① 今天读来,这些评论仍然有振聋发聩的意义。

本文从思想史的角度考察了剩余劳动和剩余价值这样的概念之于社会主义政治经济学的重要性,提出在剥去其资本主义的外壳后,这些范畴可以为社会主义经济学所利用。一方面,以马克思的相对剩余价值生产理论为基础,可以发展一个参照系理论,以解释社会主义市场经济在解放和发展生产力上的具体机制;另一方面,这一参照系也有助于我们构建一个市场失灵理论,并据此说明国家在社会主义市场经济中的重要作用。本文提出,社会剩余价值生产规律是社会主义初级阶段的基本经济规律。明确这一点,是构建中国特色社会主义政治经济学学术话语体系,实现中国特色社会主义政治经济学学理化的必要前提。

---

① 张闻天选集传记组、中共上海市委党史研究室合编《张闻天社会主义论稿》,第236—237页。

七 国家两重性学说与社会主义经济理论的发展

国家具有两重性，即一方面是政治制度或上层建筑，另一方面又是经济制度或经济基础的组成部分，是现实存在的社会主义经济包括中国特色社会主义市场经济的重要特征。[①] 本文大致梳理了国家两重性学说发展的历史：十月革命后，布哈林在与普列奥布拉任斯基的争论中，最早提出了无产阶级专政下国家两重性的问题，认为这一问题对于理解社会主义经济具有关键意义。在我国，20世纪50—60年代，受苏联理论界的影响，马克思主义财政学家围绕社会主义财政究竟属于经济基础还是上层建筑开展了讨论，通过财政两重性问题触及了国家两重性。"文革"结束后即改革初期，以侯梦蟾为代表的马克思主义财政学家将财政学与社会主义政治经济学相联系，分析的对象进一

---

① 本文所指的这种国家两重性，不同于国家在其管理职能上的多元性。国家自其诞生起，就具有政治和社会管理职能之外的经济职能（如提供社会生产的一般条件），但这种意义的职能多元性，与本文界定的国家两重性迥然不同。

步指向财政两重性背后的国家两重性。这一时期，林岗从政治经济学角度推进了对国家两重性的分析，指出伴随国家两重性的出现，造成了国家的非政治化和国家经济行为的政治化这一矛盾。国家两重性对于理解社会主义市场经济、构建中国特色社会主义政治经济学具有重要意义。习近平同志在其早期著述中，确认社会主义市场经济的特征是"政治经济化"和"经济政治化"，以此发展了国家两重性学说。近年来，相关研究结合社会主义初级阶段的基本经济制度，进一步探讨了国家两重性在社会主义市场经济条件下的表现形式。

国家两重性学说的发展客观上要求对生产力一元决定论这一历史唯物主义的传统解释作出批判性反思，重新阐释经济和政治、基础和上层建筑的关系。本文为此介绍了法国马克思主义者、著名人类学家戈德利耶对历史唯物主义的概念重构，强调了这一重构的重要意义。国家两重性学说作为历史唯物主义的运用和发展，是理解中国特色社会主义市场经济乃至现代市场经济的理论前提。

1. 国家两重性的提出：布哈林与普列奥布拉任斯基的争论

无产阶级专政下的国家具有两重性，即一方面是上层建筑，另一方面又是经济基础的组成部分，是在现实存在的社会主义制度出现后，即在十月革命后才被认识到的。在《共产党宣言》里，马克思恩格斯写道："无产阶级将利用自己的政治统治，一步一步地夺取资产阶级的全部资本，把一切生产工具集中在国家即组织成为统治阶级的无产阶级手里,并且尽可能快地增加生产力的总量。"① 在《反杜林论》里,恩格斯也提出:"无产阶级将取得国家政权,并且首先把生产资料变为国家财产。"② 在这些论述中,马克思恩格斯并没有确认,国家因此就具有上述两重性,相反,恩格斯认为:"国家真正作为整个社会的代表所采取的第一个行动,即以社会的名义占有生产资料,同时也是它作为国家所采取的最后一个独立行动。那时,国家政权对社会关系的干预在各个领域中将先后成为多余的事情而自行停止下来。那时,对人的统治将由对物的管理和对生产过程的领导所代替。"③ 在《国家与革命》里,列宁遵循了马克思恩格斯的看法。

国家两重性的学说,最早出现于"新经济政策"时期布哈林与普列奥布拉任斯基的争论。1926 年,普列奥布拉任斯基出版了《新经济学》一书,提出了著名的社会主义原始积累理论。普列奥布拉任斯基认为,社会主义原始积累不同于真正的社会主义积累,后者指的是利用社会主义国营经济内部创造的剩余进行积累,此时社会主义已经建立了自己的技术和经济基础,而社会主义原始积累则依靠来源于国营经济外部的剩余进行积累,为此要在不等价交换的基础上牺牲非国营经济的积累。普列奥布拉任斯基认为,社会主义原始积累开始于无产阶级夺取政权和生产资料的国有化,是创造真正的社会主义生产的物质前提的阶段。④

---

① 《马克思恩格斯选集》第 1 卷,人民出版社,1995,第 293 页。
② 《马克思恩格斯选集》第 3 卷,人民出版社,1995,第 630 页。
③ 同上书,第 631 页。
④ 叶·阿·普列奥布拉任斯基:《新经济学》,纪涛、蔡恺民译,生活·读书·新知三联书店,1984,第 38—41 页。

为了阐述其观点，普列奥布拉任斯基在书中还专门介绍了他所采用的经济分析方法。他提出，第一，"为了科学地研究苏维埃经济，在一定的研究阶段上必须抽象掉苏维埃国家的政策以及它的具体经济政策，而专门单纯分析国营经济和私有经济这两方面的发展趋势"。第二，鉴于"国家机关作为政治组织是与领导国家经济的机关溶合在一起的"，"纯政治性因素也对国家经济政策产生影响"，因而可以在研究的下一个阶段考察私营经济与国有经济的对立关系，即私营经济对国有经济的反抗时，同时分析纯政治因素的作用。① 在这里，按照普列奥布拉任斯基的见解，他是遵循了传统历史唯物主义的方法，即"在一定的研究阶段上将经济和政治分开"②，先从作为基础的经济活动出发着手分析，最终说明由各种因素造成的合力。或者用他的话说："社会的政治组织同其一部分经济组织的溶合丝毫也不妨碍个别地分析两者的不同职能，把政治同经济因素分开，而把经济活动作为基础。"③

普列奥布拉任斯基的见解引发了布哈林的激烈批评。双方论战的内容较为广泛，涉及社会主义原始积累理论本身、苏维埃国家经济政策、对马克思经济理论的理解，以及苏维埃经济的分析方法，尤其是，双方围绕无产阶级专政下经济基础和上层建筑抑或经济和政治的关系，展开了意义深远的争论。布哈林提出："我们的国家经济机构，是苏维埃社

---

① 叶·阿·普列奥布拉任斯基：《新经济学》，纪涛、蔡恺民译，生活·读书·新知三联书店，1984，第二版序，第12页。
② 同上书，第19页注3。
③ 同上书，第二版序，第18页。

会生产关系的组成部分。就是说，它完全包括在'基础'之中。"从另一角度看，这也意味着"社会主义政治包含着经济"。在此意义上，将经济和政治分开，必然会忽略"无产阶级专政制度下基础和上层建筑之间相互关系的独特性"。① 基于这一认识，布哈林批评普列奥布拉任斯基，指摘其先抽象掉国家政策或政治，将支配国有部门的经济规律作为纯粹的经济规律来看待，在方法上是完全错误的。②

在对布哈林的抗辩中，普列奥布拉任斯基试图求助于马克思。他提出，在《资本论》手稿里，马克思也曾计划考察国家（"六册计划"里设有国家册），但马克思是在研究了"本来意义的资本主义经济"后才考察国家，在分析苏维埃经济时，也应该效仿马克思的做法。③ 布哈林批评了这一观点，强调国家在资本主义社会和革命后社会主义社会具有不同的性质和作用。他指出：第一，马克思所分析的"古典资本主义"，在社会结构上具有如下特点，其经营主体不直接包括在国家的政权机构中，国家绝不是生产关系的组成部分，而只是作为上层建筑为资本主义的再生产过程服务，整个经济的规律性也只是在自发性的基础上显现出来的。第二，在垄断资本主义阶段（布哈林

---

① 尼·伊·布哈林：《论过渡时期的规律性问题》，《布哈林文选》中册，人民出版社，1981，第84—85页。
② 值得一提的是，普列奥布拉任斯基在方法论上的见解有时是自相矛盾的。譬如，他曾这样为自己辩解："我说的是，苏维埃国家的具体经济政策，为了说的清楚，在一定的研究阶段上必须抽象掉，而布哈林同志却硬要我抽象掉制度本身的基础。每个人都懂得，当前制度实行的经济政策和制度本身是完全不同的东西。"（叶·阿·普列奥布拉任斯基：《新经济学》，第17页）在这里，普列奥布拉任斯基似乎要表明，他想提出一种与政策研究处于不同层次的制度分析。这一意图是相对合理的，但与他其他论述并不吻合。
③ 叶·阿·普列奥布拉任斯基：《新经济学》，第18页。

称之为金融资本主义），垄断组织（辛迪加、托拉斯等等）的发展意味着合理性的某种增长，但是，它们依然不包括在国家政权体系内，是社会经济基础中的组织形式。① 第三，在苏维埃经济中，不同于以往资本主义社会结构的典型特点，"首先具体表现在无产阶级对工业的管理上，无产阶级对国家的全部经济生活的领导上。国家机关中的经济机构，是我们特殊基础的上层组织，撇开它们，抽象掉它们，意味着撇开'新经济'的基本特征，这种抽象，事实上正是离开了马克思主义的立场"。布哈林还提出，在人类历史上，国家在其最初出现时，是由基础分化而成长起来的；在国家即将消亡时，它又"没入基础之中"，"溶合在基础之中"。"上层建筑和基础的这种直接的融合，国家职能在初期空前地加强了，这是过渡时期的特点。但是，不管听起来多么奇怪，这种情况却是作为特殊上层建筑范畴的国家本身死亡的前提条件。'基础'生育'上层建筑'但又消灭上层建筑，就像赫洛诺斯生育和消灭自己的孩子一样。"②

布哈林将基础与上层建筑的这种新型关系视为革命后社会的重要特征，主张经济分析应该反映这种新变化，是完全正确的。普列奥布拉任斯基株守《资本论》的方法，没有把握到苏维埃经济的这些新特点。布哈林与普列奥布拉任斯基的争论，首度提出了无产阶级专政下国家具有两重性的问题，在社会主义政治经济学史上具有重要意义。自此之后，承认国家两重性，事实上成为社会主义政治经济学

---

① 凯恩斯主义流行后，资产阶级国家事实上也成了经济结构的组成部分。参见后文的评论。

② 尼·伊·布哈林：《论过渡时期的规律性问题》，《布哈林文选》中册，第84—85页。

研究的方法论前提。以波兰经济学家布鲁斯为例（他在改革初期的中国颇有影响），他在20世纪70年代的著作里，以如下方式再度重申了这一点："通过强调社会主义生产关系的马克思主义的规定中必须包含国家的政治规定这件事情，我所要指出的仅仅是：在社会主义下经济因素和政治因素是不可分离的。如果不理解这种真正辩证法的统一的性质，就不可能对社会主义体制中所看到的种种过程，特别是——而这是经济学家所关心的——经济过程做出较深入的分析。"①

然而，革命后社会在结构上所呈现的新特点，也意味着以基础和上层建筑在制度上的截然两分为前提的传统历史唯物主义，或者更准确地说，自第二国际以来长期流行的生产力一元决定论或经济决定论②，难以适应这些新的变化。布哈林虽然认识到国家两重性的问题，却没能对生产力一元决定论开展批判性反思，对历史唯物主义做出新的诠释，从而在提出问题后又把问题遗留了下来。数十年后，譬如在布鲁斯那里，这一问题又被提了出来，他写道："根据传统所接受的政治与经济之间的关系——一方面是'基础'，另一方面是'上层建筑'，从而'归根结蒂'被认为是决定的因素与被决定的因素——就社会主义而言，是需要做根本修正的。社会主义下的经济与政治——特别是做动态考察时——是如此紧密地交织在一起，以至于'基础'和'上层建筑'

---

① W. 布鲁斯：《社会主义的政治与经济》，何作译，绍文校，中国社会科学出版社，1981，第108页。
② 历史唯物主义的这一版本在斯大林时代又得以流行，并通过相关教科书影响了中国学术界。对生产力一元决定论的批判，参见孟捷：《历史唯物论与马克思主义经济学》，社会科学文献出版社，2016。

这个古老的概念越来越不适当了。"① 在本文第四节,我们将讨论这一问题。

2. 从财政两重性到国家两重性:新中国成立后至改革初期中国学者的讨论

在社会主义计划经济条件下,国家两重性问题是与财政两重性——财政既是上层建筑也是经济基础的一部分——联系在一起的,对国家两重性的考察通过财政两重性表现出来。20世纪50年代,中国学者在苏联理论界的影响下开始了对财政两重性问题的思考。1951年出版的《计划经济论文选》,其中载有苏联学者加千克的著作《苏联财政制度的特点与优越性》,提出社会主义国家的财政不仅动员资金满足全国性需要,而且在再生产过程中分配和再分配收入,"它是生产过程的内在成分",因此财政不仅是上层建筑,而且是经济基础。② 1955年,在给中国学者讲授财政学时,苏联专家毕尔曼认为,社会主义财政之中为生产服务的部分——国民经济各部门财务——属于基础,为上层建筑服务的部分——全国性财政或国家预算——属于上层建筑,并强调这是斯大林的观点。③

---

① W. 布鲁斯:《社会主义的政治与经济》,第106—107页。
② 陈明镒:《斯大林关于基础与上层建筑学说对财政学研究的启示》,《厦门大学学报》1952年第4期,第98页。
③ 阿·米·毕尔曼:《论财政科学及其各学科的对象》,《教学与研究》1955年第10期,第36页;另见周伯棣:《财政是基础还是上层建筑》,《学术月刊》1957年第9期,第63页。

在发表于 1957 年的一篇论文里，我国学者周伯棣试图突破苏联理论界的这种观点，他将国家预算也视为经济基础，进而提出社会主义财政不属于上层建筑而全然归于基础。首先，针对国家预算的作用，周伯棣指出："在国家手中，集中着十分之九的生产资金，因此他可以保证扩大再生产的过程。国家预算为经济关系的制度，通过预算，分配与再分配着国民收入。国家预算由社会生产关系所决定，且为发展社会经济所必要。国家预算是基本的财政制度，它骨肉相连于经济制度。因此自得进入于客观的经济范畴。"其次，他提出，财政作为经济范畴是基础的一部分："财政既通过企业参加生产与流通，又直接参加分配，而其主要部分则为实现国民收入的分配与再分配，结果，确定生产关系，也就是确定经济制度。故财政为经济之特殊形态，也是基础之特殊表现。财政制度宁可说是经济制度之重要部分。"最后，他还将财政学与政治经济学相比较，强调了两者间的联系，认为政治经济学侧重生产关系研究，财政侧重货币关系研究，并将财政称作"特种的政治经济学"。①

---

① 周伯棣：《财政是基础还是上层建筑》，《学术月刊》1957 年第 9 期，第 63、64 页。邓子基也主张财政只属于经济基础，与周伯棣不同的是，他不仅将社会主义财政归于经济基础，而且进一步将资本主义及以前各社会形态的财政均视为基础，其理由是："无论是资本主义社会及其以前各社会形态的财政还是社会主义财政，无论前者只参加社会产品或国民收入的再分配所形成的派生的分配关系，都是一种分配关系。既然如此，财政这一分配关系自然从属于有关社会形态生产关系的总和（经济基础），而成为其一个组成部分。"邓子基：《财政只能是经济基础的范畴》，《中国经济问题》1962 年第 11 期。该文收入《邓子基文选》第 1 卷，中国财政经济出版社，2007。邓子基的这种将任何一种再分配都视为生产关系的观点，显然是错误的。

这种将国家预算和财政全部归于基础的说法在当时引发了一些学者的批评。彭明朗和周继武等人坚持国家预算制度属于上层建筑,认为斯大林对财政两重性的界定是正确的。① 在笔者看来,这些批评有其合理的一面,但问题是,国家预算通过财政分配与国营企业再生产之间建立了深刻的直接联系(周伯棣论及这一点),这种联系事实上是经济关系的一部分。因此,合理的结论似乎是,国家预算也有两重性,既属于上层建筑,同时又是经济基础的一部分。

经过"文革"时期的沉寂,有关财政两重性的讨论在改革开放初期得以赓续和深化。1981年,在与黄达等人合著的著作里,侯梦蟾就社会主义财政的特点做了如下总结:"不论是奴隶社会、封建社会,还是资本主义社会,从本质上说,财政就是国家维持其存在而对一部分社会产品的占有:从再生产过程中取走社会产品而不再投回再生产过程。所以,在社会主义社会之前,就其主导方面来说,财政一直是再生产的外部条件而不构成再生产的内部因素。……到了社会主义社会,财政则出现了新的内容。由于国家不只是阶级统治的工具而同时还是作为生产资料的所有者来参与社会产品的分配,所以财政分配的范围大大扩大了,即远远超出了维持国家机器的需要而成为再生产过程中资金分配的有机构成环节。显然,在这种情况下,我们不应该把解释私有制社会财政的论点简单用来套在已产生新内容的社会主义财政的身上,而是应该根据社会主义财政的新内容来阐释财政与国家的

---

① 李志劲:《关于财政是基础还是上层建筑问题的来稿综述》,《学术月刊》1958年第3期。

联系所出现的一些具有本质意义的变化。"①

在这里,侯梦蟾明确了社会主义财政的两重性质:一方面,财政是从国家作为上层建筑而派生的对社会产品的占有和分配;另一方面,财政植根于社会主义再生产过程之中,成为其间的内在环节。侯梦蟾借用马克思的社会总资本循环公式,即 G-W...P...W′-G′,通过比较社会主义财政与自由资本主义时期财政的差异,形象地描绘了前述观点。②

图7-1表达了以自由资本主义时代为典型的资本主义财政与社会总资本再生产的关系。资本主义企业部门创造的利润分为两部分,其中:g_1为税后利润,w_1表示追加生产资料,w_2表示消费品;g_2表示被财政分配的部分。财政分配的g_2来自剩余产品w,这意味着,财政分配基于再生产过程;但g_2用于w_2,财政分配脱离了再生产过程。

图7-2描绘了计划经济中社会主义财政与社会总资金循环的关系。其中财政分配的g_2也来自剩余产品w,即基于再生产过程,但g_2有相当一部分用于购买w_1,即成为企业的投资,这一点使得财政成为整个社会再生产的内在环节。

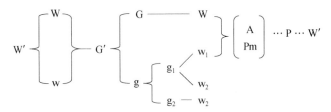

图7-1 资本主义财政与再生产的关系

---

① 黄达、陈共、侯梦蟾、周升业、韩英杰:《社会主义财政金融问题》下册,中国人民大学出版社,1981,第276—277页。
② 同上书,第273页。

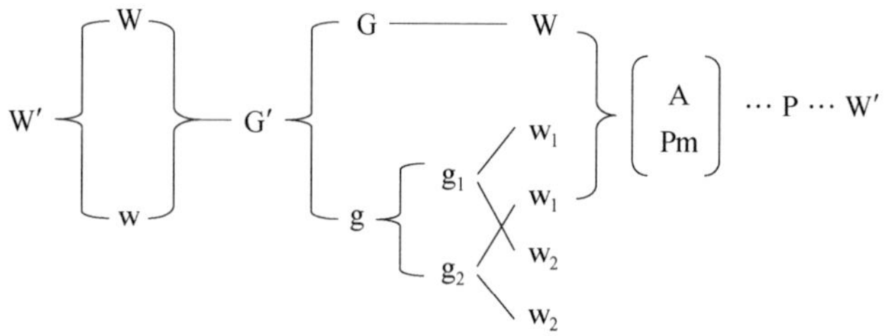

$$W' \begin{cases} W \\ w \end{cases} G' \begin{cases} G \longrightarrow W \\ g \begin{cases} g_1 \diagup \begin{matrix} w_1 \\ w_1 \end{matrix} \\ g_2 \diagup \begin{matrix} w_2 \\ w_2 \end{matrix} \end{cases} \end{cases} \begin{bmatrix} A \\ Pm \end{bmatrix} \cdots P \cdots W'$$

图 7-2 社会主义财政与再生产的关系

在传统计划经济时期以及改革初期，财政分配作为社会扩大再生产的制度条件，制约着扩大再生产的规模和方向，同时也制约着消费。如侯梦蟾指出的，财政分配在确定积累和消费以及积累内部各部分之间的比例关系上有决定作用。具体而言，这主要是因为，全民所有制内部的剩余产品，大部分是通过财政来分配的，这部分产品在国民收入中占重要地位，这样一来，财政支出对于积累和消费的比例自然就有决定性作用。①

在传统计划经济和改革初期，财政分配掌握了全社会固定资产投资的决定权，这一特点是由整个社会的所有制结构决定的。侯梦蟾提出，财政分配的范围取决于所有制或经济结构。全民所有制企业的纯收入可以大部分纳入财政分配，其基本折旧基金也可以纳入财政分配，对集体所有制就不能这样要求，这样一来，财政收支的规模在国民收入中的比重，就受制于所有制或经济结构的情况。在其他条件不变时，全民所有制在经济中的比例越大，财政收支占国民收入的比重也越大；非全民所有制在经济中的比重越大，财政收支占国民收入的

---

① 黄达、陈共、侯梦蟾、周升业、韩英杰：《社会主义财政金融问题》下册，第282页。

比例则会相应减少。①

财政分配掌握了全社会固定资产投资的决定权,以及财政分配的范围取决于所有制或经济结构,意味着在计划经济时期或改革之初,财政体制事实上构成了社会主义全民所有制这一生产关系总体的内在环节。财政分配的这种重要地位和作用,使其不再是单纯的财政学问题,而成为社会主义政治经济学的重要内容。财政的这种特点还意味着,在变革生产关系以解放和发展生产力,即在改革开放之初,财政体制的变革居于生产关系变革的核心位置。侯梦蟾就此写道:"就我们的全民所有制本身来说,它绝非一种已经彻底完善的所有制,生产关系与生产力的矛盾在它的身上仍然存在。因而在这个领域内也仍然要经常不断地、自觉地调整生产关系中不适应生产力发展的方面。这就决定了财政分配的管理体制和具体制度也必须随着改进。"②

财政的两重性,即一方面服务于作为上层建筑的国家机器本身,另一方面又是社会再生产的内在环节,事实上是由国家自身的两重性派生而来的。林岗教授在其发表于1987年的著作中,深入考察了这一问题。他指出,"从国家作为政治上层建筑和作为生产资料所有者对社会产品的占有具有本质区别这一正确的前提出发,彻底的推论应当是将国家作为政治上层建筑和公共行政权力与创造财富的一切经济单位的**财政关系**,同国家作为生产资料所有者与占用生产资料的全民所有制企业的**财产关系**,严格地分离开来"。"在社会主义条件下,国

---

① 黄达、陈共、侯梦蟾、周升业、韩英杰:《社会主义财政金融问题》下册,第288页。
② 同上书,第289页。

家除了具有上述传统的上层建筑职能之外,还具有了崭新的、作为经济基础组成部分和生产关系内在环节的职能。"①

在林岗看来,国家作为经济基础的组成部分和生产关系的内在环节,体现在国家与社会主义全民所有制之间不可分割的联系上。从历史发生学的角度看,社会主义全民所有制是在无产阶级革命之后,通过实施无产阶级专政(或人民民主专政)的国家建立起来的,并不可避免地具有国有所有制的形式。国家的经济职能不再只是提供社会再生产的一般外部条件,而是担负着占有和支配生产资料、决定全社会的固定资产投资、确定积累和消费的比例以及其他各种重要比例关系的职能。这样一来,"社会主义的国家就不再仅仅是建立在经济基础之上的政治上层建筑,不再仅仅是充当亚当·斯密笔下的那种公共秩序的'守夜人'的角色,而是直接成为社会主义经济基础的组成部分,成为全民所有制生产关系的一个内在环节"②。

重要的是,林岗认为,社会主义国家两重性的出现,还造成了国家的非政治化与国家的经济行为政治化之间的矛盾。他写道:"从社会主义国家作为全体社会成员联合关系的有形组织、作为全民所有制生产关系的一个内在环节,已经不是阶级矛盾不可调和的产物、已经具有'公团'或'公社'的性质这个意义上说,它本身就是非国家化或非政治化的。如果我们遵从大多数人的习惯,仍然把这种非国家

---

① 林岗:《社会主义全民所有制研究——对一种生产关系和经济过程的分析》,求实出版社,1987,第145—146、81页。
② 同上书,第81—82页。同一时期张宇也表达了类似见解,张宇:《社会主义国家的二重性与社会主义经济建设的实践》,《哲学研究》1987年第2期。

的国家或非政治的国家称作**政治**组织,那么'政治'一词在这里已经从阶级对阶级的关系,回复到了其字源学上最一般的含义:'管理众人之事'。作为全民所有制的一个内在环节的国家所管理的众人之事,就是统一支配和调节全部社会生产。"①

然而,与国家的这种非政治化趋势相对应,作为全民所有制内在环节的国家,其经济行为同时还有政治化的特点。这是因为,"社会主义国家对全部生产的统一支配和调节,决不只是'对物的管理',甚至主要不是'对物的管理',而是对人与人之间利益关系的调整;其意义完全可以用毛泽东1957年提出的著名论点——'正确处理人民内部矛盾'来概括。从这个角度观察,可以说社会主义国家对全部生产的统一支配和调节不能不是一种**政治**行为"②。林岗还提出,既然作为全民所有制生产关系内在环节的社会主义国家的经济行为是政治化的,那么这种行为必然要通过相应的政治结构(人民民主的政治制度)才能完成。只有通过适当的政治制度所包含的民主程序,各种利益冲突才能得到协调,社会全体成员的整体利益或集体偏好才能获得充分表达和实现。他认为:"人民民主政治制度的发展程度,是生产资料占有的社会化发展程度,即全民所有制的'全民性'发展程度的标志。"③ 至此,林岗不仅讨论了社会主义社会的政治经济化,即国家成为经济基础的组成部分,而且考察了经济政治化的问题,即作

---

① 林岗:《社会主义全民所有制研究——对一种生产关系和经济过程的分析》,第83—84页。
② 同上书,第83页。
③ 同上书,第86页。

为全民所有制内在环节的国家，其经济行为具有政治属性，从而初步揭示了社会主义社会的经济和政治具有相互转化、相互"嵌入"的特点。

3. 国家两重性与中国特色社会主义政治经济学

国家两重性不仅是改革以前计划经济的特点，也是改革以后社会主义市场经济的特点，尽管在具体表现形式上两者肯定有所不同。社会主义市场经济中的经济与政治也是相互嵌入、相互转化的。早在2001年，习近平同志对此问题就有深刻的认识，他确认，社会主义市场经济的特点，是"经济政治化"和"政治经济化"，以此发展了国家两重性的学说。[1]

经过四十余年的改革开放，我国建立了社会主义市场经济，形成了社会主义初级阶段的基本经济制度。在社会主义初级阶段基本经济制度的三项构成中，每一项都带有二元特征：公有制和非公有制、按劳分配和按要素分配、有为政府和有效市场。这种二元特征表明，社会主义市场经济的调节者既有自发的价格机制，也有国家经济治理，是这两种经济协调方式或资源配置方式的有机结合。正是通过这种结合，社会主义市场经济中的国家成为经济基础的组成部分。

在社会主义初级阶段的所有制结构中，全民所有制或国有制居

---

[1] 习近平：《对发展社会主义市场经济的再认识》，《东南学术》2001年第4期。

于主导地位。这种国有制，主要是对土地、金融机构和大型国有企业的国有制。① 张宇在其所著《中国特色社会主义政治经济学》里提出，对社会主义国家所有制这个概念加以考察，我们会发现，国家在此具有双重属性：一方面，国家通常被看作阶级斗争的工具和产物，是为经济上占统治地位的阶级服务的政治上层建筑；但另一方面，"社会主义国家所有制中的国家则是一个经济概念，是生产关系中从事经济活动的所有制的主体，是从事物质生产的对物进行管理的机构，而不是政权机关"。他还提出，作为所有制主体的管理机构，如国有资产管理部门、计划部门、财政部门、中央银行、全国性公司等等，都处于社会再生产过程内部，拥有特定的经济权力，代表特定的经济利益，"是生产的当事人和'人格化'的生产关系"②。

公有制的主体地位同时也决定了社会主义初级阶段国家经济治理的性质，使其在根本上不同于资本主义市场经济中的宏观调控。张宇就此提出："无论存在不存在所谓的市场失灵，只要公有制占据主体地位，国家作为生产资料公共所有权和社会公共利益的总代表，都需要并且能够在社会的范围内按照社会的需要有计划地调节社会再生产

---

① 在《共产党宣言》里，马克思恩格斯也强调，无产阶级夺取政权后，必须实施土地公有，地租用于公共支出；拥有国家资本和独享垄断权的国家银行，将信贷集中在自己手里；按照总的计划增加国家工厂和生产资料，以及将运输业集中在国家手里。《马克思恩格斯选集》第 1 卷，人民出版社，1995，第 293—294 页。

② 张宇：《中国特色社会主义政治经济学》，中国人民大学出版社，2016，第 218—219 页；另见其早期论文，张宇：《社会主义国家的二重性与社会主义经济建设的实践》，《哲学研究》1987 年第 2 期。

过程，合理地配置资源，以满足人民日益增长的物质文化需要，实现社会主义的生产目的，从而成为推动经济发展的主导力量。"① 在这里，张宇正确地区分了国家的两种作用：一方面，国家作为生产资料公共所有权和公共利益的总代表，为实现社会主义生产目的发挥着作用；另一方面，国家还以克服市场失灵为目标发挥着作用。笔者曾将上述这两种作用分别称作国家的外生性作用和内生性作用。这两种作用彼此结合，界定了社会主义初级阶段的国家经济治理。② 然而，张宇的片面之处在于，他在强调国家的外生性作用的同时，刻意淡化了国家的内生性作用，忽略了以马克思主义市场失灵理论为前提，建构一个内生性作用理论的重要性。此外，他在界定国家的外生性作用时，直接沿用了斯大林提出的社会主义基本经济规律和有计划按比例发展规律，没有考虑到这些刻画国家经济行为的规律在市场经济条件下必然会转化为新的规律形态。

国家两重性学说虽然在社会主义经济理论的发展中起到了重要作用，但遗憾的是，长期以来，这一学说并未将党的经济作用考虑在内，没有提出党自身的两重性问题。笔者近年来提出，党的领导作为中国特色社会主义的根本领导制度，必然在经济生活中发挥重要功能，并与国家一样具有两重性，即一方面是政治制度或上层建筑，另

---

① 张宇：《中国特色社会主义政治经济学》，第222页；另见张宇、谢地、任保平、蒋永穆等：《中国特色社会主义政治经济学》，高等教育出版社，2017，第73—74页。

② 参见孟捷：《中国特色社会主义政治经济学的国家理论：源流、对象和体系》，《清华大学学报》2020年第3期；孟捷：《党的领导与社会主义初级阶段的国家经济治理》，《理论月刊》2021年第10期。

一方面是经济制度或经济基础的一部分。① 例如，在社会主义公有制生产关系中，党的领导也是其中的内在环节。正如习近平同志指出的，"中国特色现代国有企业制度，'特'就特在把党的领导融入公司治理各环节，把企业党组织内嵌到公司治理结构之中，明确和落实党组织在公司法人治理结构中的法定地位"。他还提出："在决策程序上，要明确党组织研究讨论是董事会、经理层决策重大问题的前置程序，重大经营管理事项必须经党组织研究讨论后，再由董事会或经理层作出决定。"②

在社会主义市场经济中，国家两重性还有一个重要表现形式，即形成了作为一种特殊的经济当事人的竞争性地方政府。笔者曾提出，改革开放以来中央和地方间财政-经济关系的调整，是一种生产关系变革意义上的制度变迁。分税制、行政分权和土地制度的演变，一方面造成央地之间剩余占有关系的变化，另一方面还将地方政府塑造为具有独特行为和动机模式的经济当事人。竞争性地方政府的兴起鲜明地展示了中国特色社会主义市场经济的制度特征——政治权力、政治关系承担着生产关系的功能，并成为基础的组成部分。

中国地方政府的作用是和"土地财政"联系在一起的。一方面，地方政府利用土地作为金融资产的属性，将全社会储蓄吸引到不断增殖的房地产市场上来，使这些储蓄转化为具有"制度-垄断租金"性

---

① 参见孟捷：《中国共产党与中国特色社会主义市场经济》，《开放时代》2022 年第 3 期；孟捷：《中国共产党与当代中国经济制度变迁》，《东方学刊》2020 年第 1 期。
② 习近平：《坚持党对国有企业的领导是重大政治原则》，载《论坚持党对一切工作的领导》，中央文献出版社，2019，第 148—149 页。

质的土地出让收入。另一方面，地方政府同时将这一租金投资于大卫·哈维所谓的营建环境，并与企业的固定资本形成和生产率进步相互促进，造成了中国经济特有的"相对剩余价值生产的双重结构"。土地财政事实上是将全社会储蓄转化为投资的特殊制度形式。中国地方政府作为上述"制度-垄断租金"的生产性分配者和使用者，与企业间的竞争相结合，推动了工业化、城市化和中国的经济增长。[1]

4. 国家两重性与历史唯物主义的概念重构

正如前文第一节指出的，承认无产阶级专政下国家具有两重性，客观上要求对历史唯物主义的流行版本——生产力一元决定论或经济决定论——作出批判性反思，进而提出一个具有创造性的再诠释。这一反思和诠释的要点，是对经济和政治在制度上的截然两分（即经济是一类制度，政治是另一类制度）给予断然拒绝。将经济和政治划分为全然不同的两个制度领域，事实上是自由主义的一贯理念。这一理念影响到后世马克思主义者对历史唯物论的理解。在生产力一元决定论或经济决定论那里，经济基础对上层建筑的决定性作用，正是以经济和政治在制度上的严格界分为前提的。不抛弃这种简单而片面的认识，就不可能在历史唯物主义架构内接纳国家两重性的思想，社会主义经济理论的发展就缺少一个坚实的方法论基础。

第二次世界大战后，卡尔·波兰尼在其《大转变》（或译《巨

---

[1] 孟捷、吴丰华：《制度-垄断地租与中国地方政府竞争：一个马克思主义分析框架》，《开放时代》2020年第2期。

变》)等著作中,对自由主义和囿于经济决定论的传统马克思主义同时发起了批判,这一批判直指政治和经济在制度上的截然两分这一弊端。波兰尼的这一批判,在当代思想史上产生了深远影响。20世纪70—80年代,法国马克思主义者、著名人类学家戈德利耶,回应了波兰尼的批判,同时提出了重构历史唯物主义的设想。① 戈德利耶结合其人类学研究提出,经济和政治在制度上的截然两分,事实上只是在近代资本主义形成后才有的观念。在人类既往各种社会形态中,诸如宗教、国家、血族等任何一种制度形式,只要承载了生产关系的功能,就可以成为经济基础的一部分。这意味着,同一制度依据其担负的具体功能,既可能是上层建筑,也可能是经济基础。用他的话来说:

"经济基础和上层建筑的区别并不是不同制度间的区别,要而言之,这种区别毋宁是制度的不同功能之间的区别。"②

"下层建筑(infrastructure,或译下部构造,在戈德利耶那里同时包括生产力和生产关系,因而不完全等同于通常使用的经济基础概念——引者按)和上层建筑的区别既不是层次或要素间的区别,也不是制度间的区别——尽管在某些情况下显得像是这样。就其要旨而言,这一区别是功能之间的区别。下层建筑的首要性这一因果概念归根结底指的是,存在一个功能的等级,而不是制度的等级。一个社会

---

① 对戈德利耶相关思想的评述,可参见孟捷:《历史唯物论与马克思主义经济学》,社会科学文献出版社,2016,第79—83页。
② Godelier, M., "Infrastructures, Societies and History", *Current Anthropology*, 1978, Vol.19 No.4, p.763.

既没有顶端，也没有底部。社会不是由各个叠加的层次组成的系统。社会是由人的各种关系组成的系统，这些关系依据其功能的性质划分为等级，这些功能决定着人的某一种活动对社会再生产所产生的影响。"①

戈德利耶对历史唯物主义的概念重构，颠覆了经济决定论赖以立论的前提，为本文讨论的国家两重性学说奠定了方法论根基。经济决定论需要一个在定义上与上层建筑完全无涉的经济结构。从戈德利耶的立场来看，在人类历史上，这样的经济结构一般而言并不存在，即便存在也属于特例。而且，由于政治、法律、宗教等各种制度形式都可能成为生产关系，经济结构在社会中的位置也是变动不居的。

戈德利耶的见解在国际范围内产生了重要影响。以当代德国思想家哈贝马斯为例，他写道："我乐意承认，我从某些马克思主义者，例如 M. 戈德利耶那里学到了某些东西。他们对上层建筑和基础的关系作了新的透彻考虑，并且把这种关系概念化。"②

戈德利耶的上述尝试，在卡尔·波兰尼和历史唯物主义之间作了一次成功的综合，或者更准确地说，在马克思主义架构内富有成效地汲取了波兰尼的思想。在波兰尼看来，一个自我调节、自主的经济领域在近代史上的崛起，伴随着他所谓的"脱嵌"的过程。这指的是，在前资本主义社会，经济从来不是独立的，而是"嵌入"政治、宗

---

① Godelier, M., *The Mental and the Material*, London: Verso, 1986, p.128.
② 尤尔根·哈贝马斯：《重建历史唯物主义》，郭官义译，社会科学文献出版社，2000，第36—37页。

教、伦理等各种其他制度之中的。资本主义的兴起，使得经济从这些制度环境中摆脱出来，发展为一个可达成秩序并符合公共利益的特殊领域。然而，波兰尼同时指出，这一"脱嵌"的过程从其趋势上看其实是一个乌托邦，因为"脱嵌"是以一系列他所谓"虚构商品"的出现为前提的，而这些虚构商品（劳动力、土地、货币）所内含的矛盾会带来社会解体的风险，最终酿就危机、战争和革命这些危及资本主义的巨变。[①]

戈德利耶从马克思主义的角度借鉴、诠释和发展了波兰尼的思想。从戈德利耶的角度看，所谓"嵌入"这一原本属于隐喻的范畴，可以理解为社会生产领域之外的某种制度形式具体地担负了生产关系的功能，决定着生产资料的归属或产品的分配，从而成为经济基础的组成部分。资本主义市场经济虽然最初造成了"脱嵌"，但在特定阶段后，"嵌入"又重新成为引人注目的现象。在资产阶级经济学家中间，凯恩斯第一个提出，资本主义的产品市场存在有效需求不足的痼疾，单纯依靠市场调节无法应对这一问题，国家为此必须担负起投资的责任。他写道："以我自己而论，我对仅仅用货币政策来控制利息率的成功程度，现在有些怀疑。我希望看到的是……国家机关承担起更大的责任来直接进行投资。"[②] 意大利马克思主义者奈格里在评论凯恩斯的这些见解时指出，在这里，"国家本身必须成为一种经济结构，并且必须凭借成为一种结构而变成生产性主体。国家必须成为所

[①] 卡尔·波兰尼：《大转型》，冯刚、刘阳译，浙江人民出版社，2007。
[②] 凯恩斯：《就业、利息和货币通论》，高鸿业译，商务印书馆，1999，第167页。

有经济活动负责的中心。这是前进了一大步！"① 在此意义上，凯恩斯事实上达到了资产阶级经济科学所能企及的巅峰，因为再往前一步，就是走向社会主义。这也是凯恩斯何以在 20 世纪 70 年代以来一再遭到新自由主义攻讦的原因。

5. 结语

国家两重性学说作为历史唯物主义的运用和发展，不仅是理解传统社会主义计划经济，而且是理解中国特色社会主义市场经济乃至现代市场经济的理论前提。从国家两重性学说出发，要求我们对于如下流行命题，即市场在资源配置中起决定性作用、更好地发挥国家（政府）的作用达成更为辩证的理解。在这一命题里，市场和国家的关系不应被理解为在制度上截然两分的经济和政治之间的关系，相反，市场和国家是彼此嵌入、相互融合的。在社会主义市场经济中，市场的决定性作用绝不排斥国家作为市场机制的内在主体所发挥的作用，反而是以之为前提的。另一方面，更好地发挥国家的作用，实现社会主义生产目的，也不能脱离市场价格机制，而要善于利用这一机制。

---

① 奈格里：《凯恩斯和资本主义的国家理论》，王行坤、张雪琴译，《政治经济学报》第 17 卷，第 189 页。我国学者仇启华也曾提出类似观点，他认为，在国家垄断资本主义条件下，"国家对经济的作用，其性质是经济基础内部总垄断资本家直接控制、管理、调节资本主义再生产的作用"。见仇启华主编《现代垄断资本主义经济》，中共中央党校出版社，1987，第 42 页。

笔者曾在国家两重性学说的基础上，将工业革命以来的现代市场经济以及与之对应的经济学理论区分为三个类型。① 第一个类型，即市场经济1.0，对应于19世纪以英国为典型的自由市场经济。自亚当·斯密以来的传统自由主义经济学，以及当代新自由主义经济学是这种市场经济的理论反映。第二个类型，即市场经济2.0，对应于二战结束后进入国家垄断资本主义阶段的发达资本主义经济。凯恩斯主义是这一市场经济类型在理论上的反映。中国特色社会主义市场经济属于第三个类型，即市场经济3.0，其理论表现是中国特色社会主义政治经济学。

上述类型学界分所依据的是如下两个标准：第一，根据经济与政治、市场与国家的关系来作界分。作为市场经济1.0的理论反映，自由主义和新自由主义经济学主张，经济和政治是全然不同的两类制度，经济运行只受"看不见的手"调节，国家不应发挥实质性的干预作用。而在市场经济2.0和3.0中，国家在不同程度上承担着生产关系功能，从而成为经济基础的一部分。

第二，根据不同市场经济类型中经济当事人的种类来作界分。在市场经济1.0当中，私人企业被视作唯一的经济当事人，故可称为"一维市场经济"。在市场经济2.0中，除了私人企业，还有担负起投资责任、开展宏观需求管理的国家，故可称作"二维市场经济"。在市场经济3.0即中国特色社会主义市场经济当中，一方面，国家的经

---

① 参见孟捷：《中国特色社会主义政治经济学的国家理论：源流、对象和体系》，《清华大学学报》2020年第3期；孟捷：《当代中国社会主义政治经济学的理论来源和基本特征》，《经济纵横》2016年第11期。

济作用远远超出凯恩斯主义所构想的可能性范围,另一方面,形成了由企业、竞争性地方政府和中央政府这三维主体构成的"三维市场经济"。① 三维市场经济或市场经济 3.0,根本不同于市场经济 1.0,与市场经济 2.0 相比也有重大差异,是中国特色社会主义道路上的伟大创造。

---

① 史正富首倡了"三维市场经济"概念,见史正富:《超常增长:1949—2049 年的中国经济》,上海人民出版社,2013,第 86 页。

八

对逻辑和历史相一致原则的批判性反思

——以中国特色社会主义政治经济学的若干争论问题为参照

将逻辑和历史相一致看作马克思经济学理论的叙述和建构原则，滥觞于恩格斯。20世纪30年代，这一观点在苏联开始流行，此后又传入我国，迄今在国内学术界仍颇有影响。20世纪80年代以来，国内不断有学者反思和批评这种观点。① 在国外，则有马克思主义哲学家卢卡奇、阿尔都塞以及日本学者见田石介等人对这一观点的批判。②

---

① 参见沈佩林：《〈资本论〉中范畴的逻辑顺序和历史顺序问题》，《中国社会科学》1987年第2期；袁吉富：《对逻辑与历史相一致方法的质疑》，《教学与研究》2007年第4期；郗戈、荣鑫：《重新理解"逻辑与历史相统一"》，《马克思主义研究》2015年第1期。

② 卢卡奇：《关于社会存在的本体论》，白锡堃、张西平、李秋零等译，白锡堃校，重庆出版社，1993；路易·阿尔都塞：《读〈资本论〉》，李其庆、冯文光译，中央编译出版社，2008；见田石介：《〈资本论〉的方法》，沈佩林译，山东人民出版社，1992。

批评者们指出，《资本论》在其叙述逻辑中的确结合了历史，但所谓逻辑和历史相一致则全然属于虚构，与马克思经济学的叙述和建构方法并不吻合。令人遗憾的是，尽管长期以来一直存在这类批判，逻辑和历史相一致的观点不仅在国内政治经济学方法论研究中依然占有重要地位，近年来更以某种方式影响了中国特色社会主义政治经济学的研究。例如，关于中国特色社会主义政治经济学应以国家为逻辑起点的主张，就是以逻辑和历史相一致原则为依据的。此外，为了论证市场在资源配置中的决定性作用，一些学者片面地诉诸价值规律，割裂了这一规律与市场经济其他运动规律的联系，这种对待马克思经济学的态度，事实上也是以逻辑和历史相一致原则为前提的。这样一来，对逻辑和历史相一致的观点重新加以反思和批判，就不止涉及纯粹方法论层面的问题，而且具有多重的理论和现实意义。

1. 逻辑和历史相一致与《资本论》的叙述方法

所谓逻辑和历史相一致，是恩格斯在总结和评价马克思经济学的叙述和建构方法时提出的见解。依照这种见解，马克思在其经济学著作中运用了逻辑和历史相一致的原则来安排范畴的次序，并据此构建经济理论体系。恩格斯写道：

"对经济学的批判，即使按照已经得到的方法，也可以采用两种方式：按照历史或者按照逻辑。既然在历史上也像在它的文献的反映上一样，整个说来，发展也是从最简单的关系进到比较复杂的关系，那末，政治经济学文献的历史发展就提供了批判所能遵循的自然线索，而且，整个说来，经济范畴出现的顺序同它们在逻辑发展中的顺序也是一样的。……因此，逻辑的研究方式是唯一适用的方式。但是，实际上这种方式无非是历史的研究方式，不过摆脱了历史的形式以及起扰乱作用的偶然性而已。历史从哪里开始，思想进程也应当从哪里开始，而思想进程的进一步发展不过是历史过程在抽象的、理论上前后一贯的形式上的反映；这种反映是经过修正的，然而是按照现实的历史过程本身的规律修正的，这时，每一个要素可以在它完全成熟而具有典范形式的发展点上加以考察。"①

这段引文中有如下重要观点：第一，经济范畴在政治经济学文献上出现的顺序，同它们在逻辑发展中的顺序是一样的，这种逻辑发展的顺序反映了历史发展的根本趋势，但撇开了历史中的偶然因素。第二，逻辑的开端和历史的源起是对应的，即所谓历史从哪里开始，逻辑也就从哪里开始。第二点往往被用来解释《资本论》叙述逻辑的开端范畴（即商品）的性质，将其理解为前资本主义的简单商品。

上述第一个观点曾为马克思主义哲学家卢卡奇所批评。卢卡奇指出，恩格斯这里的观点沾染有黑格尔泛逻辑主义和历史目的论的色彩——"由于黑格尔试图从逻辑上而不是首先从本体论上把握范畴的相互产生，由于他在很大程度上把这种逻辑发展序列不知不觉地变成了历史的本体论的发展序列，所以他的历史观就必然获得了一种目的论的特征。……甚至恩格斯也把经济范畴的先后顺序看作是某种逻辑

---

① 《马克思恩格斯全集》第 13 卷，人民出版社，1962，第 532 页。

的东西,并且把理论上把握到的、排除了偶然性的历史与它同一起来。"①

与恩格斯的这种看法不同,马克思自始至终都认为,范畴之间的顺序不是按它们在历史上出现的顺序,而是根据特定社会内部的结构来安排的;主张范畴之前的顺序应按照历史上出现的顺序来安排,是蒲鲁东主义的观点。马克思的这一见解是一以贯之的,早在《哲学的贫困》里,他在批判普鲁东时就反问道:"单凭运动、顺序和时间的逻辑公式怎能向我们说明一切关系同时存在而又互相依存的社会机体呢?"② 在《1857—1858年经济学手稿》里,他又以类似方式指出:"把经济范畴按它们在历史上起作用的先后次序来安排是不行的,错误的。它们的次序倒是由它们在现代资产阶级社会中的相互关系决定的,这种关系同表现出来的它们的自然次序或者符合历史发展的次序恰好相反。问题不在于各种经济关系在不同社会形式的相继更替的序列中在历史上占有什么地位,更不在于它们在'观念上'(蒲鲁东)(在历史运动的一个模糊表象中)的次序,而在于它们在现代资产阶级社会内部的结构。"③

从思想史的角度看,《资本论》所运用的这种辩证方法不仅与德国古典哲学有某种继承关系,还可一直溯源到18世纪的启蒙哲学。

---

① 见卢卡奇:《关于社会存在的本体论》下卷,第325页。类似地,沈佩林也提出过这一批评:"逻辑和历史相一致的论点,实际上就是说逻辑等于历史,这是对马克思的方法做了黑格尔主义的歪曲。"见沈佩林:《〈资本论〉中范畴的逻辑顺序和历史顺序问题》,《中国社会科学》1987年第2期,第55页。
② 《马克思恩格斯全集》第4卷,人民出版社,1965,第145页。
③ 《马克思恩格斯全集》第46卷上册,人民出版社,1979,第45页。

启蒙哲学认为，人类的认知包括两个阶段：首先是分析，将对象分解为最为简单的元素；然后是思维重建，即将认识对象作为整体在思维中予以恢复。① 马克思在历史唯物论的前提下继承了这种方法，将其运用于建构自己的经济学体系。所谓分析，在马克思那里被称作从具体到抽象，思维重建则被称作从抽象到具体。在《资本论》中，为了重建资本主义生产方式这一具体整体，马克思选择以商品作为逻辑起点。《资本论》第一卷开篇写道："资本主义生产方式占统治地位的社会的财富，表现为'庞大的商品堆积'，单个的商品表现为这种财富的元素形式。因此，我们的研究就从分析商品开始。"② 在这里，马克思明确指出了《资本论》开篇所考察的商品就是资本主义商品；但问题是，为了达成思维重建的目的，马克思又须将这一起点商品作为资本产品、作为资本形态变化的环节等等特点暂时撇开不予考虑，而一旦这样做，起点商品就立即成为一个"稀薄的"抽象，它与资本主义生产方式这一具体整体的中介联系就暂时消失了，只是随着叙述逻辑的展开，那些在开端被舍象的中介环节又渐次引入，起点商品是资本主义商品这一点才得以真正确立。③

---

① E·卡西勒：《启蒙哲学》，顾伟铭等译，山东人民出版社，1988。
② 《马克思恩格斯全集》第23卷，人民出版社，1972，第47页。
③ 捷克哲学家科西克恰当地分析了作为起点的商品和《资本论》结构整体的关系，他写道："马克思怎样知道，商品是'劳动的具体形式''最简单的经济构成物'和以隐蔽的、未展开的、抽象的方式包含着资本主义经济一切基本规定因素的'细胞形式'？关于商品是资本主义的基本经济形式的发现，可以成为科学叙述的起点，但以后的整个表述过程必须能证实这一起点的适宜性和必然性。为了能以商品代表资本主义的抽象的、未发展的诸规定的总体，并以它作为出发点，马克思必须先了解资本主义的更为发展的各种规定。商品之所以能成为科学表述的起点，只是因为资本主义（转下页）

将逻辑和历史相一致看作《资本论》的叙述方法，其后果之一便是把《资本论》的开端商品理解为简单商品生产中的商品（或简单商品）。① 这一理解不仅与马克思所界定的辩证方法不相符合，而且蕴含着一个悖论。以苏联学者卢森贝为例（他是简单商品起点论的主要倡导者），他体认到，简单商品生产在历史上并不构成一个独立的经济时代，用他的话来说，即不是"一种完备的经济制度"，而是和自然经济嵌合在一起的；他又同时指出，在《资本论》开篇，马克思所讨论的是一个纯粹的商品经济模型，其中不存在自然经济。卢森贝丝毫没有意识到，他的这两种主张存在难以协调的矛盾，构成了逻辑的悖论。②

（接上页）在整体上已被认识。从方法论的观点看，这实际上等于揭示出了要素与总体之间的辩证联系，未发展的芽与羽翼丰满的功能系统之间的辩证联系。商品作为资本主义分析起点的适宜性和必然性，在《资本论》前三卷，即它的理论部分得到了证明。第二个问题是：为什么马克思恰好是在19世纪下半叶达到这种认识？这一点在《资本论》第四卷《剩余价值理论》（即它的文献史部分）作了回答。马克思在这一部分分析了近代经济思想发展的一些决定性阶段。"科西克：《具体的辩证法》，傅小平译，社会科学文献出版社，1989，第136—137页。傅译将"规定"一词（determinations）误译为"决定"，笔者作了修改。此处引文可参见英译本，Kosik, K., *Dialectics of the Concrete*, Boston: D. Reidel Publishing Company, 1976, p.109.

① 苏联学者卢森贝和伊林柯夫是这一观点的代表。卢森贝：《〈资本论〉注释》第一卷，赵木斋、朱培兴译，生活·读书·新知三联书店，1963，第38—40页。在卢森贝之后，苏联哲学家伊林柯夫（或译伊利延科夫）的著作大概是对同类观点论述得最为系统而深入的。伊林柯夫的著作先后有两个中译本，分别是伊利延科夫：《马克思〈资本论〉中抽象和具体的辩证法》，郭铁民、严正、林述舜译，周复校，福建人民出版社，1986；伊林柯夫：《马克思〈资本论〉中抽象和具体的辩证法》，孙开焕、鲍世明、王锡君、张钟朴译，山东人民出版社，1993。

② 卢森贝的观点参见其《〈资本论〉注释》第一卷，第39页。

卢森贝之所以主张《资本论》的开端商品是简单商品，还有一个方法论的考量。在他看来，开端商品应该是某种现实中存在的对象，而不是纯粹的形式共相——作为不同时代商品的共性的形式主义归纳。卢森贝的这一看法有其深刻之处，他认识到，《资本论》的叙述方法——从抽象上升到具体——应该以某种具体共相而非形式共相为起点，这一具体共相结合了两股张力：一方面，它代表着某种普遍性；另一方面，它又是现实中存在的东西。卢森贝所忽略的是，资本主义商品就是这样一种具体共相——资本主义商品是有史以来最为发达的商品，体现了交换价值对生产的支配性影响，与此同时，它也构成了财富的最为普遍的存在形式，用马克思的话来说，是"（资本主义）财富的元素形式"。在《资本论》叙述的开端，资本主义商品这一具体共相和它赖以存在的整体——资本主义生产方式——之间的各种中介联系被抽象了，这样一来，作为黑格尔意义上的缺乏中介的直接性存在，开端商品便表现为一个"虚无"，尚不具备与资本相关联的各种切近的规定，而与简单商品体现出某些共性，尽管两者在实质上并不相同。①

在结束这一节的讨论以前，笔者还想援引列宁的一个著名论断。在《哲学笔记》里，列宁尖锐地指出："不钻研和不理解黑格尔的**全部**《逻辑学》，就不能完全理解马克思的《资本论》，特别是它的第 1 章。因此，**半个世纪以来，没有一个马克思主义者是理解马克思的！！**"② 列宁虽未明言他所批评的对象，但我们有充分的理由推断，其矛头所向正是恩格斯以及逻辑和历史相一致这一原则。这是因为：第一，列宁

---

① 在前引伊林柯夫的著作中，对形式共相和具体共相的区别有深入的讨论。
② 《列宁全集》第 55 卷，人民出版社，1990，第 151 页。重点标识为引者所加。

在此提出的是一个全称论断,在其所指的时间范围内("半个世纪以来",即从《资本论》第一卷问世直至写成《哲学笔记》的1914—1915年),不仅囊括了所有第二国际理论家,而且涵盖了恩格斯;第二,恩格斯最先结合马克思的经济学著作,考察了马克思对黑格尔辩证方法的继承和发展,如果恩格斯的相关见解是大体正确的,列宁便没有任何理由提出上述全称论断。

2. 逻辑和历史相一致与中国特色社会主义政治经济学

在《资本论》叙述逻辑中,价值概念是从交换价值抽象而来的,但这并不意味着,凡是存在交换价值的地方,都存在价值概念和价值规律。交换价值是一种"洪水期前的存在",是隶属于商品经济一般的范畴,而价值是更为特殊的概念,是只有在现代市场经济条件下(既包括资本主义市场经济,也包括社会主义市场经济)才能获得现实性的概念。这意味着,价值范畴和价值规律,事实上是以现代市场经济中的其他运动规律为前提而存在的。在这一节里,我们将运用这一观点,考察中国特色社会主义政治经济学研究中的一个重大理论问题。

中共十九大报告提出,为了进一步发展社会主义市场经济,要"使市场在资源配置中起决定性作用"。那么,如何在马克思经济学的架构内,对这一命题开展论证呢?在前不久撰写的两篇文章里,笔者提出,我们可以借鉴和发展《资本论》中的相对剩余价值生产理论,将其作为一个理论上的参照系,以解释社会主义市场经济的动态效率，并为十九大报告中"使市场在资源配置中起决定性作用"的论断提供学理的论证。相对剩余价值生产理论具有如下重要意义：

其一，正如马克思所指出的，在产业革命之后，伴随机器大工业的崛起，相对剩余价值生产便成为生产剩余价值的主导方法。在相对剩余价值生产中，剩余价值的增长和生产力进步是互为前提、合二为一的。马克思通过相对剩余价值生产理论解释了市场经济的动态效率，并为《共产党宣言》中以格言的形式提出的下述假说提供了一个正式的论证——"资产阶级争得自己的阶级统治地位还不到一百年，它所造成的生产力却比过去世世代代总共造成的生产力还要大，还要多。"[1]

其二，相对剩余价值生产理论相当于马克思的"看不见的手"原理，因为它从个别企业追逐超额剩余价值的欲望出发，最终得到了生产力普遍进步、全社会剩余价值率增长和实际工资率提高的结果。在相对剩余价值生产模型里，市场经济当事人实际上是马克思所谓"生产资料的受托人"，为社会承担了积累的职能[2]，在这种情况下，即便存在多种所有制或所谓按要素分配，也有可能逼近"按劳分配"这一正义原则。

其三，相对剩余价值生产是以企业之间的充分竞争为前提的，只要存在这种竞争，剩余价值或利润就会被迫用于生产性投资和创新，从而带来生产力进步的结果。过去四十年的改革开放从实践上

---

[1] 《马克思恩格斯全集》第4卷，人民出版社，1965，第471页。
[2] 《马克思恩格斯全集》第26卷Ⅲ，人民出版社，1974，第469页。

证明，社会主义公有制经济完全可以参与这种竞争。换言之，只要我们剥去相对剩余价值生产理论的资本主义外壳，就完全可以将这一理论运用于解释社会主义市场经济在解放生产力、发展生产力上的巨大作用。①

2015年以来，中国特色社会主义政治经济学的学理化研究取得了长足的进展，其中一个重要标志，就是张宇、谢地、任保平、蒋永穆等编著的《中国特色社会主义政治经济学》这一教科书的出版。在这本书中，有一小节题为"市场在资源配置中起决定性作用"，试图为中共十九大的上述论断提出一个学理的论证。但遗憾的是，《中国特色社会主义政治经济学》的作者并没有结合马克思的相对剩余价值生产理论，而是试图诉诸价值规律来提供这种论证。他们写道："为什么要使市场在资源配置中起决定性作用？这是因为市场决定资源配置是市场经济的一般规律，市场经济本质上就是市场决定资源配置的经济，其基本的经济规律就是价值规律。价值规律通过价格、供求、竞争、生产要素的流动，调节着社会生产，促使人们节约劳动时间，实现社会总劳动在各部门之间的按比例分配。"②

显然，该书作者的顾虑在于，相对剩余价值生产是一个资本主义市场经济的特殊规律，而价值规律似乎隶属于市场经济一般，因而可以运用于解释社会主义市场经济。在笔者看来，这一顾虑是不必要

---

① 对相对剩余价值生产理论多重意义的阐述，可参见孟捷：《〈资本论〉的当代价值》，《光明日报》2018年6月3日；孟捷：《相对剩余价值生产与现代市场经济——迈向以〈资本论〉为基础的市场经济一般理论》，《政治经济学报》2020年第2期，第3—20页。
② 张宇、谢地、任保平、蒋永穆等：《中国特色社会主义政治经济学》，高等教育出版社，2017，第77页。

的，相对剩余价值生产理论经过适当的扩展，在社会主义市场经济中也是适用的。在这里，需作澄清的还有如下方法论问题——价值规律究竟是否能脱离相对剩余价值生产规律而独立存在？《中国特色社会主义政治经济学》的作者主张这一点，而在我们看来，这一主张建立在对马克思《资本论》的研究方法和叙述方法的流行误解的基础上。从《资本论》的叙述逻辑来看，价值规律是先于剩余价值论而提出的，但问题是，价值规律的全面展开，是一个从抽象到具体的过程，正是在相对剩余价值生产理论中，价值规律获得了进一步具体的规定。在那里，马克思界定了个别价值和社会价值，并将这些范畴运用于解释企业之间以技术进步为前提的竞争，以及在此基础上形成的个别企业的超额利润和全社会相对剩余价值率的增长。《中国特色社会主义政治经济学》一书提到的价值规律的诸般作用，如通过价格、供求、竞争、生产要素的流动，调节着社会生产，促使人们节约劳动时间，实现社会总劳动在各部门之间的按比例分配，都是以相对剩余价值生产规律为中介而实现的，离开这一规律，上述作用一个也不能实现。正如马克思早在《雇佣劳动与资本》里就指出的："由此可见，生产方式和生产资料总在不断变更，不断革命化；分工必然要引起更进一步的分工；机器的采用必然要引起机器的更广泛的采用；大规模的生产必然要引起更大规模的生产。这是一个规律，这个规律一次又一次地把资产阶级的生产甩出原先的轨道，并迫使资本加强劳动的生产力，因为它以前就加强过劳动的生产力；这个规律不让资本有片刻的停息，老是在它耳边催促说：前进！前进！这个规律正就是那个在商业的周期性波动中必然使商品价格和商品生产费用趋于一致的规律。"① 在这里，马克思深刻地指出了，所谓价值规律，事实上是资本积累运动规律造成的结果。

在《资本论》第一部手稿，即《1857—1858年经济学手稿》里，马克思曾明确地指出："在理论上，价值概念先于资本概念，而另一方面，价值概念的纯粹的发展又要以建立在资本上的生产方式为前提，……纯粹的和一般的价值存在要以这样一种生产方式为前提，在这种生产方式下，单个的产品对生产者本身来说已经不是产品，对单个劳动者来说更是如此，而且，如果不通过流通来实现，就等于什么也没有。对于生产一码布的极微小部分的人来说，一码布是价值，是交换价值，这一点绝不是形式规定。如果他没有创造交换价值，没有创造货币，他就什么也没有创造。因此，价值规定本身要以社会生产方式的一定的历史阶段为前提，而它本身就是和这种历史阶段一起产生的关系，从而是一种历史的关系。"②

在这段引文里，马克思表达了下述命题（或称命题一）：价值概念和价值规律的存在，要以交换价值完全支配了社会生产为前提。与此命题相关联的是马克思的另一个命题（命题二）："只有当雇佣劳动成为商品生产的基础时，商品生产才强加于整个社会。"③ 将命题

---

① 《马克思恩格斯全集》第6卷，人民出版社，1961，第501页。引文中的"商品生产费用"，其含义为商品的价值。
② 《马克思恩格斯全集》第46卷上册，人民出版社，1979，第205页。
③ 《马克思恩格斯全集》第23卷，人民出版社，1972，第644页。在该书另一处，马克思还提到"那个正是在资本主义生产的基础上才自由展开的价值规律"以及"那种正是以雇佣劳动为基础的资本主义生产"，并将其作为两个必然互相包含的命题来看待（第586页）。

一和命题二相结合,可以得出结论:价值概念和价值规律,只有在劳动力商品化的现代市场经济条件下才可能存在。由此也可看出,那种将价值规律看作社会主义市场经济的资源配置规律,却将剩余价值规律和资本积累规律一概排除在外的做法,在理论上是难以成立的。

近年来,围绕中国特色社会主义政治经济学理论体系和叙述逻辑的问题,国内学界开展了不少研究,也形成了一些不同观点。有一种见解认为,国家应该是中国特色社会主义政治经济学体系的逻辑起点。这一派学者在进行论证时,也是以逻辑和历史相一致原则为依据的。例如,邱海平教授就写道:"恩格斯曾经指出过,历史从哪里开始,思想进程就应该从哪里开始。既然中国现代社会以国家的形成为起点,并且在整个现代中国社会中起着支配作用,那么在理论上,当然就应该以'国家'作为逻辑上的'起点范畴'。""马克思的《资本论》以及他的'六册计划'都表明,'国家'或'上层建筑'本来就是马克思的政治经济学研究内容的一部分。……我们完全可以改变一下马克思的'六册计划'中的范畴顺序,把'国家'作为中国特色社会主义政治经济学的'起点范畴',以全球化为背景和前提,对现代中国的国家性质、结构与职能,国家与生产资料所有制及其结构的关系、国家与物质生产力的发展的关系等展开全面的研究,创建一个新的国家理论,进而对中国的所有制结构、市场、企业、劳动、土地所有权、对外经济关系等等现象和范畴进行科学的研究与说明。"[①]

邱海平在强调国家理论之于中国特色社会主义政治经济学的重要

---

① 邱海平:《论中国政治经济学的创新及逻辑起点》,《教学与研究》2010年第3期,第23页。

性时，没有考虑国家不仅作为上层建筑，而且作为经济基础的一部分所发挥的经济作用，也没有指出国家的经济作用包括外生性作用和内生性作用两个维度。在迈向社会主义市场经济的制度变迁过程中，国家作为上层建筑起着推动性作用，但与此同时，国家作为社会主义公有产权和公共利益的总代表，也在经济基础内部、作为基础的一部分发挥作用，这些作用包括：第一，国家立足于社会主义生产目的以及有计划按比例发展规律的要求，对国民经济进行调节和管理，笔者将此称作国家的外生性作用。第二，国家因应市场经济的各种矛盾即所谓市场失灵，通过供给侧改革与需求侧管理相结合的宏观调控等手段发挥作用，笔者将此称作国家的内生性作用。值得指出的是，国家在市场经济中发挥作用的过程，往往也是国家自身的再形成过程。譬如，以劳动力市场为例，为了发展市场经济，劳动力商品化是一个制度前提，但在劳动力普遍商品化的同时，对劳动力的某种社会保护（即所谓**去商品化**）也就应运而生了，因此，在劳动力市场上，卡尔·波兰尼所揭示的"虚构商品"的矛盾就成为推动国家形成——这里是形成现代福利国家——的动力之一。① 类似地，为了克服市场经济所带来的有效需求不足或生产过剩的矛盾，国家将成为凯恩斯主义国家等等。

将国家视为中国特色社会主义政治经济学的逻辑起点，是以如下

---

① 笔者曾将波兰尼的分析框架运用于分析中国劳动市场的发展，依照这种分析框架，在劳动力商品化发展的同时，必然会兴起由国家或其他力量主导的社会保护运动，导致某种程度的劳动力去商品化。见孟捷、李怡乐：《改革以来劳动力商品化和雇佣关系的发展——波兰尼和马克思的视角》，《开放时代》2013 年第 5 期。

预设为前提的：资本主义市场经济的产生和发展过程，与中国特色社会主义市场经济的情形截然不同。在前者，市场经济的形成在先，国家干预经济的作用到很晚才出现；而在当代中国，首先确立的是社会主义国家，此后通过改革开放，才产生了市场经济。这种将中外市场经济的产生和发展过程截然对立起来的看法是不正确的。在资本主义市场经济的形成过程中，即在16—18世纪，重商主义国家发挥了关键的作用。马克思在《资本论》里对此曾有深刻的评论，他指出，在重商主义阶段，民族国家将资本主义市场经济作为"国家实力和国家优势的基础"，且国家"不是沿着所谓自然的道路而是靠强制的手段"来达到发展资本主义市场经济这一目的的。①

值得注意的是，马克思在论及这些问题时，还强调了一个重要的方法论原则。他区分了"资本的形成史"和"资本的现代史"，前者指的是资本主义生产关系在整个社会范围内得到确立以前的历史，后者则指的是"受资本统治的生产方式的实际体系"，即资本主义经济本身。在马克思看来，"资本生成，产生的条件和前提（其中包括国

---

① "由封建农业社会到工业社会的转变，以及各国在世界市场上进行的与此相应的工业战争，都取决于资本的加速发展，这种发展并不是沿着所谓自然的道路而是靠强制的手段来达到的。是让国民资本逐渐地、缓慢地转化为产业资本呢，还是通过以保护关税的形式主要向土地所有者、中小农民和手工业者征收赋税，通过加快剥夺独立的直接生产者，通过强制地加快资本的积累和积聚，总之，通过加快形成资本主义生产方式的条件，来适时地加快这种转化，那是有巨大差别的。……因此，重商主义的民族主义性质，不只是这个主义的发言人的一句口头禅。他们借口只致力于国民财富和国家资源，实际上把资本家阶级的利益和发财致富宣布为国家的最终目的，并且宣告资产阶级社会替代了旧时的天国。同时他们已经意识到，资本和资本家阶级的利益的发展，资本主义生产的发展，已成了现代社会中国家实力和国家优势的基础。"《马克思恩格斯全集》第25卷，人民出版社，1974，第884—885页。

家——引者按）恰好预示着，资本还不存在，而只是正在生成；因此，这些条件和前提在现实的资本存在时就消失了，在资本本身从自己的现实性出发而创造自己的实现条件时就消失了"①。

马克思的这些论断为我们留下了重要的方法论提示。第一，所谓资本生成、产生的条件和前提，显然包含了作为"资本存在条件的创造者"的重商主义国家。② 在马克思看来，一旦我们开始考察"资本的现代史"，即现实存在的资本主义生产方式时，这种意义的国家就消失了，这也意味着，对资本主义生产方式的考察，在叙述方法上不应该以这种意义的国家为起点。

马克思的这一观点，决定了"六册计划"的结构以及国家在其中的位置。在这一计划里，国家理论要在市场经济的各种基本关系——资本、劳动和土地所有权——得到阐述后才提出来。尽管"六册计划"没有完成，但它是马克思为我们留下的宝贵的方法论遗产。置这一遗产于不顾，在逻辑和历史相一致的前提下构造中国特色社会主义政治经济学的国家理论，在笔者看来是一种轻率的尝试。

第二，一旦资本进入其现代史，资本就可以从其现实性出发创造自己的实现条件，这一论断在一定程度上预示了国家在市场经济中的再形成，即内生性国家的可能性。在某种意义上，似乎可以说马克思预先勾勒了一个内生性国家的理论蓝图。但遗憾的是，他未能兑现这一计划，没有进一步讨论那些与国家的内生性相关联的重要的方法论

---

① 《马克思恩格斯全集》第46卷上册，人民出版社，1979，第456—457页。
② 马克思在评价亨利七世、亨利八世等等的政府在英国历史上所起的作用时，提出了这一表述。同上书，第510页。

问题（如国家权力在基础中的"嵌入"）。这样一来，在"六册计划"的国家册里，马克思要讨论的究竟是本文所指的内生性国家还是古典经济学意义上的"守夜人"国家，就成了一个疑案。

3. 结语

《资本论》的叙述方法，即从抽象上升到具体，是一种"共时性"方法，而不是"历时性"方法。正如马克思指出的，这种共时性方法的特点，是"向我们说明一切关系同时存在而又互相依存的社会机体"。这种因不同生产关系同时并存而形成的"社会机体"，决定了经济范畴和规律之间的相互关系以及它们在叙述过程中的先后次序。这一方法虽然经常和历史论述相结合，并将后者作为逻辑叙述的补充，但这并不是逻辑和历史相一致的方法。

可以举个例子说明这一问题。在《资本论》第一卷，论述资本主义历史起源的原始积累章（第24章）被置于该卷的末尾，而不是卷首来论述，就非常典型地表达了马克思方法的特点。如果逻辑和历史相一致的观点是正确的，原始积累问题就应该在货币转化为资本这一章（第四章）得到论述。马克思非但没有这样做，反而在第四章里刻意论述了资本总公式及其矛盾。在对这一矛盾的分析里，马克思提出："货币转化为资本，必须根据商品交换的内在规律来加以说明，因此等价物的交换应该是起点。我们那位还只是资本家幼虫的货币所有者，必须按商品的价值购买商品，按商品的价值出卖商品，但他在过程终了时，必须取出比他投入的价值更大的价值。他变为蝴蝶，必须在流通领域中,又必须不在流通领域中。这就是问题的条件。"①这个在等价物交换的假设前提下构造出来的问题,排除了非等价交换在资本产生过程中的作用,而且还排除了帮助资本来到世间的暴力和欺诈,因为在等价物交换中流行的原则,是所谓自由、平等、所有权、边沁。显然,这并不是在解释资本的历史起源,而只是为了在叙述进程中引入一个新的范畴,这就是劳动力商品。马克思说,"货币所有者要把货币转化为资本,就必须在商品市场上找到自由的工人","而单是这一历史条件就包含一部世界史"②。马克思并没有在此展开这样一部世界史,而只是假定货币资本家在市场上遇到了出卖劳动力的自由工人。在此意义上,资本总公式及其矛盾,只是一个在共时性的叙述逻辑中构造出来的矛盾,并没有涉及资本产生的实际历史,也就是说,在《资本论》叙述进程的这个关节点上,马克思并未运用逻辑和历史相一致的方法。

正确理解《资本论》的叙述方法,对于构建中国特色社会主义政治经济学有着重要意义。早在发表于 2001 年的一篇文章里,习近平同志就深刻地提出:"《资本论》研究的主要对象是以市场经济为基础的资本主义生产,它所揭示的科学原理如果说不甚适用于传统的计划经济体制的话,那么对发展社会主义市场经济却具有重要的指导意义。"③ 将《资本论》的原理运用于中国特色社会主义政治经济学,其前提是正确地理解这些原理及其相互关系,其中也包括正确地理解

---

① 《马克思恩格斯全集》第 23 卷,人民出版社,1972,第 188—189 页。
② 同上书,第 192—193 页。
③ 习近平:《对发展社会主义市场经济的再认识》,《东南学术》2001 年第 4 期,第 26 页。

《资本论》所采取的叙述方法。透过前文的讨论可以看到,将《资本论》的叙述方法理解为逻辑和历史相一致,事实上妨碍了我们基于《资本论》原理回应中国特色社会主义政治经济学的重大问题,这些问题既包括如何理解市场在资源配置中的决定性作用,也涉及如何构建一个国家的经济理论。对逻辑和历史相一致这一教条的批判性反思,已然成为发展中国特色社会主义政治经济学的必要前提。

九

中国特色社会主义政治经济学的研究对象和体系结构

经过改革开放40多年的实践，中国特色社会主义取得了巨大的发展成就，中国特色社会主义政治经济学也形成了比较完整的理论体系。2017年以来，几本有代表性的教科书相继出版，其中包括张宇、谢地、任保平、蒋永穆等著《中国特色社会主义政治经济学》（以下简称高教版教科书），逄锦聚、景维民、何自力、刘凤义、周云波等著《中国特色社会主义政治经济学通论》（以下简称经科版教科书），以及洪银兴主编《新编中国特色社会主义政治经济学教程》（以下简称人民版教科书）。[①] 其中高教版教科书还相继发行了第二版和第三版。如何在此基

[①] 张宇、谢地、任保平、蒋永穆等：《中国特色社会主义政治经济学》，高等教育出版社，2017；逄锦聚、景维民、何自力、刘凤义、周云波：《中国特色社会主义政治经济学通论》，经济科学出版社，2017；洪银兴主编《新编中国特色社会主义政治经济学教程》，人民出版社，2018。

础上进一步完善教科书的编纂？既有教科书在体系结构和理论内容上有哪些好的经验，又有哪些不足？《资本论》的叙述方法和相关理论在何种程度上可为中国特色社会主义政治经济学借鉴和利用？这些都是值得反思和探究的重要问题。

本文探讨了与中国特色社会主义政治经济学的研究对象、叙述方法和体系结构相关联的问题，并与《资本论》乃至马克思经济学的六册计划开展了比较。这种比较在学界是较为流行的做法。大家都承认，《资本论》（以及"六册计划"）的叙述方法和体系结构，代表了辩证方法的最高成就。用马克思自己的话来说，《资本论》的论述在细节上难免会有缺点，但从总的结构上看，则是一个"艺术的整体"。① 不过，学术界在将《资本论》与中国特色社会主义政治经济学相比较时，形成了两种不同的观点。一种观点主张，应该以《资本论》为标准，评判中国特色社会主义政治经济学在叙述方法或体系结构上的成熟程度，尽可能地模仿《资本论》的体系结构和叙述方法。另一种观点则认为，中国特色社会主义政治经济学在研究对象上与《资本论》有明显差别，不能照搬《资本论》的体系结构和叙述方法。

在上述探讨的基础上，本文结合既有教科书，对中国特色社会主义政治经济学的体系结构和具体内容作了进一步考察。现有几种代表性教材所采纳的体系结构与《资本论》有很大的不同，如果说后者是一个有机结构的话，前者则是一个"板块型结构"。采用这种板块型叙述结构有其合理性，符合中国特色社会主义政治经济学研究对象的

---

① 马克思1865年7月31日致恩格斯的信。见《马克思恩格斯全集》第31卷，人民出版社，1972，第135页。

特点。在笔者看来，进一步完善教科书的编纂，需要利用并改进这种板块型结构，更好地呈现中国特色社会主义政治经济学的理论内容，同时也要最大限度地借鉴和运用《资本论》的范畴和原理，以充实这一内容。

1. 中国特色社会主义政治经济学的研究对象

完善中国特色社会主义政治经济学教科书的编纂，需要反思和探究中国特色社会主义政治经济学与《资本论》乃至"六册计划"所代表的马克思经济学体系之间的关系。这种关系涉及如下层面：一，两者在研究对象上的区别和联系；二，两者在体系结构和叙述方法上的区别和联系；三，两者在理论传承和发展中的关系。在下一节，我们将讨论第三个问题，这一节先就前两个问题开展讨论。

中国特色社会主义政治经济学的研究对象，是社会主义初级阶段的经济范畴、经济规律、经济政策和经济战略。将中国特色社会主义政治经济学和以《资本论》为代表的马克思经济学在各自的研究对象上加以比较，可以发现两者存在下述差别：

其一，《资本论》所考察的，是一个业已成熟的经济社会形态。18世纪工业革命后，这一经济社会形态最终确立了自己的生产力基础。中国特色社会主义政治经济学面临的对象，属于社会主义初级阶段，这是一个前于《哥达纲领批判》所描绘的共产主义第一阶段的不发达阶段，这个阶段不仅面临着为新生的社会主义生产关系确立自己的生产力基础的任务，而且还面临着完成工业化这一"前现代"的任务。在这一阶段，先进生产关系和落后生产关系，公有制生产关系和非公有制生产关系同时并存，通过制度变革促进生产力的解放和发展，是此阶段的根本任务。

其二，《资本论》旨在揭示资本主义生产方式的一般运动规律，这些规律适用于资本主义生产方式的不同历史阶段。以法国调节学派和美国社会积累结构学派为代表的现代马克思主义制度理论，在日本宇野学派的基础上进一步提出，应该在这些一般规律的基础上，进一步结合历史制度形式，考察这些规律在不同阶段的具体实现机制。为此，上述两个学派也将他们自己的理论称作"中间层次的分析"，即与《资本论》相比，抽象水平更低，但和经济政策理论相比，抽象水平又更高。这一观点事实上将马克思主义经济学的研究内容区分为抽象水平依次递减的三个层次，即以一般规律为对象的原理论、结合历史制度形式对上述规律的实现机制开展分析的阶段论，以及经济政策和经济战略理论。① 中国特色社会主义政治经济学涉及所有这三个层次的理论，并以第二和第三层次的理论为主体内容。②

其三，在《资本论》里，马克思所考察的是一个纯粹的私人资本主义经济，基本上没有涉及国家对经济的干预。虽然马克思在其经济

---

① 对调节学派和社会积累结构学派上述见解的介绍，可参见孟捷、高峰：《发达资本主义经济的长波：从战后"黄金年代"到2008年金融-经济危机》，上海人民出版社，2019，第15—16页。

② 经科版教科书将中国特色社会主义政治经济学的研究对象界定为"中国社会主义初级阶段的生产方式及与之相适应的生产关系和交换关系"，见逄锦聚等：《中国特色社会主义政治经济学通论》，经济科学出版社，2017，第12页。这个定义全然模仿了《资本论》，事实上窄化了中国特色社会主义政治经济学的研究对象，将历史制度分析和政策理论都排斥在外了。

学写作的"六册计划"里曾有研究国家理论的打算,但该计划并未完成,除了一些方法论提示,马克思并没有交代,"六册计划"中的国家册究竟包含哪些具体理论内容。① 此外,在马克思所处的时代,大概也很难想象自凯恩斯主义兴起后,国家在现代市场经济中的作用所发生的重大变化。笔者曾提出,自18世纪以来,关于国家和市场的关系,形成了三种不同的理论范式,即以自由主义和新自由主义为代表的市场经济理论1.0,以凯恩斯主义为代表的市场经济理论2.0,以及以中国特色社会主义政治经济学为代表的市场经济理论3.0。在社会主义市场经济中,国家起着极端重要的作用:一方面,与凯恩斯主义类似,国家起着克服市场失灵、引领市场发展的作用;另一方面,国家还代表着一种与市场不同的协调经济和配置资源的机制,决定着社会主义市场经济的性质及其发展的方向。笔者曾分别以内生性作用和外生性作用的概念,来表达国家的这两种经济作用的差别。②

在《资本论》里,马克思通过由生产过程、流通过程、总过程所构成的三卷结构,再现了其内部生产关系具有同质性的资本主义经济这一有机整体。但是,中国特色社会主义经济并不是这种意义的有机整体,其中存在着市场和国家这两种不同性质的资源配置和经济协调机制,以及它们各自所代表的不同性质的生产关系。人民版教科书讨论了类似问题,并对马克思下述见解的适用性提出了异议。马克思

---

① 关于"六册计划"的研究,可参看汤在新主编《〈资本论〉续篇探索——关于马克思计划写的六册经济学著作》,中国金融出版社,1995。
② 参见孟捷:《中国特色社会主义政治经济学的国家理论:源流、对象和体系》,《清华大学学报》2020年第3期。

说:"在一切社会形式中都有一种一定的生产决定其他一切生产的地位和影响,因而它的关系也决定其他一切关系的地位和影响。这是一种普照的光,它掩盖了一切其他色彩,改变着它们的特点。"① 在社会主义初级阶段,公有制经济和非公有制经济是并存发展的,多种所有制经济的混合成为基本经济制度的主要内容。在此背景下,人民版教科书认为,公有制经济关系就不可能成为掩盖其他所有制关系的"普照的光";中国特色社会主义政治经济学必须既研究公有制生产关系,也研究非公有制生产关系。②

2. 中国特色社会主义政治经济学的叙述方法

中国特色社会主义政治经济学与《资本论》在研究对象上的差异,意味着前者不可能原封不动地照搬后者的叙述方法,而只能在局部,即在相对有限的内容上运用这一方法。明确了中国特色社会主义政治经济学与《资本论》在研究对象上的差别和联系,有助于我们辨识和评价学术界围绕中国特色社会主义政治经济学的研究对象、叙述方法和理论逻辑所提出的一些观点。这些观点有两类,其中第一类倾向于淡化中国特色社会主义政治经济学与《资本论》在研究对象上的差异,主张前者的叙述方法和体系结构应与《资本论》或"六册计划"基本保持一致。例如,刘明远曾提出,社会主义政治经济学理论体系建设一直没有解决如下两个难题:第一,没有对社会主义政治经

---

① 《马克思恩格斯选集》第2卷,人民出版社,2012,第707页。
② 洪银兴主编《新编中国特色社会主义政治经济学教程》,人民出版社,2018,第8页。

济学的起点范畴达成共识；第二，没有遵循马克思的叙述方法，以范畴的辩证发展的方式叙述社会主义政治经济学的理论内容，因而未能形成一个令人满意的理论体系。① 近年来，顾海良、荣兆梓等著《中国特色社会主义政治经济学研究》一书，试图援用《资本论》三卷的体系结构。程恩富、冯金华、马艳等主编的政治经济学原理教材，试图借鉴"六册计划"的体系结构（该书在一定程度上也涉及中国特色社会主义政治经济学的理论内容）。此外，颜鹏飞认为，应该借鉴《资本论》，以所谓"变形商品"为起点构建中国特色社会主义政治经济学的理论体系。②

与第一类观点相反，第二类观点主张，《资本论》或"六册计划"的体系结构并不适用于中国特色社会主义政治经济学，其理由是，在社会主义市场经济的产生和发展过程中，国家扮演着制度变迁的推动者的作用，直接塑造了市场经济的形成。为此，根据历史和逻辑相一致的原则，国家在中国特色社会主义政治经济学的叙述逻辑里就应居于起点的位置。邱海平是这一派见解的代表之一，他还认为，与马克思的"六册计划"不同，在中国特色社会主义

---

① 刘明远：《马克思经济学体系对构筑中国特色社会主义政治经济学的指导意义》，《当代经济研究》2018年第3期，第29页。

② 参见顾海良、荣兆梓等：《中国特色社会主义政治经济学研究》，高等教育出版社，2020；程恩富、冯金华、马艳等主编《现代政治经济学新编》，上海财经大学出版社，2011；颜鹏飞：《新时代中国特色社会主义政治经济学研究对象和逻辑起点——马克思〈资本论〉及其手稿再研究》，《内蒙古社会科学》2018年第4期。在颜鹏飞看来，由于存在社会主义初级阶段的基本经济制度，商品不再是私人资本主义经济中的商品，而是他所谓的变形商品。然而，对于这种变形商品的具体规定，他并未作深入讨论，也没有在此基础上，提出一个叙述体系的完整框架。

政治经济学体系中，国家理论不应在现代市场经济的基本经济关系——资本、土地所有制、劳动——得到阐述后再加以论述，而应先厘定国家理论，然后再对所有制结构、劳动、对外经济关系等问题开展讨论。①

邱海平的上述见解包含着合理的因素，后文还会论及这一点。但是，他将《资本论》的叙述方法理解为逻辑和历史相一致的方法，是值得商榷的。《资本论》的叙述方法，即从抽象到具体，是一种在思维中再现具体整体的方法。依照这种方法，经济范畴和规律之间的相互关系以及它们在叙述过程中的先后次序，不是依照历史发生的顺序，而是参照它们在社会结构中的地位和作用来安排的，用马克思的话来说："把经济范畴按它们在历史上起作用的先后次序来安排是不行的，错误的。它们的次序倒是由它们在现代资产阶级社会中的相互关系决定的，这种关系同表现出来的它们的自然次序或者符合历史发展的次序恰好相反。"② 将《资本论》的叙述方法理解为逻辑和历史相一致，滥觞于恩格斯，经由卢森贝的《〈资本论〉解说》和苏联《政治经济学教科书》，在中国得到广泛的传播，并被奉为教条。数十年来，马克思主义者对这种解释的批判绵延不绝，在国外，著名学者如卢卡奇、阿尔都塞、见田石介等均批判过这一教条，国内学者也相继对其提出过批评。

---

① 参见邱海平：《论中国政治经济学的创新及逻辑起点——基于唯物史观对于现代中国历史适用性的思考》，《教学与研究》2010 年第 3 期，第 23 页。林光彬也持有类似的见解，见林光彬：《中国社会主义政治经济学理论体系建构：回顾与展望》，《当代经济研究》2020 年第 9 期。
② 《马克思恩格斯全集》第 46 卷上册，人民出版社，1979，第 45 页。

在《1857—1858年经济学手稿》里，我们可以找到马克思的一些论述，它们解释了"六册计划"背后的方法论思想，即解释了国家册何以在马克思的整个经济学体系中居于相对靠后的位置。在16—18世纪，现代民族国家——所谓重商主义国家——在资本主义形成过程中发挥了重要的推动作用。马克思指出，资本主义的发展被重商主义国家视作"国家实力和国家优势的基础"，且这一发展也"不是沿着所谓自然的道路而是靠强制的手段来达到的"。① 在讨论上述问题时，马克思对所谓"资本的形成史"和"资本的现代史"作了区分，前者对应于重商主义阶段，后者则指的是资本主义已经确立后的经济运动过程。资本的形成史需要造就资本存在的条件，重商主义国家恰恰就是"资本存在条件的创造者"。② 在马克思看来，资本的形成史，以及作为资本存在条件创造者的国家，并不是"六册计划"抑或《资本论》的考察对象。马克思提出："资本生成，产生的条件和前提恰好预示着，资本还不存在，而只是正在生成；因此，这些条件和前提在现实的资本存在时就消失了，在资本本身从自己的现实性出发而创造自己的实现条件时就消失了。"③ 所谓资本本身从自己的现实性出发而创造自己的实现条件，对应于马克思所说的资本的现代史，"六册计划"所涉及的，便是在此时形成的国家——这是因应已经确立的资本主义经济的需要、作为资本主义经济的实现条件而再形成的国家。在资本主义历史上，自由主义的"守夜人"国

---

① 《马克思恩格斯全集》第23卷，人民出版社，1974，第884—885页。
② 《马克思恩格斯全集》第46卷上册，第510页。
③ 同上书，第456—457页。

家、凯恩斯主义的福利国家等等都可以看作通过这种再形成而产生的国家。

上述方法论思想决定了"六册计划"的结构以及国家册在其中的位置。在"六册计划"里,国家理论是在资本主义的基本经济关系——资本、土地所有制和雇佣劳动——得到阐述后才提出来的。这种结构安排事实上是历史唯物主义的一个运用:对于一个成熟的经济社会形态而言,上层建筑的性质和功能是由经济基础决定的,并服务于经济基础的需要。

马克思的上述看法对于考察资本主义国家是合理的,但在涉及社会主义市场经济时,情况就不尽相同了。正如前文论及的,马克思的考察对象与中国特色社会主义政治经济学有很大的差异,在社会主义市场经济中,党和国家代表着与市场协调不同的另一种协调经济或配置资源的机制,这一制度特征在中国特色社会主义政治经济学的体系结构中必然要有所反映。基于这些考虑,我们对邱海平等人所表达的上述第二种观点持一种批判和兼容皆有的态度:一方面,我们所认同的是,在中国特色社会主义政治经济学的理论体系中,国家的确可以在某种意义上提前出现(参见后文的进一步讨论);另一方面,与邱海平等人不同的是,我们认为,国家的经济理论不可能在叙述过程的开端或开端不久便得到完整的阐述。这是因为,在社会主义市场经济中,国家不仅代表着一种有别于市场的经济协调方式,而且会因应市场经济的内在矛盾,担负起克服市场失灵和创造新市场的任务。而且,在社会主义市场经济中,国家作为一种特殊的经济协调和资源配置机制,通常是和市场机制相结合而发挥作用的。因此,国家理论不可能在社会主义市场经济的基本经济关系被阐明之前，而只有在这种关系被阐明之后，才有可能获得系统的论述。

3. 中国特色社会主义政治经济学的体系结构：对现有教科书结构与内容的批判性考察

2017年以来，几种中国特色社会主义政治经济学教科书相继问世，它们代表了中国特色社会主义政治经济学理论体系建设的新成果，为我们研究中国特色社会主义政治经济学的体系结构和理论内容提供了具有代表性的文本。

现有几种教科书的体系结构，基本上都属于"板块型结构"。以高教版教科书为例，整个理论体系被依次划分为制度、运行、发展、开放四篇，即四大板块。其中制度篇讨论了社会主义初级阶段不同类型和层次的经济制度，如基本经济制度、市场经济制度、分配制度等。运行篇讨论了微观、中观和宏观各层次的经济运行，微观部分涉及企业和居民，中观部分涉及区域经济、产业经济等问题，宏观则涉及马克思的宏观经济学分析和国家宏观调控。发展篇讨论了发展方式转变、发展战略、城乡协调发展等问题。最后是开放篇，讨论了开放经济问题。人民版和经科版的分篇略复杂些，但也包含了上述结构，只是在这四篇的基础上又有所增添。

各版教科书的板块型结构主要有四个特点。第一，围绕社会主义初级阶段经济制度的讨论，即制度篇，均安排在经济运行篇之前，且事实上享有叙述起点的地位。高教版将制度篇直接置于全书各篇之首,即叙述的开端。经科版在制度篇之前,安排了独立的一篇,介绍中国特色社会主义政治经济学的形成和发展,这一篇内容类似于高教版里的导论,因而其制度篇事实上也是叙述的开端。人民版在制度篇之前增设了一篇,题为"经济新时代",内容大体是介绍中国特色社会主义的历史沿革,重点在于新时代,也可看作绪论性质的阐述。

将制度篇置于全书主体内容的开端位置,反映了中国特色社会主义政治经济学研究对象的特殊性,即在社会主义市场经济中,国家不仅承担着克服市场失灵和创造新市场的任务,而且代表着与市场不同的另一种协调经济和配置资源的机制。制度篇的核心内容是社会主义初级阶段的基本经济制度,其内容构成有三项,每一项都呈现为二元结构,即公有制和非公有制、按劳分配和按要素分配、有为政府和有效市场,这种二元结构恰好反映了国家和市场作为两种协调经济和配置资源的机制相互结合的特点。将制度篇置于全书主体内容之首,实质上意味着中国特色社会主义政治经济学的起点范畴,是包含上述二元结构的社会主义初级阶段的基本经济制度。

在"六册计划"里,马克思以《资本》册(实即后来的《资本论》)为开端构建了他的经济学体系。这一体系结构的确立,预设了以资本为主体的市场是协调经济和配置资源的唯一机制。在社会主义市场经济中,既然存在着两种不同的协调经济和配置资源的机制,就不能机械地模仿"六册计划"来安排理论的叙述结构。在起点引入社会主义初级阶段的基本经济制度,意味着在引入非公有资本的同时,也引入了社会主义政党-国家和公有制。这样一来,如果说在马克思那里，贯穿整个理论体系的主线是资本的话，在中国特色社会主义政治经济学体系中，就不是一根主线或一条主旋律，而是两重旋律的变奏了。

第二，各版教科书都设置了经济运行篇，内容大体涉及微观、中观和宏观运行。经科版将运行篇拆分得更细，即分为微观、中观和宏观三篇。人民版则在运行篇里略去了中观部分。在笔者看来，运行篇是最有可能系统借鉴和运用《资本论》的叙述方法和理论逻辑的地方，然而各版教科书在这方面的表现都不尽如人意。主要原因是，《资本论》的核心理论即剩余价值论，在现有教科书里几乎没有得到运用。运行篇对《资本论》理论的利用只限于个别理论，如价值理论、社会资本再生产理论等。

第三，在现有教科书的板块型结构里，国家的经济作用一般会出现两次，以高教版教科书为例，一次是在运行篇，另一次是在制度篇。制度篇有一节讨论了政府的作用，但这一讨论相当简略。国家理论的较为充分的展开，是在运行篇，即在讨论宏观调控时完成的。在笔者看来，现有教科书将国家理论主要置于运行篇论述的做法，没有突出国家作为一种与市场有别的经济协调方式的意义。一种可能的改进方案，是将国家经济治理与市场经济自身的宏观运行分篇论述，以突出国家理论的重要地位。

值得指出的是，在各版教科书里，运行篇的宏观部分通常只介绍马克思的社会资本再生产理论，没有系统借鉴和利用马克思关于利润率动态和资本积累内在矛盾的论述（剩余价值生产和剩余价值实现、生产扩张和价值增殖之间的矛盾等等），而恰好是这些论述构成了马克思对现代市场经济的宏观病理学分析。这样一来，在现有教科书的叙述逻辑中，从社会资本再生产过渡到宏观调控，就缺少一个必要的中介性理论，其任务是解释市场失灵的根源及其表现形式。近年来，笔者一直主张，应该充分借鉴和利用马克思关于资本积累病理学的分析（可以视作马克思的市场失灵理论），以此为前提构筑一个关于国家的内生性作用的理论。这种内生性作用是和外生性作用相对而言的，前者指的是国家克服市场失灵的作用，后者指的是国家作为公共产权和公共利益的总代表，根据社会主义基本经济规律、有计划按比例规律等所发挥的作用。① 这两种不同类型的作用应该在一个独立的国家篇内加以论述。

第四，现有教科书均设有发展篇，虽然各版发展篇的内容不尽相同，但大体都包含经济发展理念和发展战略，经济发展方式转变，以及城乡、区域、产业协调发展等内容。发展篇的设立，大体有两个原因：其一是要讨论国家发展战略和经济政策理论；其二则体现了研究对象的特殊性，即在社会主义初级阶段，先进的和落后的生产关系常常是并存的，相关内容难以和运行篇合并在一起，以范畴推演的方式得以呈现。这就造成这一篇的特色是将经济政策理论与属于发展经济学的理论并于一处。能否将这两部分理论内容适当分篇安排，值得进一步思考。

---

① 参见孟捷:《中国特色社会主义政治经济学体系中的国家理论：源流、对象和体系》，《清华大学学报》2020年第3期。现有教科书没有对国家的这两种作用加以分梳，且淡化了发展一种内生性国家理论的重要意义。这一倾向在张宇个人著作里表露得尤为明显，见其《中国特色社会主义政治经济学》，第222页。

以上讨论了现有教科书在叙述方法和体系结构上的特点。就具体内容而论，各版教科书也有不少可以改进的地方。例如：一，党的十九大报告提出，在社会主义市场经济中，市场在资源配置中起着决定性作用。现有教科书在说明这一问题时，没有充分利用马克思经济学的理论资源，片面地以价值规律解释市场的这种作用。二，与前一问题相关联，现有教科书在微观部分基本没有对企业的生产过程及其二重性开展分析，没有对这种二重性的主要方面即价值创造过程开展分析，更没有对不同所有制企业的生产过程开展比较。① 以高教版教科书为例，在谈及国有企业的经济活动时有如下表述："国有企业的效率又分为两个方面：一是国有企业为其所有者实现最大化利润，二是用最少的资源为社会提供最多的产品或劳务。前者是企业微观功能的财务层面，表现为企业的财务效率；后者则是企业微观功能的技术层面，表现为企业的技术效率。"② 至于这两种功能、两个效率的关系如何，彼此之间是否可能发生冲突，没有再作进一步的考察。三，习近平同志多次指出，党的领导是中国特色社会主义的本质特

---

① 马克思经济学的最大特色之一，就是注重对生产过程及其二重性的分析。苏联《政治经济学教科书》削弱了这一传统。张闻天针对苏联教科书的弊端指出："（苏联）教科书对劳动二重性和商品二重性的矛盾实际上没有分析。强调了劳动是直接的社会劳动，二者是非对抗性劳动，就万事大吉。而不谈二重性同所有制的关系，不谈工农之间、个人、集体和全民之间的矛盾。这些矛盾一概不谈。可以说是无矛盾论的典型！"见张闻天选集传记组、中共上海市委党史研究室合编《张闻天社会主义论稿》，中共党史出版社，1995，第 227—228 页。

② 张宇等：《中国特色社会主义政治经济学》，第 121 页。

征，要加强党对经济工作的领导。① 在各版教科书中，只有高教版在目录列入了这一问题，但也仅仅设立了一目，没有辟出足够篇幅对党的领导作更充分的论述，更没有将党的领导作为一种经济制度形式来分析。②

限于篇幅，上述问题不能一一展开讨论，这里只选取第一个问题略作分析。在《资本论》里，马克思深刻地阐述了以资本为主体的市场在资源配置和资源创造中的作用，这些阐述以劳动价值论为基础，以剩余价值论为核心内容。现有教科书在讨论相关问题时，一般都将社会主义市场经济的资源配置归结为价值规律的作用，刻意回避剩余价值规律。以高教版教科书为例，该书在第二章第三节设了一目，题为"市场在资源配置中起决定性作用"，其中写道："为什么要使市场在资源配置中起决定性作用？这是因为市场决定资源配置是市场经济的一般规律，市场经济本质上就是市场决定资源配置的经济，其基本的经济规律就是价值规律。价值规律通过价格、供求、竞争、生产要素的流动，调节着社会生产，促使人们节约劳动时间，实现社会总

---

① 习近平：《论坚持党对一切工作的领导》，中央文献出版社，2019，第56—60、13—15页。
② 高教版教科书第一版的第三章题为"社会主义市场经济制度"，下辖的第四节题为"社会主义市场经济中的政府和市场关系"，其第四目题为"党的领导是社会主义市场经济的重要特征"。见张宇等：《中国特色社会主义政治经济学》，第81—83页。在高教版第三版里，这一目被取消，同时在第一章新设了第四节，其中第四目题为"坚持党对经济工作的领导"。张宇等：《中国特色社会主义政治经济学》（第三版），高等教育出版社，2021。笔者曾提出，社会主义政党-国家是改革开放以来最为重要的经济制度形式之一，见孟捷：《农民工、竞争性地方政府和社会主义政党-国家——改革开放以来中国的经济制度和经济学话语》，《东方学刊》2019年第1期。

劳动在各部门之间的按比例分配。"①

将社会主义经济的资源配置归结为价值规律的作用，可以追溯到20世纪50年代。② 这类观点大多假定，价值规律是适应于包括简单商品生产在内的所有商品生产的基本规律，或言之，价值规律隶属于商品经济一般，剩余价值规律则是资本主义经济的特殊规律，因而在解释社会主义经济时，就排斥剩余价值规律，试图用价值规律来解释社会主义经济中的资源配置问题。然而，在马克思那里，价值规律的符合其概念的发展——其标志是商品价值量取决于社会必要劳动时间——是以充分竞争的资本主义经济为前提的，价值规律不能脱离剩余价值规律以及作为其外在表现的竞争规律单独存在。在《资本论》第一部手稿，即《1857—1858年经济学手稿》里，马克思明确指出："在理论上，价值概念先于资本概念，而另一方面，价值概念的纯粹的发展又要以建立在资本上的生产方式为前提，……因此，价值规定本身要以社会生产方式的一定的历史阶段为前提，而它本身就是和这种历史阶段一起产生的关系，从而是一种历史的关系。"③ 价值规律只有在劳动力商品化的现代市场经济条件下才可能存在，那种将价值规律看作社会主义市场经济的资源配置规律，

---

① 张宇等：《中国特色社会主义政治经济学》，第77页。另见人民版教科书的类似表述，洪银兴主编《新编中国特色社会主义政治经济学教程》，人民出版社，2018，第210—211页。

② 参见卓炯在下述文章里对当时学术界主要观点的评析，卓炯：《论商品经济》，《经济研究》1962年第10期。卓炯和孙冶方等人都错误地认为，即便在共产主义社会也存在价值规律。

③ 《马克思恩格斯全集》第46卷上册，人民出版社，1979，第205页。

却将剩余价值规律等其他规律一概排除在外的做法，在理论上是难以自洽的。

将剩余价值规律排斥在社会主义政治经济学以外的做法，可以溯源到斯大林，他在《苏联社会主义经济问题》里主张，社会主义社会已经不存在剩余劳动范畴。张闻天在评论这一问题时深刻地指出："苏联《政治经济学教科书》不但对劳动和产品的分析非常简略、马虎和零碎，对剩余劳动的分析，也是如此。……《资本论》关于剩余劳动的分析，对它似乎并不存在！剩余劳动问题如不讲清楚，许多其他问题也是讲不清的。""现在社会主义经济学者不研究剩余劳动价值，因而也不重视社会主义的资金积累规律。"① 改革开放以来，经济学家如卓炯、蒋学模等都提出，剩余价值范畴具有一般性和特殊性，其一般性的一面意味着，剩余价值可以运用于社会主义政治经济学。以卓炯为例，他提出，马克思将剩余价值看作剩余劳动的物化，就像价值是劳动时间的物化一样。② 这意味着，只要有剩余劳动，只要是市场经济，就必然有剩余价值。他还写道："如果把价值和剩余价值从资本主义制度解放出来，那么，马克思的《资本论》体系就可以完全为社会主义服务，成为当前经济改革和实现四个现代化的思想

---

① 张闻天选集传记组、中共上海市委党史研究室合编《张闻天社会主义论稿》，中共党史出版社，1995，第236—237页。

② 马克思："把价值看作是只是劳动时间的凝结，只是物化的劳动，这对于认识价值本身具有决定性的意义，同样，把剩余价值看作只是剩余劳动时间的凝结，只是物化的剩余劳动，这对于认识剩余价值也具有决定性的意义。"《马克思恩格斯全集》第23卷，人民出版社，1972，第243—244页。

武器,并把马克思的经济科学推向前进。"①

有趣的是,在将社会主义市场经济的资源配置归结为价值规律的作用的时候,为了自圆其说,人们往往会扩大价值规律的外延,将属于剩余价值规律的内容也塞进价值规律。例如,企业推动生产率进步,会将个别价值压低到社会价值以下,这往往被等同于价值规律,而这实际上是相对剩余价值生产规律的组成部分。② 在马克思看来,一旦特殊的资本主义生产方式——以大工业为基础的资本主义生产方式——得以形成,相对剩余价值生产就成为居于主导地位的生产剩余价值的方法。在相对剩余价值生产过程中,生产力进步与剩余价值的增长是互为前提的,这意味着,提高生产力是为增加剩余价值服务的,而增加剩余价值也必须依靠生产力进步来实现。相对剩余价值生产理论事实上是历史唯物主义在政治经济学中的具体运用,马克思利用这个理论解释了资本主义生产方式的历史正当性。如果说资本主义生产方式在其发展过程中表现出深刻的矛盾或弊端的话,在很大程度上是因为相对剩余价值生产的机制遭到了破坏。

在马克思经济学中,上述意义的相对剩余价值生产理论具有"参照系"理论的性质,其作用在于提供一种规范,借以评价现实市场经济在资源配置和资源创造中的效率。笔者曾提出:"相对剩余价值生

---

① 卓炯:《对剩余价值论的再认识》,《学术研究》1980 年第 5 期。笔者在下述文章里较为深入地讨论了剩余价值之于中国特色社会主义政治经济学的适用性问题,见孟捷:《剩余价值与中国特色社会主义政治经济学:一个思想史的考察》,《学术月刊》2021 年第 2 期。
② 卓炯:《论价值规律的伟大意义》,载《卓炯经济文选》,第 256 页。另参孟繁炳:《论提高经济效益的理论依据》,《安徽师范大学学报》1984 年第 2 期。

产理论对市场经济动态效率的解释，不仅适用于资本主义市场经济，只要我们剥去其资本主义生产关系的外壳，这一理论也可拓展为对市场经济一般在发展生产力、解放生产力上的作用的解释，换言之，该理论也可用于解释社会主义市场经济的动态效率。这是因为，第一，在《资本论》里，相对剩余价值生产以个别企业之间的充分竞争为前提，过往40余年的实践表明，国有企业完全可以和私人企业一样，积极而富有成效地参与这种竞争。第二，在相对剩余价值生产中，过度剥削不再是获取剩余价值或利润的主要途径，剩余价值或利润的增长主要建立在技术进步的基础上，这个特点和公有制企业的目标模式是相契合的。"①

更加充分地借鉴和利用《资本论》所代表的马克思主义经济学理论，是提升教材学理性的关键所系。不过，马克思主义经济学的发展往往是不均衡的，在某些重要问题的研究上也会有相对滞后性。这一现象的存在为西方经济学理论的植入提供了可能。一个典型案例是在讨论技术进步与经济发展质量时，流行政策话语采纳了新古典经济学的全要素生产率学说，个别教科书也受到这种观点的影响。② 全要素生产率是以新古典总量生产函数为前提的，美国著名马克思主义经济学家谢克曾指出，这一生产函数实际上是由国民收入会计恒等式变换而来，是分配关系的某种体现，并不能代表生产的技术过程。以生产

---

① 参见孟捷：《相对剩余价值生产与现代市场经济——迈向以〈资本论〉为基础的市场经济一般理论》，《政治经济学报》2020年第2期，第3—20页。
② 参见洪银兴主编《新编中国特色社会主义政治经济学教程》，人民出版社，2017，第212—215页。

函数为前提的全要素生产率也不具有通常赋予这一概念的含义。① 全要素生产率这一案例，提醒我们要审慎看待政策话语与学术话语之间的微妙关系。笔者在探讨中国特色社会主义政治经济学上述两种话语之间的关系时曾提出，政策话语的变迁，通常是为了回应实践中的重大问题，这一点也决定了，政策话语的生产有时无暇顾及理论逻辑的完备性，引入一些在学理上不太恰当、不太成熟的概念。② 要避免类似现象的出现，首先要大力推进马克思主义经济学基础理论的研究。在技术进步和经济发展质量的问题上，必须深化对马克思劳动生产率学说的研究，尤其是关于劳动生产率的定量测度及其增长源泉的研究。令人欣慰的是，国内一些学者已经在这一问题上开展了探索，取得了初步的成绩。③

4. 结语

近年来，伴随一系列教科书的问世，中国特色社会主义政治经济学理论体系建设有了长足的发展。现有教科书在呈现相关理论内容时，基本上都采用了本文描述的板块型结构。初看起来，与《资本

---

① Shaikh, A., "Laws of Production and Laws of Algebra: The Humbug Production Function", *Review of Economics and Statistics*, 1974, Vol. 6, No.1, pp.115-120.
② 参见孟捷:《中国特色社会主义政治经济学学理化的若干问题——兼评张宇等著〈中国特色社会主义政治经济学〉》,《政治经济学报》2018年第3期，第19—43页。
③ 参见冯志轩、刘凤义:《马克思-斯拉法框架下的全劳动生产率增速测算》,《世界经济》2020年第3期；荣兆梓、李亚平:《全劳动生产率与马克思主义基本增长方程》,《上海经济研究》2021年第1期。

论》和"六册计划"的体系结构相比,这种板块型结构显得较为粗糙,范畴推演的逻辑严密性较差,但基于前文论述的理由,这种结构其实更适于表述中国特色社会主义政治经济学的理论内容。

进一步完善教科书的编纂,要利用并改进这种板块型结构,同时也要充分借鉴和运用《资本论》的范畴和原理,推进中国特色社会主义政治经济学的学理化。《资本论》所考察的许多范畴和规律,包括相对剩余价值生产规律,不仅揭示了资本主义市场经济的特殊性,也反映了市场经济的一般性,经过适当的处理和加工,也可运用于理解社会主义市场经济。正如习近平同志指出的,"如果说马克思在《资本论》中揭示的关于资本主义生产的基本原理和规律难以适用于社会主义条件下的计划经济的话,那么,对于我们当前正在大力发展的社会主义市场经济,却具有极为重要的指导意义"[1]。

将近六十年前,张闻天在评价苏联《政治经济学教科书》时曾提出:"教科书对劳动二重性和商品二重性的矛盾实际上没有分析。……可以说是无矛盾论的典型!"他进而指出:"我觉得国内学者,在这个问题上,还未解放。"[2] 这些论断今天读来仍不失其重要意义。开拓马克思主义政治经济学新境界,进一步完善中国特色社会主义政治经济学教科书的编纂,有赖于思想的进一步解放。这种

---

[1] 习近平:《对发展社会主义市场经济的再认识》,《东南学术》2001年第4期。
[2] 张闻天选集传记组、中共上海市委党史研究室合编《张闻天社会主义论稿》,中共党史出版社,1995,第227—228页。毛泽东在评价苏联《政治经济学教科书》时也指出,这一教科书的"写法不好,不从生产力和生产关系的矛盾、经济基础和上层建筑的矛盾出发,来研究问题,不从历史的叙述和分析开始自然得出结论,而是从规律出发,进行演绎"。《毛泽东文集》第8卷,人民出版社,1999,第138页。

思想解放,是将《资本论》所代表的马克思主义经济学的丰富理论资源以创造性的方式运用于中国特色社会主义政治经济学的前提。

十

中国特色社会主义与中国经济学知识的生产和治理

中国特色社会主义是中国共产党引领人民选择的一条符合中国国情的发展道路。中国特色社会主义理论以及作为其组成部分的中国特色社会主义政治经济学,则是在这一发展道路中产生的知识体系,它解释了当代中国自我身份的建构和认同的问题。近年来,受到纷繁复杂的国际国内形势的影响,出现了一些怀疑中国是否拥有自己的知识体系的看法。这些看法的得出不是偶然的,究其根源,首先反映了在面对当代世界体系中的话语霸权时所产生的畏难情绪,其次也反映了不同的知识体系或真理体制在各种意识形态国家机器内部的并存及相互竞争的格局。在经济学领域,中国特色社会主义政治经济学和新自由主义经济学的各种本土版本,就是两种并存的知识体系,并在政策话语和学术话语中同时发生着影响。这两种经济学知识体系的并存和相互竞争,在奉行市场经济的社会主义初级阶段是不可避免的现象,它反映了两种不同的经济权力之间的并存关系——一方面是党领导下的国家经济治理，另一方面是追逐自身利益的私人资本。对于社会主义初级阶段的知识治理而言，问题不在于用一种知识体系消灭另一种知识体系，而在于限制和诱导与资本权力相关联的知识体系的生产，在各种意识形态国家机器内部确立和巩固中国特色社会主义政治经济学的领导权。

　　本文以改革开放以来中国经济学知识的生产和治理为核心，依次涉猎了如下问题：第一，我们简略地回顾了马克思主义关于权力和知识的相互关系的理论，并将福柯的思想——经过适当的批判后——视为马克思主义的重要补充。第二，从权力-知识共生的角度追溯了马克思主义经济学和新旧自由主义经济学的发展历程，比较了它们各自的特点及其对社会实践的影响。第三，梳理了改革开放以来中国经济学知识体系的演进和分化过程，这一分化造成了两种知识体系或真理体制的并存和竞争格局，即一方面是中国特色社会主义政治经济学，另一方面是以新古典经济学为主要代表的新自由主义经济学。① 依据

---

① 新古典经济学是当代新自由主义经济学的主要代表，对这一命题需要作如下解释：和新古典经济学相比，新自由主义经济学是一个更宽泛的概念，比如，它还包括奥地利学派的经济学。那么，为什么新古典经济学相较于其他流派，构成了当代新自由主义经济学的核心呢？在笔者看来，这是由于只有新古典经济学在其微观理论中提出了一个广为流行的参照系理论的缘故，这一理论解释了资本主义市场经济的核心机制及其资源配置效率。从其结构来看，新古典经济学是由微观经济学、宏观经济学、制度经济学等在不同历史时期形成的理论共同组成的，在这些理论中，自20世纪80年代以来崛起的新古典宏观经济学和新制度经济学，是当代新自由主义经济学的重要组成部分，这是毋庸置疑的，但如何看待新古典微观经济学，却可能存在分歧。斯蒂格利茨在评论兰格等人的研究时就曾提出，以完全竞争市场的一般均衡论为核心的新古典微观经济学，（转下页）

文献计量学的分析，在中共十八大以前，以新自由主义经济学为主题词的论文发表量，长期以来呈上升态势，十八大以后，其数量开始下降，中国特色社会主义政治经济学的发文量则出现了明显增长（见后文图 10-1—图 10-3）。第四，评析了科斯等人关于"思想市场"的观点，指出这一观点的政治保守主义实质，同时围绕社会主义初级阶段的知识治理，提出了一个初步的制度和策略分析。在尾论里我们强调，所谓中国没有自己的经济学知识体系的观点是一个伪命题。

1. 马克思主义视野中知识与权力的关系

从启蒙时代以来，社会理论的建构一直深受自然科学的影响，科学主义在很大程度上成为社会理论必须采取的外在形式。18 世纪的启蒙哲学反对旧形而上学从抽象原理出发演绎出知识体系，主张接纳牛顿在认识自然时运用的方法，即将一门知识的建立视为对实在加以分析和思维重建的过程。用德国学者卡西勒的话来说，这种来自自然科

（接上页）与其说是关于资本主义市场经济的理论，不如说是关于市场社会主义的理论（斯蒂格利茨：《社会主义向何处去》，周立群等译，吉林人民出版社，1998，第 12、15 页）。依照这种理解，将新古典微观理论划归新自由主义，就是难以成立的。但是，笔者认为，新古典微观经济学究竟是否属于新自由主义，并不取决于这一理论"自在的"性质（如斯蒂格利茨所理解的），而在于其在何种意义上被大多数新古典主义者看待和利用。在新古典主义教科书和论文里，微观经济学自觉或不自觉地被用于证明如下结论：资本主义市场经济不仅是人类的一种经济组织，而且是唯一合理的经济组织。这种理论的意识形态效果，恰恰就是新自由主义所追求的。那些表面上偏离了新自由主义的学说，比如新凯恩斯主义，由于在其不完全竞争市场的概念中依然默认了完全竞争市场这一参照系，就被一根或明或暗的线和新自由主义牵连在一起。

学的影响极为深远,以至于"18世纪哲学从一开始就把自然问题和历史问题视为不可分割的统一体。它力图用同样的思想工具处理这两类问题。它力图对自然和历史提出同样的问题,运用同一种普遍的'理性'方法"①。

然而,科学主义对于社会理论的影响,并不意味着所有社会理论真的是像启蒙哲学想象的那样,按科学标准建立起来。正如马克思主义经典作家指出的,在阶级社会,居于统治地位的经济和政治权力主导了社会科学知识的生产和治理。在《德意志意识形态》中他们指出:

"统治阶级的思想在每一时代都是占统治地位的思想。这就是说,一个阶级是社会上占统治地位的物质力量,同时也是社会上占统治地位的精神力量。支配着物质生产资料的阶级,同时也支配着精神生产资料,因此,那些没有精神生产资料的人的思想,一般地是隶属于这个阶级的。占统治地位的思想不过是占统治地位的物质关系在观念上的表现,不过是以思想的形式表现出来的占统治地位的物质关系;因而,这就是那些使某一个阶级成为统治阶级的关系在观念上的表现,因而这也就是这个阶级的统治的思想。此外,构成统治阶级的各个个人也都具有意识,因而他们也会思维;既然他们作为一个阶级进行统治,并且决定着某一历史时代的整个面貌,那么,不言而喻,他们在这个时代的一切领域中也会这样做,就是说他们作为思维着的人,作

---

① E·卡西勒:《启蒙哲学》,顾伟铭等译,山东人民出版社,1988,第194页。恩格斯曾指出:"18世纪以前根本没有科学;对自然的认识只是在18世纪(某些部门或者早几年)才取得了科学的形式。"《马克思恩格斯全集》第1卷,人民出版社,1956,第657页。

为思想的生产者进行统治,他们调节着自己时代的思想的生产和分配;而这就意味着他们的思想是一个时代的占统治地位的思想。"①

在《资本论》里,马克思结合对资本主义生产关系的考察,同时揭示了资产阶级经济学作为知识和意识形态的双重生产过程,开展了他所谓的"政治经济学批判"。这一批判一方面揭示了资产阶级经济学是如何作为"占统治地位的物质关系在观念上的表现",即作为一种意识形态而生产出来的,另一方面也是一种细致的、可称为"知识考古学"的工作,它要小心翼翼地将资产阶级经济学的科学成分从其意识形态的封土中剥离出来。马克思还断言,如果说在1830年以前,资产阶级经济学的发展还属于这种具有双重意义的思想生产的话(即一方面是知识的生产,另一方面是意识形态的生产),在1830年以后,由于阶级斗争形势的发展,"科学的资产阶级经济学的丧钟"就敲响了。②

在这里,我们或可对知识概念本身作出狭义和广义的区分。狭义的知识概念,指的是作为启蒙时代理想的以自然科学标准衡量的知识,它以客观存在的对象为前提,并反映这一对象的矛盾和规律。广义的或在当今社会实际流行的知识概念,则是与这种狭义的知识生产混杂在一起的思想或意识形态体系。

在马克思看来,植根于经济基础的权力关系,是包括经济学知识在内的一切社会知识生产的调节者。这种调节者的作用,不仅在于它预先决定了知识生产的内容,而且在于它可以决定或选取符合其利益

---

① 《马克思恩格斯选集》第1卷,人民出版社,2012,第178—179页。
② 《马克思恩格斯全集》第23卷,人民出版社,1972,第17页。

的真理标准。这样一来，马克思所倡导的这种知识生产的社会学，就预示了后来为福柯注重的真理体制概念，这是一种只存在于特定权力结构中的真理体制，它构建、选择、审查知识，迥异于启蒙思想所憧憬的客观真理的概念。福柯的片面性或许只在于，他将这种真理体制的相对性绝对化了，忽略了权力-知识或权力-真理的共生体制在经过某种适当的批判——比如马克思的政治经济学批判——之后，也可能成为真正的科学得以发展的媒介。

在马克思看来，"资本是资产阶级社会的支配一切的经济权力"①，因而也必然主导着社会知识的生产。在马克思以后，马克思主义者如葛兰西和阿尔都塞，将知识生产的问题扩大到对国家权力的分析。葛兰西重新思考了国家概念，将其扩展到市民社会，提出市民社会和政治社会（政治上层建筑）共同构成了国家。与马克思不同的是，他不再将市民社会等同于经济基础，而是将经济关系从市民社会中离析出去，使其成为一个处在经济基础以外，但与国家结为一体的社会概念，并将政党、工会、宗教、学校、文化、出版、传播等与广义知识生产相关联的领域都涵盖于内。他提出，统治阶级不仅依靠政治社会的强制实现其统治，而且依靠市民社会的知识生产，依靠将利益关系解释为大众所接受的常识，一句话，依靠同意或共识来维护其统治。② 此后，阿尔都塞采纳类似进路对广义知识生产问题开展了分析。他区分了国家权力和国家机器（包括镇压性国家机器和意识形态国家机器），统治阶级可以凭借国家权力利用国家机器，为其自身的

---

① 《马克思恩格斯全集》第30卷，人民出版社，1995，第49页。
② 安东尼奥·葛兰西：《狱中札记》，曹雷雨等译，河南大学出版社、重庆出版社，2016。

利益服务。阿尔都塞提出,统治阶级的意识形态就是国家意识形态。学校、家庭、宗教、工会、传播、文化等等均属于意识形态国家机器。"一种意识形态国家机器就是一个由各种确定的机构、组织和相应的实践所组成的系统",从中生产出来的意识形态"扎根"于各系统的实践中,这些实践虽然是意识形态的支撑物,却不能简单地化约为意识形态。以学校为例,它所实现的意识形态扎根于相应的教育实践,学生借此获得一些客观的知识或技能,在这些知识或技能的学习过程中伴随着意识形态生产,但这些实践本身并不能还原为意识形态。① 阿尔都塞进一步指出,如果说在前资本主义时代,宗教是在所有意识形态国家机器中居于统治地位的国家机器,在今天,即在成熟的资本主义社会形态中,这种居于统治地位的意识形态国家机器就是学校。②

葛兰西和阿尔都塞对市民社会或意识形态国家机器的考察,开辟了对各种广义知识生产机构中的权力-知识共生关系进行分析的前景。在这里,我们要引入福柯,他对权力-知识的共生关系所作的许多具体研究,是对前述马克思主义理论的重要补充。福柯的研究始于其早期著作《癫狂与文明》。③ 在这本著作里,他考察了欧洲近代史上精神病院的形成过程。福柯提出,18世纪兴起的疯人院,并非建立在知识即精神病学发展的基础上,而是由新兴的资产阶级社会结构及其劳动伦理派生而来。在特定的权力关系的基础上,知识——精神病

---

① 路易·阿尔都塞:《论再生产》,吴子枫译,西北大学出版社,2019,第177页。
② 同上书,第286—293页。
③ 米歇尔·福柯:《疯癫与文明》,刘北成、杨远婴译,生活·读书·新知三联书店,1999。

学——得到发展，这一发展又进一步加强了医生的治疗权力。在其后来的著作里，福柯将这种分析进路推广到诸如诊所、监狱、工厂、学校等场域，在"权力的微观物理学"视野中研究了各种机构内部权力和知识的相互关系。在《规训与惩罚》一书里，福柯就他理解的权力和知识的关系做了如下概括："我们应该承认，权力制造知识（而且，不仅仅是因为知识为权力服务，权力才鼓励知识，也不仅仅是因为知识有用，权力才使用知识）；权力和知识是直接相互连带的；不相应地建构一种知识领域就不可能有权力关系，不同时预设和建构权力关系就不会有任何知识。"①

福柯的上述研究在马克思主义内部引起了不同评价。一方面，阿尔都塞曾高度赞扬福柯早期关于疯癫史的研究，称之为杰作，认为福柯的研究发展了他对意识形态国家机器的分析。② 另一方面，马克思主义政治学家普朗查斯则对福柯提出了批评，认为福柯理解的权力过于分散，缺乏一般性基础，淡化了国家作为镇压性机器的职能以及法律在权力的运行中所起的作用。③ 不过，福柯的研究尽管存有缺陷，他对各种微观知识生产单位的权力机制的分析，在经过适当的批判和修正后，是完全可能和传统马克思主义侧重于阶级与国家的宏大叙事相结合的。除此之外，福柯晚期针对新自由主义经济学形成史的研究，也非常有远见和启发性，与其权力-知识共生论一样，都是我们要借鉴和利用的理论资源。

---

① 米歇尔·福柯：《规训与惩罚》，刘北成等译，生活·读书·新知三联书店，2019，第29页。
② 路易·阿尔都塞：《论再生产》，第316页注释1。
③ Poulantzas, N., *State, Power and Socialism*, London: Verso, 1980, pp.77, 149.

2. 马克思主义和新旧自由主义作为经济学知识体系的形成与发展

2.1 社会权力结构的改变与两种经济学作为知识体系的形成和发展

在现代社会理论中，马克思主义和自由主义都是在权力和知识的相互关系中被形塑并得到发展的。众所周知，马克思主义经典作家将自己的思想称为"科学社会主义"。除了在认识旨趣上对科学主义的追求外，科学社会主义首先是在现代工人阶级作为自为阶级的斗争中产生的。如恩格斯所说："为了使社会主义变为科学，就必须首先把它置于现实的基础之上。"① 这里的现实，指的是无产阶级和资产阶级围绕经济和政治权力的重大斗争。恩格斯写道："1831 年在里昂发生了第一次工人起义；在 1838—1842 年，第一次全国性的工人运动，即英国的宪章派运动，达到了高潮。无产阶级和资产阶级之间的阶级斗争一方面随着大工业的发展，另一方面随着资产阶级新近取得的政治统治的发展，在欧洲最先进的国家的历史中升到了重要地位。"② 伴随这种新的权力关系格局的出现，社会理论或知识体系的竞争也开始了。一方面，"事实日益令人信服地证明，资产阶级经济学关于资本和劳动的利益一致、关于自由竞争必将带来普遍和谐和人民的普遍福利的学说完全是撒谎"。另一方面，出现了对新的社会理论或知识

---

① 《马克思恩格斯选集》第 3 卷，人民出版社，1995，第 358 页。
② 同上书，第 364 页。

体系的客观需要，这种新知识体系不能像空想社会主义那样，只限于"批判了现存的资本主义生产方式及其后果，但是，它不能说明这个生产方式，因而也就制服不了这个生产方式；它只能简单地把它当作坏东西抛弃掉"①。这样一来，"新的事实迫使人们对以往的全部历史作一番新的研究"，结果就产生了历史唯物主义和剩余价值理论，即形成了作为科学社会主义的马克思主义。由恩格斯的这些论述我们可以清晰地看到：一方面，现代工人阶级在阶级斗争中的崛起是科学社会主义诞生的前提；另一方面，科学社会主义作为一种知识体系，其功能在于为工人阶级指认其变革的对象、说明其变革的条件，从而服务于他们夺取经济和政治权力的斗争。

类似地，自由主义经济学在18世纪的崛起也伴随并服务于近代资产阶级争夺权力的斗争，这一斗争的对象，在当时主要是绝对主义国家。福柯在其著作《生命政治的诞生》里，对18世纪出现的自由主义经济学即英法古典经济学开展了细致的分析。根据他的研究，伴随自由主义政治经济学的出现，国家治理及其治理术（governmentality）进入了一个新的时代，其标志是政治经济学为国家治理提出了自我限制的原则，这一限制原则要求国家承认，在其治理对象以及治理行为内，存在着某种"自然"（nature），国家的治理实践必须顺应或服从这些自然，否则就会失败。②在古典经济学那里，这种意义的"自

---

① 《马克思恩格斯选集》第3卷，第365—366页。
② "政治经济学所发现的，不是一些先于治理术运转的自然权利，而是治理实践本身所特有的某种自然性。治理行为的对象具有一种其独有的自然。治理行为本身具有一种特有的自然并且这种自然才是政治经济学所要研究的。"米歇尔·福柯：《生命政治的诞生》，莫伟民等译，上海人民出版社，2018，第22页。

然"通常是借助劳动价值论来界定的——价格变动最终向价值（或自然价格）的收敛，解释了市场的具有自主性质的调节过程。此外，古典经济学还将处于特定阶级关系下的分配关系也视为"自然规律"，力图使之摆脱国家的干预。①

在福柯看来，政治经济学对这种自然的界定和理解，同时意味着一种真理体制的出现。这一真理体制审查、调节、控制和选择那些可言说的内容，并通过对前述"自然"的界定，为国家治理术提供了自我限制的原则，其最终结果是造成经济和政治作为社会存在不同领域的两分，并以这种界分为真理。福柯写道："政治和经济这两个并不对称的两极诞生了。政治和经济既不是存在的东西，也不是谬误，不是幻想，不是意识形态。它是某种不存在的东西，但位于现实中，隶属于一种区分开真与假的真理体制。"②

福柯对自由主义的这种考察，从另一个角度呼应了马克思主义关于权力和社会思想的观点。在福柯看来，经济和政治的界分——从而形成的国家治理的自我限制原则——产生于特定的真理体制，因而具有相对性。由这一真理体制认定的对象及其内在结构（这里是经济和政治或市场和国家的界分），可能并非与某种既与的事实相对应。问题的关键是，这种真理体制和特定的权力结构相配，是这种权力结构的派生物。另一方面，真理体制及其所派生的知识也构成了一种权

---

① 以李嘉图为例，他"有意识地把阶级利益的对立、工资和利润的对立、利润和地租的对立当作他的研究的出发点，因为他天真地把这种对立看作社会的自然规律。这样，资产阶级的经济科学也就达到了它的不可逾越的界限"。《马克思恩格斯全集》第23卷，人民出版社，1972，第16页。

② 米歇尔·福柯：《生命政治的诞生》，莫伟民等译，上海人民出版社，2018，第27—28页。

力,它们可以界定哪些是可以言说的,哪些不能言说,以及如何言说。这样一来,作为权力的知识就有了如下功能——知识可以"用一种秘密地把自己的对象客观化的权力取代那种表现在权力行使者的显赫之中的权力"。① 这意味着,通过构造认知的对象,知识可以作为权力在人们不知晓的情况下发挥作用,从而减少权力行使的成本。

在18世纪下半叶崛起的自由主义经济学虽然在与绝对主义国家的斗争中取得了胜利,却在19世纪上半叶遇到了新对手,并因此而遭逢了自己的第一次危机。马克思在《资本论》第一卷第二版跋里写道:"1830年,最终决定一切的危机发生了。""法国和英国的资产阶级夺得了政权。从那时起,阶级斗争在实践方面和理论方面采取了日益鲜明的和带有威胁性的形式。它敲响了科学的资产阶级经济学的丧钟。"②

资产阶级古典经济学的基石劳动价值论,本来是为所谓"自由放任"张目的理论工具,现在却转而被19世纪英国空想社会主义者——李嘉图派社会主义者——所利用,服务于无产阶级反对资产阶级的斗争。这样一来,作为一种知识体系的古典经济学,虽然在资产阶级的上升期为其利益服务,并被视为真理,现在却需要为新的理论所替代了。资产阶级此时需要的,是一种可以完全排除无产阶级与资产阶级的阶级对立的知识体系。不过,尽管社会权力结构派生出这样的知识生产的需要,19世纪下半叶以降资产阶级经济学知识体系的更迭却远非一帆风顺。新的知识体系从产生到成熟,即从19世纪60年

---

① 米歇尔·福柯:《规训与惩罚》,第237页。
② 《马克思恩格斯全集》第23卷,第17页。

代的边际主义革命，至 20 世纪 70 年代新自由主义的真正崛起，经历了一百年左右的时间。在此期间，战争、革命和殖民体系的解体连绵不断，资本主义一直处在剧烈的动荡之中。

19 世纪晚期出现的边际主义以及建基于此的新古典微观经济学，重新定义了与国家治理相对应的"自然"。在抛弃劳动价值论的前提下，新古典经济学一方面在效用价值论的基础上提出了一套新的理论来解释市场机制协调资源配置的作用，另一方面成功地将阶级对立从社会经济的"自然规律"里刻意排除了出去。边际主义分配论的重要代表、美国经济学家克拉克这样写道："社会收入的分配受自然规律的调节……如果自然规律能顺利发生作用，并不产生摩擦，则每个生产要素能创造多少财富，就能得到多少财富。"[①] 就这样，通过重新界定传统自由主义所理解的"自然"，新古典经济学为限定国家治理术的范围提供了新的依据。

新古典经济学的另一特点，是发展了一套由数学包装起来的理论。这种科学主义的深度伪装，经常让人误以为新古典经济学是以公理为前提建立起来的科学体系，而忘却了权力在派生这种知识体系时所起的决定性作用。还是以新古典主义分配理论为例，它在给定生产函数的基础上，运用数学中的欧拉定理，证明所有生产出来的产品会在要素所有者之间依照他们各自的贡献恰好分配净尽。这个结果意味着，资本主义市场经济将不会有任何分配上的矛盾，这是一个由数学原理证明了的"和谐社会"。然而，即便我们将生产函数的合理性问

---

① 约翰·贝次·克拉克：《财富的分配》，陈福生等译，商务印书馆，1959，第 4 页。

题撇在一边不谈，新古典分配论的这一数学证明，需要假设生产函数具有规模报酬不变的特性，只有在这一假设下，社会生产的产品才能分配净尽；一旦假设报酬下降或报酬递增，就会出现产品不够分或者分不净的情形。为了避免这些麻烦的后果，新古典分配理论只能维持报酬不变这一假定。①

在边际主义经济学出现后，欧美资本主义国家没多久便经历了世界大战、社会主义革命和经济危机所掀起的巨大动荡。新生的资产阶级经济学知识体系再度面临被倾覆的威胁。革新这一知识体系的客观需要再度产生了，这一次革新采取了两种不同的路线或形式。其一是凯恩斯主义，它承认单靠市场本身的自我调节，无法解决有效需求不足的问题。同时，凯恩斯也主张接纳工人阶级的阶级斗争，尽可能地将其制度化或合法化。意大利马克思主义者奈格里指出："凯恩斯关于资本主义体系相互依赖关系的思考建立在下述单一假定上：工资下降刚性。构成凯恩斯思考的基础的根本性独立变量，是雇主与雇员之间讨价还价所决定的单位工资。正是在这里，围绕这一主题，凯恩斯

---

① 新古典经济学的伪科学主义，在所谓阿罗-德布鲁模型中达到了巅峰。这个模型是新古典经济学全部理论的核心，因为对资本主义市场经济的资源配置效率——从而决定资本主义是否能永远存活下去——的论证，是由这个模型给出的。阿罗-德布鲁模型在假设技术、资源、消费者偏好等均为给定的前提下，证明了完全竞争市场一般均衡的存在。阿罗-德布鲁模型是一个静态模型，这类模型最早在熊彼特那里就遭到了批判，在熊彼特看来，新古典经济学的静态资源配置理论抽象了创新，不是一个解释现实资本主义经济的理论。见约瑟夫·熊彼特：《经济发展理论》，何畏等译，商务印书馆，1990。现代经济学家斯蒂格利茨则对阿罗-德布鲁模型提出了一个更具体的批判，他指出，该模型所依赖的假设不仅没有为接纳技术创新留有余地，且无法通过对模型的改进纳入创新。见约瑟夫·E. 斯蒂格利茨：《社会主义向何处去》，周立群等译，吉林人民出版社，1998。

的理论露出了它的真面目：它认识并且利用了工人阶级的自主性力量。这个阶级既无法镇压，也无法消灭。唯一的选择就是理解这个阶级的行动方式并对其革命行动加以调控。"①

另一方面，关于国家干预的必要性，凯恩斯提出："以我自己而论，我对仅仅用货币政策来控制利息率的成功程度，现在有些怀疑。我希望看到的是……国家机关承担起更大的责任来直接进行投资。"②这样一来，如奈格里所指出的，在凯恩斯那里，"国家干预的法律形式和其他的间接形式都还远远不够。国家仅仅确保联系当下与未来的基本经济惯例也完全不够。还需要更进一步。国家本身必须成为一种经济结构，并且凭借成为一种经济结构而变成一种生产性主体。国家必须成为所有经济活动负责的中心"③。凯恩斯将新古典经济学的知识体系撕开了一个裂口，他拒绝了后者对市场的"自然性"的界定，大大拓展了国家治理术的范围，引入了现代市场经济中的国家干预和宏观调控原则。

革新资产阶级经济学知识体系的另一条路线，是提出新自由主义经济学。新自由主义发轫于德国弗赖堡学派，欧肯是该学派的主要代表。20世纪20年代晚期，以米塞斯、哈耶克等为代表的一些新自由主义者聚集于巴黎，勾勒了这一流派的经济和政治愿景。④ 新自由主

---

① 安东尼奥·奈格里：《凯恩斯和资本主义的国家理论》，王行坤、张雪琴译，《政治经济学报》2020年第1期，第192页。
② 约翰·梅纳德·凯恩斯：《就业、利息和货币通论》，高鸿业译，商务印书馆，1999，第167页。
③ 安东尼奥·奈格里：《凯恩斯和资本主义的国家理论》，第189页。
④ 福柯在其《生命政治的诞生》一书里，对德国和美国新自由主义的形成和发展做了细致的学术史研究，笔者在此参考了他的论述。

义经济学和凯恩斯主义类似，旨在提供一套为资本主义辩护的新理论，将其从日益深沉的危机中挽救出来，并为其开辟新的发展空间。但在具体的理论和政策规划上，新自由主义却迥异于凯恩斯主义。以弗赖堡学派为代表的德国新自由主义者提出了如下主张：第一，要有一个足够抽象的以竞争为核心的市场经济模型，用于论证资本主义的经济合理性。该模型所表达的市场经济的形式化原则在现实中是无法完全实现的，只是一个目标、一种规范。这样的模型日后被称作参照系理论。在新自由主义内部，对参照系的选择是有差异的，作为当代新自由主义主要流派的新古典经济学，将完全竞争市场及其一般均衡作为参照系，并以此解释市场经济在资源配置上的静态效率。其他派别如奥地利学派，则批评新古典的完全竞争市场论，试图提出一种更加注重企业家作用的动态理论来达到类似目的。不过，和前者相比，奥地利学派的数学形式化程度较低，影响也相对有限。第二，上述抽象模型尽管在理论上解释了资本主义经济的合理性，但该模型所表达的市场经济的形式化原则并不会在经验直观中自然显现，相反，只有通过某种积极的治理，这种市场才能产生。正如福柯强调的，新自由主义与18或19世纪的自由主义不同，它的目标不是在一个既定的社会内部划出一块被当作自由市场领域的空间，相反，"新自由主义的问题是阐明，如何以市场经济原则为模式来调控政治权力的总体运作。因此问题不是释放出空位子，而是根据一种治理的总体技艺带来、召唤、规划市场经济的各种形式原则"[1]。这样一来，新自由主

---

[1] 米歇尔·福柯：《生命政治的诞生》，第174页。

义的市场经济原理就和自由放任政策无关了,相反,新自由主义主张一种"积极的自由主义",要求通过干预以消除社会中存在的反对竞争的机制。这也意味着,"新自由主义体制下的政府是一个积极的政府、警觉的政府和进行干预的政府"①。第三,尽管新自由主义主张国家干预,为此提出了新的国家治理的理由,但这种干预主要是社会干预,旨在影响市场经济的一般存在条件,而不是市场规律本身。在福柯看来,社会干预的特点之一,是将所谓法治国家的普遍原则运用到经济领域,国家和公共权力只能以法律的形式参与经济秩序之中,而不应设定明确的经济目的;国家治理的任务只是作为经济游戏规则的提供者,而经济游戏的唯一参与者是个体或企业。如福柯所说:"这是一个由国家所保障的法律-制度框架内的受到调控的企业游戏;这就是一个革新后资本主义中的制度框架所应有的普遍形式。"② 第四,弗赖堡学派强调了实际历史与参照系模型的差别和联系。作为参照系的经济模型所分析的只是形式化的竞争机制,其结构是稳定的,可以通过价格机制来调整,但这一形式化结构与社会中真实发生的过程并不一致,后者是充满矛盾且不稳定的。在这里,新自由主义通过区分参照系和现实中的资本主义,试图为资本主义何以能存活下去寻求一个解释。根据这种解释,资本主义的一切矛盾,是由特定的历史制度形式造成的,而与市场经济本身的形式化原则无关,后者是没有任何矛盾的。为了让竞争性市场发挥作用,这些历史制度形式就成为变革的对象。只要改变这些制度,发现一种新的制度形式,资本主义

---

① 米歇尔·福柯:《生命政治的诞生》,第177页。
② 同上书,第230页。

就仍然可以存活。① 在新自由主义谱系中，产生于20世纪70年代的新制度经济学（或称新古典制度经济学），最终实现了在新古典框架内系统分析上述问题的任务，极大地扩张了新古典经济学的分析范围，提升了其话语权。② 也正是从20世纪70年代晚期开始，以新古典经济学为主要代表的新自由主义开始崛起，取代了二战后流行的凯恩斯主义，成为资产阶级经济学知识体系的主流。

2.2 参照系理论在经济学知识体系中的重要性

弗赖堡学派对参照系和历史-制度理论的区分，是资产阶级经济学在知识生产中的重大创新。正如福柯指出的，新自由主义一方面研究纯粹的市场理论，另一方面研究历史制度问题，这两者是相互补充的，它们是同一个高度政治化的问题——"资本主义是否能存活下去"——的两个侧面。③ 今天看来，弗赖堡学派的确发明了一种比凯恩斯主义更为"高明"的为资本主义辩护的手法，它在承认历史制度形式的矛盾的同时，又为参照系即市场经济的形式化原则抹上了神圣的光环。相形之下，凯恩斯主义因为揭露市场经济运行机制的内在缺陷，为资产阶级经济学留下了一个难以愈合的创痕。也正是由于这个原因，自20世纪70年代以来，以卢卡斯为代表的新古典宏观宏观经

---

① 米歇尔·福柯：《生命政治的诞生》，第218—222页。
② 福柯提及，弗赖堡学派的观点启示了美国新自由主义，尤其是诺思的理论，见其《生命政治的诞生》，第180页。诺思所代表的新制度经济学，在中国学者中间产生了巨大影响，是改革开放以来对中国经济学影响最大的国外经济学流派。
③ 米歇尔·福柯：《生命政治的诞生》，第221—222页。

济学,针对凯恩斯理论发起了"反革命",成功地将凯恩斯理论边缘化。这场反革命是如此的成功,以至于以凯恩斯理论为圭臬的后凯恩斯主义经济学,和马克思主义经济学一道,在西方被归入了所谓"异端经济学"(heterodox economics)。

值得指出的是,弗赖堡学派的上述区分不仅是资产阶级经济学的理论创新,在方法论层面,它也提出了当代市场经济理论所共有的问题,因而在一定程度上也可供马克思主义经济学借鉴。一种参照系理论具有以下两方面意义:第一,它试图在一个撇开了历史制度因素的抽象模型里解释市场经济在资源配置上的效率;第二,它承认现实市场经济有可能与该模型相背离,即存在所谓"市场失灵",但它又默认现实市场经济永远存在向参照系回归的可能性。新自由主义在当代的最主要流派即新古典经济学一直顽固地相信,完全竞争市场及其一般均衡理论,是理解现代市场经济的唯一可能的参照系。

在新自由主义经济学赋予参照系的两重意义中,第一重意义有其合理性,第二重意义则是片面和错误的。从历史唯物主义角度看,马克思主义经济学也需要利用参照系理论来解释任何一种经济制度(包括现代市场经济)的效率,即其在发展生产力、解放生产力上所起的进步作用。确立一种参照系理论,必须区分两种情况:第一,在一种经济制度所包含的生产力发展的潜力还未充分发挥时,现实经济对参照系的背离是暂时的、可逆转的,在这种情况下讨论参照系以及对参照系的偏离是正确的;但是,还有第二种情况,一种经济制度可能陷于历史性衰落,即其发展生产力的潜力可能消耗殆尽,为此现实经济就会长期而系统地与参照系相背离。在这第二种情况下,所谓"市场失灵"就会失去说服力,因为现实经济并不必然要向原有参照系回归,而有可能走向解体,并向新的经济制度演进。植根于历史唯物主义之上的马克思主义经济学,必然将参照系理论视为一种服从历史性原则的理论。这意味着,所谓参照系会在历史中、在人类的实践中最终失去效力,从而被现实所证伪。而在新古典经济学那里,完全竞争市场的一般均衡论被视作人类经济组织的最终形态,自身不包含任何矛盾,也永远不可能在波普尔的意义上被证伪。正是由于这种非历史的、类似于神学的特性,建基于完全竞争市场理论的新古典经济学就自然成为冷战后流行的"历史终结论"的一根支柱。

马克思参照系理论的形成,滥觞于《共产党宣言》。1844—1848年,是马克思的思想迅速成熟的时期,也是历史唯物主义诞生的时期。在这一时期,马克思形成了他关于资本主义经济的基本图景。值得强调的是,马克思和恩格斯在此期间的相识以及他们之间的友谊,对马克思思想的发展和上述图景的形成产生了极端重要的影响。正是通过恩格斯,马克思得以感性地了解英国工业革命所造就的巨大生产力及其对现代社会带来的深刻影响。恩格斯的身份——一位来自曼彻斯特的青年企业家——与今日美国硅谷的 CEO 颇为类似。在恩格斯的安排和陪同下,1845 年夏天,马克思第一次造访了工业革命的摇篮曼彻斯特。从曼彻斯特归来后,就像火山喷发一样,马克思与恩格斯合作撰写了标志历史唯物主义形成的一系列著作——《德意志意识形态》《神圣家族》和《共产党宣言》(以下简称"《宣言》")。在这些著作里,尤其是在《宣言》中,马克思恩格斯表达了他们对现代市场经济的历史正当性的理解:

"资产阶级在它的不到一百年的阶级统治中所创造的生产力,比过去一切世代创造的全部生产力还要多，还要大。自然力的征服，机器的采用，化学在工业和农业中的应用，轮船的行使，铁路的通行，电报的使用，整个大陆的开垦，河川的同行，仿佛用魔术从地下呼唤出来的大量人口，——过去哪一个世纪料想到在社会劳动里蕴藏有这样的生产力呢？

"资产阶级除非对生产工具，从而对生产关系，从而对全部社会关系不断地进行革命，否则就不能生存下去。反之，原封不动地保持旧的生产方式，却是过去一切工业阶级生存的首要条件。生产的不断变革，一切社会状况不停的动荡，永远的不安定和变动，这就是资产阶级时代不同于过去一切时代的地方。"①

这些表述可以称为马克思恩格斯的**经济世界图景**。② 然而，在形成上述图景的时候，马克思还没有提出自己的经济理论，不可能对这一图景加以具体的说明。在此意义上，这种图景仍具有科学假说的性质，要把上述图景变为科学，还有待于形成一个新的经济学知识体系。

1848年革命后，马克思寓居伦敦，开始了长达十年的经济学研究，最终完成了《资本论》第一部手稿——《1857—1858年经济学手稿》。正是在这部手稿里，通过相对剩余价值生产理论，马克思解

---

① 《马克思恩格斯选集》第1卷，人民出版社，1995，第275页。
② 此处的图景一词来自熊彼特，他在《经济分析史》里区分了图景和理论。前者指的是理论家对现实世界的根本态度和看法，具有前理论的特点，但对理论的建构有根本影响；每一位思想家首先形成的是图景，此后理论才被编制出来。参见约瑟夫·熊彼特：《经济分析史》第一卷，朱泱等译，商务印书馆，1991，第73—79页。马克思和恩格斯在《共产党宣言》里所勾勒的图景，即他们对技术创新的作用和资本主义作为一种演化过程的看法，也影响到熊彼特及当代演化经济学。

释了自工业革命以来，资本主义经济制度何以能在机器大工业的基础上，将剩余价值的增长和生产力进步结合在一起，在追逐剩余价值的同时，也推动了科学在生产过程中系统的运用，从而造成生产力的飞速进步。换言之，这部手稿第一次对《宣言》等著作中提出的经济世界图景做了系统的、科学的论证。

马克思的相对剩余价值生产理论，包含着解释人类自工业革命以来何以取得生产力发展的**参照系**理论，它揭示了生产率、剩余价值率和实际工资率三者并行增长的可能性。与此同时，相对剩余价值生产理论也提供了资本主义市场经济的病理学，或关于市场失灵的理论，揭示了导致其走向危机的各种矛盾。在此意义上，相对剩余价值生产理论事实上是历史唯物主义在马克思经济学中的具体运用。但令人遗憾的是，传统马克思主义教科书长期所宣传的，主要是这一理论中的病理学部分，相对忽视了其中的参照系理论。这样一来，在中国走向社会主义市场经济体制后，作为学术话语的马克思主义经济学就显得有些被动或"落伍"，因为在其教科书里，缺乏一个堪与新古典参照系理论相抗衡的，解释市场经济何以能解放生产力发展生产力的理论。在两种经济学知识体系并存和相互竞争的格局中，这一弱点自然不可避免地会为对手所利用。标榜其自身的参照系理论，并将该理论作为理解市场经济的资源配置效率的唯一可能的理论[1]，不仅是一种

---

[1] "参照系是一面镜子，让你看到各种理论模型或现实经济制度与理想状态之间的距离。一般均衡理论就提供了这样一种参照系。""通过与完全竞争市场这一参照系相比较，人们就可以知道一个……经济制度安排在资源配置和信息利用的效率方面的好坏，以及现实当中所采用的经济制度安排与理想的竞争机制相差多远，并且提供相应的经济政策。"田国强：《现代经济学的基本分析框架和研究方法》，《经济研究》2005 年第 2 期，第 121 页。

学术见解，而且是压制竞争对手、取得学术霸权的重要手段，构成了福柯意义上的真理体制的核心组成部分。如果听任这种局面延续和发展，作为政策话语的"中国特色社会主义政治经济学"必然会因为缺乏来自马克思主义经济学的学理支撑，不断遭到新自由主义经济学的侵蚀、歪曲乃至"殖民"。近年来，笔者屡次强调，马克思经济学的参照系理论在剥离了资本主义外壳后，其实是一个市场经济一般理论，也可以为中国特色社会主义政治经济学所利用；只有树立一个与新古典主义截然不同的参照系理论，中国特色社会主义政治经济学才有可能完成从政策话语向学术话语的转变，有效地参与学术话语权的竞争，并最终赢得这场竞争。①

和以新古典经济学为核心的新自由主义经济学相比，中国特色社会主义政治经济学还处于早期发展阶段，在自身的学理化和体系化方面还存有很大的发展空间。正如前文提及的，一种经济学知识体系的生产，通常可以界分为确立图景和编织理论两个阶段。中国特色社会主义政治经济学虽然还未完全实现第二个阶段的任务，但从一开始就享有一种政治-历史哲学所带来的世界图景的优势。这种政治-历史哲学发端于毛泽东，他在批判地反思苏联社会主义政治经济学的基础上，提出生产力和生产关系、经济基础和上层建筑的矛盾，是社会主义社会的基本矛盾；在这一基本矛盾中，生产关系或上层建筑，构成

---

① 从体系结构上看，中国特色社会主义政治经济学是由参照系、市场失灵以及国家的经济作用诸理论构成的整体。参见孟捷：《相对剩余价值生产理论与现代市场经济——迈向以〈资本论〉为基础的市场经济一般理论》，《政治经济学报》2020年第2期，第3—20页。

了矛盾的主要方面。这意味着，变革生产关系和上层建筑，以解放和发展生产力，是社会主义社会的基本经济规律。毛泽东的这一思想在方法论上开启了中国特色社会主义政治经济学的先河。① 以这种政治-历史哲学为背景，邓小平在改革伊始宣布："革命是要搞阶级斗争，但革命不只是搞阶级斗争。生产力方面的革命也是革命，而且是很重要的革命，从历史的发展来讲是最根本的革命。"② 他进而提出："改革是中国的第二次革命。"③ 类似地，习近平也强调："改革开放是我们党在新的时代条件下带领人民进行的新的伟大革命，是当代中国最鲜明的特色，也是我们党最鲜明的旗帜。"④ 他还进一步指出："改革开放只有进行时没有完成时。"⑤ 与这种观念相适应，是在改革之初形成了有关市场和国家在资源配置中的作用的一般性看法，如邓小平最初提出的："计划经济不等于社会主义，资本主义也有计划；市场

---

① 对毛泽东这一思想的详细阐述，可参见孟捷：《毛泽东与社会主义制度经济学》，《复旦学报》2022年第4期。毛泽东的政治-历史哲学思想可以溯源到新民主主义时期，他曾指出："政治、军事的力量，是为着推翻妨碍生产力发展的力量；推翻妨碍生产力发展的力量，目的是为着解放生产力，发展经济。""中国一切政党的政策及其实践在中国人民中所表现的作用的好坏、大小，归根到底，看它对中国人民的生产力的发展是否有帮助及其帮助之大小，看它是束缚生产力的，还是解放生产力的。"两段引文分别见《毛泽东文集》第3卷，人民出版社，1996，第109页；《毛泽东选集》第3卷，人民出版社，1991，第1079页。
② 《邓小平文选》第2卷，人民出版社，1994，第311页。
③ 《邓小平文选》第3卷，人民出版社，1993，第113—114页。
④ 习近平：《关于〈中共中央关于全面深化改革若干重大问题的决定〉的说明》，载《习近平谈治国理政》，外文出版社，2014，第86页。
⑤ 习近平：《改革开放只有进行时没有完成时》，载《习近平谈治国理政》，外文出版社，2014，第67—69页。

经济不等于资本主义，社会主义也有市场。计划和市场都是经济手段。"① 在这种图景的指引下，改革开放的实践开启了一个将建构理性和自发演化熔于一炉的制度变迁过程，同时也形成了中国共产党人对这一制度变迁过程的自我意识，即中国特色社会主义政治经济学。与新自由主义经济学不同，中国特色社会主义政治经济学并不以自由市场经济为制度变迁的历史顶点，而是将市场和国家的协同演化作为制度变迁的根本特征，并将这种持续的制度变迁看作通向未来社会的过渡阶段即社会主义初级阶段的基本规律。这样一来，中国特色社会主义政治经济学就预先注定是一个对实践开放的知识体系，它滥觞于一种改造世界的世界观，没有将任何既有理论作为教条来对待。如果以一些形式化的标准来衡量，中国特色社会主义政治经济学似乎显得较为粗糙，但它是对未来开放的，因而有着勃勃的生机。相形之下，以新古典经济学为主要代表的新自由主义经济学虽然在形式上显得更为精致，却是历史终结论的一根支柱。

3. 改革开放以来中国经济学知识体系的演变和分化

3.1 改革开放以来新自由主义经济学在中国的传播

改革开放以来，尤其是20世纪90年代以来，西方经济学，严格讲来是新古典经济学，在中国经济学知识体系中形成了一种至少是实质意义上的霸权。美国学者科恩曾经总结了新古典经济学在我国改革

---

① 《邓小平文选》第3卷，第373页。

开放初期普遍受到欢迎的九点理由：（1）中国经济中一些遗留的慢性病要求引入新的分析方法；（2）西方经济学家被认为在处理市场经济方面具有更好的专业知识，中国知识分子也渴望与西方经济学家一样参与国际性经济学探讨；（3）在1949年前曾在西方接受过经济学训练的老一辈经济学家渴望能与西方同仁重建学术联系；（4）民众对价格和利润等市场术语更为熟悉；（5）新古典经济学借用数学形式包装自己，使自己外表上显得更为科学；（6）中国的经济学研究者和学生渴望去美国学习，或者在外企工作；（7）接受新古典经济学的教育被外资企业视作价值观上不再抑制商业的标志；（8）"文化大革命"造成马克思主义的声誉严重下降；（9）新古典经济学的亲市场思想迎合了中国共产党内市场化的拥护者。①

这些因素可以进一步分类，归纳为以下几方面理由：第一，市场经济在中国的崛起，科恩的第二、第四、第六、第七、第九个理由均与此相关。第二，传统社会主义模式和意识形态的衰落，如科恩提到的第一和第八个因素。第三，新古典经济学的科学主义外表，这是第五个因素。第四，一些在中西方之间促进经济学交流的因素，如科恩在此提及的第三个因素。不过，这里提及的还是较为肤浅的、偶然的人际关系的因素，正如后文将提及的，科恩还对促进中西方交流的更为深层的制度因素做了分析，正是这些制度因素体现了新古典经济学在全球知识生产中的霸权。

重要的是，新古典经济学所代表的新自由主义经济学在改革开放

---

① 史蒂夫·科恩：《西方新古典经济学如何主导了中国的经济学教育（一）》，《海派经济学》2017年第1期，第128—129页。

后的中国不仅是作为专业知识传播的,它还是一种世界观的核心。对新古典经济学的接纳同时也引入了一种新的真理体制,后者描绘了经济现实所应趋向的未来形象。汪晖曾就新古典经济学作为世界观的意义做了如下阐述:"今天,在中国占主导地位的学科自然是新古典经济学。这是在(20世纪)90年代发展形成的。80年代,大多数主流经济学家……是在计划经济中接受教育训练的。他们从西方学了些东西,但他们完全处在共产主义的国家结构下,一旦提出开放政策,也颇能适应并改造它。还有一些更为激进的经济学家,……致力于在中国引入纯粹的自由市场学说,但他们并未得到国家的重用,几乎不具影响。不过,1990年以后,哈耶克的思想获得了真正的优势。今天,在最严格的自由主义意义上被理解的经济学已经获得一种伦理学的力量。自由放任的原理成了一种行为准则,即当事人不能违反的商品法则。所以现在的经济学不仅是一门技术性学科,和其之前的经济学一样:它也是一个必要的世界观。"[①]

在新自由主义经济学的传播和霸权形成过程中,一系列制度因素,尤其是与资本主义世界体系的核心国家美国相关联的制度因素,发挥了关键的作用。科恩在其著作中追溯了这方面的历史,提供了一些重要背景和材料。他写道,如同早期的西方传教士一样,美国经济协会(AEA)和几个西方基金希望与中国的同仁分享他们对真理的认识;世界银行和其他国际机构也相似地希望与中国决策者共用同一种表达话语,并且西方政府和国外投资者希望在中国发展一种经济学理

---

① Wang, Hui, "The New Criticism", in Chaohua Wang ed., *One China, Many Paths*, London and New York: Verso, 2003, pp.77-78.

论，该理论能与他们对互惠互利的观念相适应。尽管这些国外影响都是被国外利益驱动的，它们中的大部分还是受到了中国的欢迎。①

中国在 1980 年加入了世界银行。根据科恩的论述，在 20 世纪 80 年代，中国的经济学家和政府官员参与了几次世界银行组织的会议，比如 1982 年的讨论东欧经济改革的莫干山会议和 1985 年讨论宏观经济学和计划与市场的关系的巴山轮会议。世界银行在 80 年代中期中国经济学教育改革中起到了重要作用，当时的一项由世界银行委托的研究，指出了中国经济学教科书和大学经济学课程中的"不足"，建议增加微观经济学、宏观经济学和计量经济学的教育。结果，国家教育委员会批准在大学开设的课程中增设更多的新古典经济学课程，同时还专门成立了委员会来编写与美国教科书类似的经济学教材。

美国的各种基金会，尤其是福特基金会在向中国输出经济学知识方面也非常积极。1985 年，福特基金会斥巨资建立了美国中国经济教育与研究委员会，邹至庄和哈佛大学教授德怀特·珀金斯任主席。除了资助中国毕业生参加留美项目以外，这个委员会还举办夏季研讨会，为中国教授提供做访问学者的机会，以及资助一些研究项目。福特基金会 20 世纪 80 年代资助了在复旦大学和中国人民大学举办的为期一年的新古典经济学研究生培训项目（所谓"福特班"），为赴美学习经济学的博士生提供奖学金，资助中美经济学家间的合作研究等。

---

① 史蒂夫·科恩：《西方新古典经济学如何主导了中国的经济学教育（一）》，《海派经济学》2017 年第 1 期，第 133 页。

珀金斯是由福特基金会资助的美国中国经济教育与研究委员会的主席（CEERC），他对该委员会的运作有如下论述，这些论述表明了该委员会在其援助项目背后的更深层意图。对于这些现代经济学训练方面的投入，最初的想法是：它们将使中国毕业生准备好到国外接受严密的经济学训练，主要是在美国的大学。这方面的主要项目在每年训练经济学毕业生，范围从最初的 50 人扩大到后来的 100 人，并且，他们中的大多数都到美国学习了。据信，这些学生将在美国花 5~6 年的时间，然后回国从事教育和学术工作。到了 90 年代初期，目标变成了每年能有 50~100 名经济学博士回到中国。**如果他们中的三分之一进入了名牌大学从事教学工作，名牌大学里的经济学项目将会迅速发生转变。这种转变一旦发生，它们将反过来影响那些一般院校。在 10 年或最多 20 年的进程中，中国的经济学教学将会被这些受过西方经济学训练年轻人统治。**他们进入决策层的时间将延长，主要是因为在 80 年代的中国，进入决策层的人大都有一头灰白的头发。① 虽然因为中国博士生对归国工作缺乏积极性，上述进程一度被延宕，但最终这个项目还是如当初设计的那样运行了。

另一个积极参与中国经济学教育"新古典化"改革的机构，是**美国国际私营企业中心（CIPE）**。该中心的内部通讯（Economic Reform Today: Number Four 1999）有过如下报道："CIPE 的第一个在中国推动市场经济的合作伙伴就是**中国留美经济学会（CES）**……

---

① 史蒂夫·科恩：《西方新古典经济学如何主导了中国的经济学教育（一）》，《海派经济学》2017 年第 1 期，第 137 页。重点标识为笔者所加。

CES 在中国转向市场经济的过程中扮演了重要角色，它教育了数以千计的市场经济方向的学生，并且影响了许多高层政策制定者。CES 的活动也对在中国建立新的私人组织提出批评。最近几年中，CIPE 开始资助一些新的团体，如北大的中国经济研究中心（CCER）……有了全国民主基金会的资金支持，CIPE 与 CES 在中国就八个项目展开合作，这些项目在培训政府官员和政策制定者对私企的认识方面扮演了重要角色……并重新促进在国外接受教育的中国经济学家回国。"①

科恩认为，CIPE 对新古典经济学的扩张的最重要贡献，是它对 CES 经济学博士回国项目的支持。在邹至庄、美国经济学会以及福特基金会的支持下，大批中国学生赴美国留学攻读经济学学位，但最终只有很少的毕业生回到了中国。CIPE 力图扭转这一态势。珀金斯就此评论道："来美国攻读经济学博士的中国学生并没有回国。一度……有约 300 名中国学生在美国，他们要么已经获得经济学博士学位，要么即将获得。这 300 人中，只有一个人回到了中国任教或进入政府或学术机构工作。正因为如此，CES 开始扮演这样一个角色，它远不止于成为一个小的中国经济学家俱乐部，这些人只想着如何适应美国生活。CES 开始成为一个组织，它的目的是保持其中的年轻经济学家与中国现状的联系……得到 CIPE 支持的 CES 的各种会议，不仅是支撑这一发展方向的媒介，也是整个计划必要的组成部分。CES 的存在以及它创造的联系网络对这一进程有所贡献……我认为，如果

---

① 史蒂夫·科恩：《西方新古典经济学如何主导了中国的经济学教育（一）》，《海派经济学》2017 年第 1 期，第 137 页。

CIPE 资助 CES 没干别的事，只做了创造氛围，让四分之一或三分之一的经济学家来中国这一件事，钱就是花得值得的。"①

顶级学术期刊的内容和价值取向，是一门学科的学术研究风向标。新古典经济学的崛起和马克思主义政治经济学的相对式微，也反映在经济学期刊的变化上。科恩以某著名杂志为例写道，它"似乎是中国顶级的经济学期刊。在这本期刊上获得发表实际上是晋升为正教授的要求。因为它在中国经济学界的重要作用，我们会仔细研究它的历史。1978 年以前，该刊强调马克思主义和相对非数学化的研究。……1978—1987 年，该刊'发表论文 1 000 余篇，但是只有 15 篇是数量经济学的论文'。马克思主义文章的比例显著下降开始于 1992 年，加速于 20 世纪 90 年代中期"。科恩试图理解上述变化的原因，他发现，最终主导这一变化的似乎是某种匿名的、无处不在的结构性力量："当我试图发现编辑方针如何改变、是谁的责任时，我得到以下印象：这是一种结构性的转变，它反映了广泛的力量，而不是某个人的决定。"②

3.2 两种经济学知识体系的分化和并存

科恩的观察表明，20 世纪 90 年代以来，至少在学术界，中国已经形成了新古典经济学居于主导的经济学知识体系。这一知识体系与中国特色社会主义理论所代表的知识体系相并存，形成了两种知识体

---

① 史蒂夫·科恩：《西方新古典经济学如何主导了中国的经济学教育（一）》，《海派经济学》2017 年第 1 期，第 138 页。
② 同上，第 179—180 页。

系相互影响、相互竞争的格局。以下三幅图是利用中国知网的 CSSCI 数据，依靠文献计量学软件得到的发文量变动趋势，它们在一定程度上体现了改革开放以来中国经济学知识体系演变和分化的概貌。图 10-1 反映了改革开放以来经济学的多元化态势，即马克思主义经济学、新古典经济学、演化经济学这三种理论范式鼎足而立的形成和发展过程。图 10-2 反映了新自由主义经济学在进入 21 世纪后的强势崛起。图 10-3 则反映了中国特色社会主义政治经济学和新自由主义经济学的竞争性共存的格局。从图中看到，进入 21 世纪之后，以新古典经济学和新制度学为主题词的发文量在长达十余年的时间里超过了马克思主义经济学和社会主义政治经济学；大约在 2015 年，后者终于实现反超，并有持续之势。

图 10-1　三种经济学范式的并存

注：图 10-1 是以马克思主义经济学、新古典经济学和演化经济学为主题词而得到的发文量。
资料来源：孟捷、朱宝清，《中国特色社会主义政治经济学的发展阶段与研究主题的变迁——基于文献计量学的分析》，《西北大学学报》2021 年第 4 期。

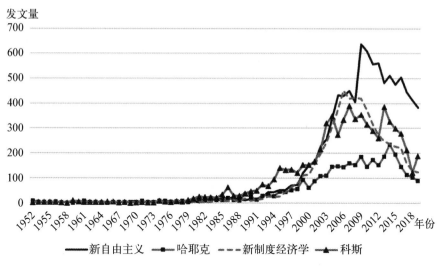

图 10-2　新自由主义经济学的崛起

注：图10-2是以新自由主义、哈耶克、新制度经济学、科斯为主题词而得到的发文量。
资料来源：孟捷、朱宝清，《中国特色社会主义政治经济学的发展阶段与研究主题的变迁——基于文献计量学的分析》，《西北大学学报》2021年第4期。

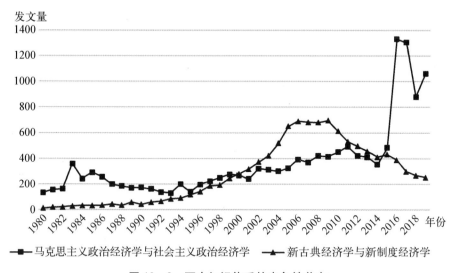

图 10-3　两大知识体系的竞争性共存

注：图10-3是以中国特色社会主义政治经济学和新自由主义经济学（新古典经济学和新制度经济学）为主题词而得到的发文量。
资料来源：孟捷、朱宝清，《中国特色社会主义政治经济学的发展阶段与研究主题的变迁——基于文献计量学的分析》，《西北大学学报》2021年第4期。

中国经济学知识体系的上述分化，造成经济学界在理解国家与市场的关系上形成了截然不同的理论。笔者曾经提出过一个类型学划分，将所有市场经济理论区分为三个类型，分别是市场经济 1.0、2.0 和 3.0 理论。① 自重农学派和亚当·斯密以来的传统自由主义经济学，以及当代新自由主义经济学，属于市场经济 1.0 理论；以凯恩斯为代表的提倡国家干预的经济学，属于市场经济 2.0 理论；中国特色社会主义政治经济学则属于市场经济 3.0 理论。市场经济 3.0 理论是对 2.0 的发展和超越，并与市场经济 1.0 理论形成根本对立。如果我们撇开 2.0 理论不谈，市场经济 1.0 和 3.0 理论之间存在如下基本区别：

第一，两种理论对市场与国家、经济与政治抑或基础与上层建筑之间的关系，存在迥然不同的理解。市场经济 1.0 理论主张，市场与国家、经济与政治的区别是不同类型制度的区别，在经济运行中，政治权力和政治关系不应发挥实质性的干预作用。而市场经济 2.0 和 3.0 理论则主张，经济和政治并非两类截然不同的制度，政治权力也可以承担生产关系的功能，并因此嵌入经济之中，成为经济结构的组成部分。

第二，两种理论对市场经济当事人的认识不同。在 1.0 理论看来，市场经济的当事人只有私人企业，而在 2.0 和 3.0 理论看来，市场经济的当事人还包括国家乃至竞争性地方政府。笔者赞同这样的观点，即中国特色社会主义市场经济是由三维主体（即企业、

---

① 参见孟捷：《中国特色社会主义政治经济学的国家理论：源流、对象和体系》，《清华大学学报》2020 年第 3 期。

国家和地方政府）构成的市场经济，而不是一维主体的市场经济，要正视国家（甚至党）和竞争性地方政府作为经济当事人的作用。①

可以在界分市场经济1.0和3.0理论的基础上，绘出一个坐标系，以展示当代中国经济学知识体系的分化（图10-4）。② 图中的横轴代表经济学家所属的理论范式，纵轴代表对中国经济的历史制度分析，这样我们就得到四个向度，横轴的两个向度分别代表两种经济学范式，纵轴的两个向度代表那些以上述范式为基础的历史制度分析。这些向度界定了两个截然不同的象限，即第一象限和第三象限。第一象限的特点是3.0理论范式和3.0制度分析的组合，它代表了我们心目中的中国特色社会主义政治经济学；第三象限则是1.0理论范式和1.0制度分析的组合，代表着与自由主义传统相契合的中国经济理论。图10-4将诸如财政联邦主义、GDP锦标赛竞争论等关于中国地方政府竞争的经济理论置于第三象限，这是因为，在解释地方政府行为时，上述理论大体倾向于将地方政府的作用局限于减低交易成本，在此意义上，它们是新制度经济学在中国的运用和发展。③

除了上面两个截然对立的象限之外，中国经济学还存在一些具有过渡性质的理论，一个突出的例子便是林毅夫的新结构经济学。

---

① 参见史正富：《超常增长：1949—2049年的中国经济》，上海人民出版社，2013。
② 参见孟捷：《在必然性和偶然性之间：从列宁晚年之问到当代中国社会主义政治经济学》，《学习与探索》2018年第5期。
③ 参见孟捷、吴丰华：《制度垄断地租与中国地方政府竞争——一个马克思主义分析框架》，《开放时代》2020年第3期。

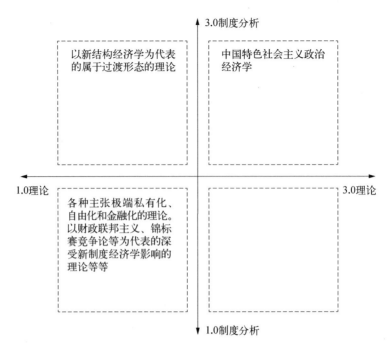

图 10-4 当代中国经济学的分野

新结构经济学对中国经济模式的制度分析破除了许多自由主义的教条,但在纯理论范式上,却依然沿袭了属于市场经济 1.0 理论的比较优势学说,这种矛盾在相当程度上损害了新结构经济学的影响力。①

---

① 英国马克思主义经济学家法因及其合作者曾撰文批评新结构经济学,指出了新结构经济学的内在矛盾,即一方面利用新古典经济学的核心概念,另一方面又刻意偏离了新古典经济学。他们写道:"切近地考察新结构经济学,却表明比较优势这一核心理论概念在性质上是有缺陷的,同时也揭示出,它坚持致力于……以有缺陷的、不连贯的方式应用新古典经济学,且伴随着政策范围上的一贯狭隘性。"通过承认国家可以凭借其制度和政策措施影响比较优势,允许比较优势在时间中因要素禀赋的变化而改变,以及接纳外国直接投资,新结构经济学"造成了和新古典经济学内在基础的偏离"。Fine, B., and E. V. Waeyenberge, "A Paradigm Shift that Never Was: Justin Lin's New Structural Economics", *Competition and Change*, Vol. 17 No.4, 2013, pp.355, 359.

4. 社会主义初级阶段经济学知识的生产和治理

4.1 意识形态国家机器与中国经济学知识的生产和治理

改革开放以来，伴随新自由主义经济学在中国的传播，出现了两重知识生产和真理体制并存的格局，一方面是新自由主义知识生产体制，另一方面是中国特色社会主义政治经济学的知识生产体制。在社会主义初级阶段，出于发展市场经济的需要，私人资本和雇佣劳动关系获得了普遍的发展，与之相应的结构性力量需要通过特定的知识体系表达其利益和诉求。另外，党的领导和中国特色社会主义道路，又必然要求中国特色社会主义理论居于阿尔都塞所谓国家意识形态的地位。这样一来，两种知识体系、两种真理体制在诸如学校、出版、传播等意识形态国家机器里的长期并存，就成为社会主义初级阶段特有的现象。以新古典经济学为代表的新自由主义经济学是一种极具进攻性的知识生产和真理体制，它不仅沿袭传统自由主义，将市场或价格机制作为唯一可能的资源配置方式，而且试图以市场原则蚕食并重构社会和国家，这样一来，它就不仅代表着一种学术霸权，而且对社会主义政党国家直接构成了挑战。一个例证是，20世纪90年代中晚期，为了建设以公有制为主体、多种所有制形式并存的格局，依据"抓大放小"的原则对国有企业进行了所有制改革。从那时以来，认为国有企业没有效率、国有企业挤压私人投资，从而要求进一步私有化的学术观点便一直不绝于耳，这些观点事实上充当了国内外私人资本权力的喉舌。另一方面，中国特色社会主义政治经济学则坚决反对"全盘私有化",要求建设以公有制为主体、多种所有制形式并存的产权体制。2009年,中共十七届五中全会提出,要在"私有化"和建设以公有制为主体、多种所有制形式并存的经济制度间划清界限;2011年,吴邦国同志在关于建立社会主义法律体系的报告中指出,中国"不搞私有化";2019年,中共十九届四中全会又强调社会主义公有制为主体、多种所有制形式并存是社会主义基本经济制度的重要内容。① 围绕私有化问题的利益和政治纷争,必然反映在意识形态国家机器内部。以学术期刊的论文发表为例,如前图10-2所示,自20世纪90年代晚期以来,与提倡私有化的西方经济学家如科斯、哈耶克等人相关联的文章发表量(同时包含赞成或反对他们的论文)几乎一直在持续增长,直至2012年以后,才开始明显下降。

在《论再生产》一书里,阿尔都塞曾就意识形态国家机器内部的阶级冲突发表过如下看法。他提出,第一,这种冲突,事实上是政治和经济领域的阶级斗争的前哨战。"经济的斗争总是停留于暗处,这是它的宿命,因为它是最重要的。政治的斗争最终会在光天化日之下爆发,它集结起一切力量来保障自己最终战斗(即为国家政权而进行的战斗)的方向。"至于意识形态的斗争,"通常领先于政治斗争的公开形式,甚至是遥遥领先于它们"②。第二,意识形态国家机器内

---

① 值得一提的是,一些对公有制怀有偏见的作者,从这些现象中观察到,提倡私有化的话语实践在中国面临着被挫败的局面。Tsai, K.S., and B. Naughton, Introduction, in Naughton, B., and K.S. Tsai, ed., *State Capitalism, Institutional Adaptation, and the Chinese Miracle*, Cambridge University Press, 2015, p.11.
② 路易·阿尔都塞:《论再生产》,吴子枫译,西北大学出版社,2019,第315页。

部的这种冲突之所以重要,在于意识形态国家机器的职能,是维护特定生产关系的再生产。以学校为例,它被阿尔都塞视为资本主义社会居于统治地位的意识形态国家机器,因为学校掌握着未来,即一代又一代青年。一种可能的危险是,在社会主义的意识形态国家机器内部,所贯彻的不是社会主义的国家意识形态,而是资产阶级和小资产阶级的旧意识形态。在这种情况下,"谁能向我们证明,甚至在社会主义(形式上的官方的社会主义)国家的官方机构表面下,不会是旧的意识形态得以维持原状、自我再生产并导致极端危险的后果——即这些意识形态完全钻入社会主义国家的生产关系和政治关系的缝隙中——呢?"[1] 第三,意识形态国家机器相比于其他国家机器而言,是最脆弱的部分,之所以如此,在于它们是多样化的,并且与人民的日常生活直接联系。一旦意识形态国家机器发生动摇,剩下的就是最后的堡垒,即由镇压性国家机器所捍卫的国家权力。在这里,阿尔都塞发挥了葛兰西提出的阵地战思想。所谓阵地,就是由各种意识形态国家机器构成的堑壕,战斗在这些阵地展开,首先意味着这是一种前哨战,其次,这也是一场持久战。[2]

如果说在一个成熟的资本主义社会,学校是居于统治地位的或最主要的意识形态国家机器的话,在社会主义初级阶段,学校依然具有这种地位。作为在生产关系再生产中居于最重要地位的意识形态国家机器,学校是各种斗争开展的场所。不同社会势力、不同利益集团的矛盾(不仅在一国范围内,而且反映世界格局的变化),都集中反映在学校这一意

---

[1] 同上书,第199—200页。
[2] 同上书,第317—318页。

识形态国家机器内部。就经济学知识生产而言，斗争集中在高等学校、科研机构、学术期刊社等机构内部，它们是更为特殊的意识形态国家机器，其知识生产的目标同样是服务于生产关系的再生产。

在社会主义初级阶段，两种经济学知识体系在以高校为代表的意识形态国家机器内的并存和竞争，派生出本文所谓经济学知识生产的治理问题。这种知识治理的根本任务，是在意识形态国家机器内部对两种经济学知识体系的生产以及这一生产所依赖的权力关系加以调节，巩固中国特色社会主义政治经济学作为国家意识形态的地位，以实现中国特色社会主义制度体系的再生产。

值得注意的是，社会主义初级阶段的知识治理，通常并不限于一国范围内的意识形态国家机器，它还有一个国际的维度。从前述科恩的描述可以看到，新古典经济学在当代中国意识形态国家机器内部的成长，是在域外结构性力量的支持下实现的。这意味着，我们面临的是国与国之间意识形态国家机器的相互影响、竞争乃至对抗。由于发达资本主义国家意识形态国家机器在全球范围内的影响力，这些国家的意识形态国家机器，如大学、出版社、期刊、学术评价和传播等机构，事实上是一种意识形态"超"国家机器，其功能不止在于维护一国内部生产关系或上层建筑的再生产，而且可以嵌入其他国家的意识形态国家机器，以达到维护其在世界体系中的经济、政治、文化霸权的目的。

西方意识形态"超"国家机器对于中国经济学知识生产的影响，非常典型地体现在论文的发表上。十余年来，在国外经济学期刊尤其是顶级期刊发表论文，已成为国内高校的一种时尚甚至一种"制度"。

然而，正如不少人注意到的，许多国外期刊的编辑和审稿人经常是先入为主地以新自由主义标准看待中国发展经验的。这样一来，为了谋求发表，论文作者就会以削足适履的方式将中国经验硬塞进新自由主义分析框架，以逢迎这种标准。以这种方式进行的中国经济学知识生产，就非常类似于萨义德——他深受葛兰西的影响——所批判的东方学，这种东方学所描绘的东方，满足了西方对后殖民时代的想象，事实上服务于西方在全球的话语霸权。①

上述现象的一个较为典型的例子，是一些中国经济学家为解释地方政府竞争而采用的财政联邦主义理论。② 这一理论较早考察了中央和地方之间的分权改革，将地方政府竞争视为中国经济发展模式的核心特征，就此而论，相关作者是有一定贡献的。但问题是，在具体解释地方政府的行为和动机时，这类理论暴露出它不过是新制度经济学在中国的应用。这体现在，第一，它将政府行为限定为界定产权、监督合同的履行、提供基础设施等，换言之，政府的作用大体被局限在减低交易成本这一范围内。第二，在解释地方政府动机时，它将其归于追求税收的最大化。但问题是，照此理解的政府，和亚当·斯密笔下的"守夜人"政府，其实并没有什么分别。认为中国地方政府追求的只是税收，其行为只是削减交易成本，背后假设了经济和政治作为制度的截然两分，以及政府只是或只应该是自由主义的"小政府"，

---

① 爱德华·W. 萨义德：《东方学》，王宇根译，生活·读书·新知三联书店，2007。
② Qian, Yingyi, and Barry R. Weingast, "China's Transition to Markets: Market-preserving Federalism, Chinese Style", *The Journal of Policy Reform*, 1996, Vol.1 No.2, pp.149-185; Montinola, Gabriella, Yingyi Qian, and Barry R. Weingast, "Federalism, Chinese Style: The Political Basis for Economic Success in China", *World politics*, 1995, Vol.48, No.1, pp.50-81.

这显然是理论上的先入之见，丝毫不符合中国经济的实际。在现实中，中国地方政府是通过土地财政而形成的租金的生产性使用者和分配者，是熊彼特意义的企业家，是市场的建构者和引领者，是公有产权的代表和公有制生产关系的内在环节，而所有这些重要维度几乎都落在上述理论的视野之外了。①

4.2 国家和市场在经济学知识生产与治理中的作用

对经济学知识生产开展必要的治理，是社会主义初级阶段的重要任务。开展这种治理与建立科学的经济学知识体系并不矛盾。国内某些学者喜欢援引科斯，认为"思想市场"的存在是一种科学的知识体系赖以发展的制度条件，遗憾的是，他们是以望文生义的方式——如果不是故意的话——误用了科斯的概念。事实的真相是，科斯——以及另一美国学者迪莱克特——从新自由主义立场出发严厉抨击了自由放任的思想市场，鼓吹对思想市场加以限制。在科斯或迪莱克特看来，第一，思想市场和产品市场一样，都具有外部性，既然产品市场因外部性的存在需要政府的干预，思想市场又怎能脱离这种干预呢？第二，主张思想市场可以摆脱政府的监管，包含着下述逻辑悖论：知识分子也是由利己心驱策的，他们以为自己所赞同的必然有利于社会，但事实却并非如此。② 科斯等人的最终结论是，思想市场的自由

---

① 对财政联邦主义乃至竞标赛竞争理论的进一步批评，可参见孟捷、吴丰华：《制度垄断地租与中国地方政府竞争——一个马克思主义分析框架》，《开放时代》2020年第3期。
② Coase, R.H., "The Economics of the First Amendment: The Market for Goods and the Market for Ideas". *The American Economic Review*, 1974, Vol. 64, No. 2, Papers and Proceedings, p.386.

和经济自由是两种截然不同的自由，前者有可能危及后者；为了维护经济自由，必须限制思想市场乃至更为广泛的公民自由（civil liberty，通常指讨论并参与政府的自由）。①

科斯等人的上述论证，若与历史唯物主义或福柯的权力-知识共生论相比，是极为幼稚的。尽管如此，科斯等人却从另一个侧面验证了本文采纳的分析架构的合理性。以新古典经济学为代表的新自由主义经济学在中国的传播，绝非自由思想市场发展的结果。正如前文对科恩的引述所表明的，一系列结构性权力在这一理论传播的过程中发挥了作用。在社会主义初级阶段，如果在知识生产和治理体制中追求自由思想市场，必然会导致将领导权拱手让给对方。在一种权力退场时，留下的不是真空，而只能是另一种权力。遗憾的是，一些论者未能体察到这一点，在他们看来，建立切合中国需要的知识体系，似乎应以摆脱政治干预为前提，比如，郑永年就认为："很显然，要创造知识体系，创造者就必须摆脱政治因素的束缚，政治束缚从思维领域退出变得不可避免。"② 这种观点是极为片面的。问题不在于回避政治，而是改进政治权力在知识生产——意识形态国家机器的实践——中的作用方式，以建立一种有效的知识生产和治理体制。

经济学知识生产和治理体制的建构，在某种意义上意味着形成一种福柯式的权力-知识关系。在这种权力-知识关系存在的前提下，知

---

① 参见 Director, A., "The Parity of the Economic Market Place", *Journal of Law and Economics*, Oct. 1964, pp.2-5; Coase, R.H., "The Economics of the First Amendment: The Market for Goods and the Market for Ideas". *The American Economic Review*, 1974, Vol.64, No.2, Papers and Proceedings, pp.384-391.

② 郑永年：《中国的知识重建》，东方出版社，2018，第109页。

识并不单纯是由知识主体的活动生产出来的，真正起决定作用的，是这种权力-知识关系本身，它决定了知识的形态和可能的知识领域。①福柯的这种观点也界定了知识分子在知识生产中的地位。知识分子的主体性不能脱离特定的权力-知识关系来理解，而毋宁是在权力-知识关系中形成的。至少在所谓"人的科学"（the human sciences）中，即那些同时将人作为知识的主体和客体、作为研究者和被研究的对象的科学当中，价值自由、价值中性以及与价值无关的客观性是不存在的。②在此意义上，与郑永年的设想不同，知识治理的目标，显然不是让知识分子在一个完全自主的、独立的天地内进行知识的创造，因为这样一种和权力脱节的独立天地从来就是一种虚构。

福柯指认的权力-知识关系，是与各种机构或组织（学校、监狱、军队、工厂等等）相伴随的，此处的权力，是一种微观组织的权力。从马克思主义的视角看，与知识生产相关联的制度并不局限于微观组织的层面，也涉及国家或整个社会层面；不仅包含特定社会经济体制中的根本制度，也包含那些与知识生产直接关联的制度，这些不同层次的制度构成了一个复杂的整体。在我国，党的领导和社会主义政党-国家为知识生产和治理奠定了根本的制度前提。另一方面，在现代社会，知识生产往往是分散进行的，单纯依靠作为政治上层建筑的国家，并不足以完成知识生产和知识治理的任务。在现实中，还需要

---

① "不是认识主体的活动产生某种有助于权力或反抗权力的知识体系，相反，权力-知识、贯穿权力-知识和构成权力-知识的发展变化和矛盾斗争，决定了知识的形式及其可能的领域。"米歇尔·福柯：《规训与惩罚》，生活·读书·新知三联书店，2019，第29页。
② 参见 Smart, B., *Michael Foucault*, New York: Routledge, 2002, pp.58-59.

一些更为切近地服务于知识生产和知识治理的制度。这意味着，在政治上层建筑即葛兰西所谓政治社会之外，我们还需要在属于市民社会的意识形态国家机器内部建构一种有效的知识治理机制，以促进中国特色社会主义知识体系的形成和发展。如果我们不能在学校、科研机构、资金供给和分配体制、学术发表和评价体系、思想传播体系等方面确立相匹配的制度，采纳相应的策略，中国特色社会主义知识体系就难以真正确立自己的领导权。

近年来，一些学者提出，应围绕知识生产和知识治理构建相应的制度，以促进中国知识体系的形成和发展。郑永年曾主张，要限制政府在知识生产中的作用，在政府和知识生产之间确立一个边界。与此同时，他也看到，知识分子有可能依附于商业利益，从而"产生不负责任的知识体系，例如新自由主义经济学"，因而在知识生产和资本之间，也应确立一个边界。① 这一"两种边界说"，提出了下述具有方法论意义的关键问题：知识生产和治理体制的建立与完善，最重要的是处理好知识生产和政府，以及知识生产和市场（或资本）之间的关系。政府和市场各自代表了两种不同性质的权力，知识治理的任务，在于如何运用、协调和限制这两种权力的影响，形成一个有利于社会主义知识体系生产和治理的制度架构。要达到这个目标，自然需要进一步研究与知识治理相关的制度和策略问题。限于本文的性质与篇幅，笔者不拟深入于这些问题的细节，仅限于提出若干基本原则，以备将来讨论。

第一，改革开放以来，中国特色社会主义政治经济学的知识或话

---

① 郑永年：《中国的知识重建》，东方出版社，2018，第248页。

语生产有两种主要形式,一种是官方的政策话语的生产,另一种是学术话语的生产。这两种话语既有区别也有联系,在知识生产和治理中要处理好这两者的关系。当前,政策话语向学术话语的转化(或谓中国特色社会主义政治经济学的学理化),是经济学知识生产中的主要瓶颈。应设法鼓励相关学术话语的创新,促进中国特色社会主义政治经济学的学理化。

第二,知识生产和治理在一定程度上需要一个"分散决策"的环境。正如前文论及的,20世纪20—30年代,资本主义制度陷于风雨飘摇之际,凯恩斯经济学和新自由主义经济学的提出,分别代表了两种革新资产阶级经济学的路线,其宗旨都是为了维护资本主义制度,并在不同历史时期的话语体系中分别发挥了重要作用。社会主义知识体系的生产和治理,应顾及知识生产的这种分散的或去中心化的特点,在资金分配、课题立项、教科书编纂、学术评奖、人才选拔中,应鼓励不同学术观点乃至不同学派的竞争,以更好地发挥学术话语作为"工具箱"在社会主义话语实践中的作用。

第三,改革开放以来,在中国经济学知识生产中客观上形成了一个"市场":来自各种海外基金会、跨国公司及其他市场主体的捐助,对经济学知识生产起到了不容忽视的诱导作用,在大学和这些市场主体之间,全然没有任何制度、政策所划定的清晰的边界,换言之,被科斯等人讥刺的"思想市场",在相当程度上却成了我们所面临的现实。前引科恩的报告,在一定程度上反映了这一现象。对这一"市场"加以必要的限制和管理,是一个亟待提上议程的问题。在大学、研究机构的知识生产与市场(资本)之间,应当建设某种"防火墙",确立适当的边界,以最大限度减少资本对知识生产的负面影响。

5. 尾论

5.1 中国是否存在自己的经济学知识体系

有关中国是否存在自身的知识体系,以及如何建立和发展这一知识体系的问题,近年来开始获得越来越多的关注。仍以郑永年为例,他提到,大国发展和崛起,需要在经济增长的同时,造就一个为世界接受的知识体系。这个知识体系要回答"我是谁"这样的自我认同问题,同时也要取得外界的承认。郑永年认为,由于以下两方面原因,中国还没有建立这样的知识体系:其一,中国的市场经济模式、政治制度和意识形态不同于美国为首的西方,与后者之间缺乏价值的认同;其二,中国知识分子缺乏与权力无涉的独立性,加之学术生产部门的某些制度缺失,使知识分子难以胜任解释世界的使命,没能就中国模式提供一个解释性的理论。

郑永年的某些观察是非常敏锐的,但是,正如前文已经提到的,他的具体论证往往流于片面。中国并非没有自己的知识体系,一般而言,中国特色社会主义理论就是这样的知识体系。从 1987 年中共十三大提出社会主义初级阶段理论,到 1992 年十四大提出建立社会主义市场经济,2002 年十六大提出"三个代表"重要思想,再到今天的新时代中国特色社会主义,这一知识体系的生产经历了几十年的发展。2019 年,党的十九届四中全会对社会主义初级阶段基本经济制度的重新定义,进一步丰富了中国特色社会主义政治经济学知识体系的内涵。中国特色社会主义政治经济学知识体系不仅为改革实践提供了指引,而且解释了改革开放以来形成的社会主义市场经济体制,至于这一知识体系是否还有改进的余地,在何种意义还有待于进一步学理化,确是一个亟待解决的问题,但这样的知识体系存在和发展着,却是不容否认的事实。问题只在于,这一知识体系迄今还没有为西方所接纳。依照郑永年的看法,要解决这个能否被外界承认的问题,取决于能否提出一个更为科学的解释性理论,为此他写道:"首要的任务是生产出能够解释社会的知识体系。……只有在世界解释好之后,才能把世界改造得更好。""如果不能产生一整套能够解释自己的概念和理论,就很难争取到和西方的平等话语权。"[1] 有趣的是,郑永年在其著作里还曾提及福柯,认为福柯强调了权力对话语形成的影响;可是,他的那种以为话语权取决于能否预先生产出真理的观点,表明他并没有真正理解福柯的思想。[2] 从福柯的观点看,根本不存在脱离特定权力关系的真理;知识无法在权力之外被生产出来。郑永年所设想的先生产出真理,然后再取得话语权的观点,与福柯本人的思想可谓南辕北辙。中国的知识体系能否被外界接纳,并不单纯是一个认识论意义上的真理生产的问题,而是能否经由自身的发展道路,在世界体

---

[1] 郑永年:《中国的知识重建》,东方出版社,2018,第92、98页。
[2] 郑永年对福柯的评论,见其《中国的知识重建》,第69页。郑永年不仅相信科学的知识体系的生产是大国崛起的前提条件,而且认为这样的知识体系是注定普惠于全世界的。他以英国为例写道:"古典自由主义的确立是对世界的一个贡献。当然,**这个理论体系既有利于英国**,为英国在全球的贸易做了合理的论证,**同时也有利于全世界**,推动了世界贸易经济的发展。**一个利己利人的思想体系**也使得英国在很长时期里掌控了世界的话语权,充当了世界经济体系的领导者的角色。"(重点标识为引者所加)《中国的知识重建》,第99—100页。在这里,他自相矛盾地陷入了他所批判的西方知识体系的陷阱。

系的权力结构中——最终是在发达资本主义的意识形态（超）国家机器内部——获得相应的权力，进而得到身份认同的问题。只有在获得这一权力的同时，才会有为西方所承认的中国知识体系。因此，这也是黑格尔意义上的"为承认而斗争"的问题。只要我们认识到，任何一种得到承认的知识体系，同时也是一种被接纳的权力，那么所谓中国没有自己的知识体系，就是一个伪命题，至少不是一个可以撇开现实权力结构而单独提出的问题。

5.2 "北京共识"与中国经济学知识体系

中国特色社会主义理论在何种程度上能够产生世界反响，进而影响全球经济学知识体系的生产，还可以在国外学术界围绕"北京共识"的讨论中略见一斑。2004 年，美国学者库珀发表了一篇题为《北京共识》的文章，认为中国通过探索和实践，摸索出了适合本国发展国情的发展模式。① 尽管库珀对"北京共识"的含义并未做足够充分的探讨，这一概念的使用本身却在国际上引起了广泛的注目。巴里·诺顿是著名的中国问题专家，他曾在一篇文章里讨论了中国经济体制的独特性，以及这种独特性与其普遍的可运用性之间的关系。诺顿在文章开篇就讨论了"北京共识"，他提出，"北京共识"能否成立取决于下述条件："关于'北京'的普遍经验能否最终阐明一些重大原则，这些原则可以塑造全球范围内有效的发展政策。"在他看来，"北京共识"的支持者必须回答两个问题：其一，"为什么北京决策者

---

① Ramo, J.C., "The Beijing Consensus", London: Foreign Policy Centre, 2004.

的独特进路对于中国引人注目的快速增长是关键性的";其二,"为什么那些独特的进路同时可以运用于其他极为不同的环境。"他认为,迄今为止没人能够成功地在经济学上阐明这两个问题。①

所谓"北京共识"是相对于华盛顿共识而提出的。诺顿对"北京共识"的质疑,也可运用于华盛顿共识——为什么华盛顿共识对于美国的经济增长是关键性的?为什么华盛顿共识的独特进路可以运用于亚非拉的不同国家?事实上,华盛顿共识这一概念的最初使用者、美国学者约翰·威廉姆森,就提出过这两个问题,并借此批判了华盛顿共识。威廉姆森指出:"华盛顿竭力向其他国家鼓吹的经济政策可以概括为三项:审慎的宏观经济政策、外向性经济和自由市场资本主义。"然而,他发现:"华盛顿的绝大多数技术官僚都认为美国并没有成功地实践它所鼓吹的这些政策。这一点不仅不利于美国,也在其他国家产生了不良影响。"他同时还指出:"我们现在还难以判断,美国目前鼓吹的政策改革能否解决拉美国家经济面临的所有关键问题。"②

华盛顿共识是向发展中国家推荐的政策组合,考虑到发展中国家与发达国家在发展阶段上的巨大差异,类似政策的提出本应更多地参照发达国家在其过去历史中的成功经验,而不是当下的政策实践,然而,华盛顿共识恰恰缺乏这种历史和制度的面向,它刻意回避了发达

---

① Naughton, B., "China's Distinctive System: can it be a model for others?", *Journal of Contemporary China*, 2010, Vol.19 No.65, June, p.437.
② 威廉姆森:《华盛顿心目中的"政策改革"》,《经济社会体制比较》2005 年第 2 期,第 74 页。

国家在其早期发展阶段奉行的政策,对发展中国家表现出"依照我们所说的去做,而非依照我们实际所做的去做"的虚伪态度。① 华盛顿共识作为一种政策范式,具有针对不同经济学知识体系的兼容-排斥效应,这指的是,它一方面以新古典经济学为基础,另一方面则对其他经济学怀有深刻的敌意。正如威廉姆森指出的:"华盛顿各方围绕其政策清单的确有一种一致的看法,即所有这些政策都源于主流经济学的经典理论";与此同时,"没有任何发展经济学文献所提倡的思想——诸如大推进、平衡或非平衡增长、剩余劳动、甚至两缺口模型——在推动华盛顿共识的形成中起到了实质性作用。……华盛顿共识完全排除了发展经济学文献"。② 在这种兼容-排斥效应里,存在着福柯所指认的权力-知识关系:一方面,新古典经济学作为一种政策范式背后的经济学知识体系,支撑了华盛顿各种机构——世界银行、国际货币基金组织、美国财政部等等——的权力;另一方面,权力选择并传播它所偏爱的知识体系,使这些知识得以用于塑造并改变现实。③

---

① 参见张夏准:《富国陷阱——发达国家为何踢开梯子?》,肖炼等译,社会科学文献出版社,2009。
② Williamson, J., "What Washington Means by Policy Reform", Chapter 2 from *Latin America Adjustment: How Much Has Happened?*, ed. by John Williamson, published April 1990. Peterson Institute for International Economics.
③ 威廉姆森界定了在华盛顿共识一词中作为权力象征的"华盛顿"的含义,提出这里的华盛顿包含着政治华盛顿和技术官僚华盛顿这两个方面,前者涉及美国国会和政府的高级成员,后者则囊括了国际金融机构、美国政府的经济部门、联邦储备委员会和一些智库。见 Williamson, J., "What Washington Means by Policy Reform", Chapter 2 from *Latin America Adjustment: How Much Has Happened?* ed. by John Williamson, published April 1990. Peterson Institute for International Economics。

让我们再回到诺顿的问题上来。他对北京共识的质疑之所以是片面的，就在于他将北京共识——抑或中国经济学知识体系——是否形成的标准，仅仅归于其"解释力"。他忽略了，问题的关键在于一种经济学知识体系能否与特定权力结构形成前述匹配关系。华盛顿共识之所以是"共识"，并非单纯植根于对现实的解释力，而在于华盛顿曾握有的在诸多发展中国家推行相关政策的权力。① 诺顿本人其实也无意间表达了这一规律，如他所说的："在全球舞台上，尚不存在代表北京经济学家观点的重要机构。"②

---

① 威廉姆森在其文章里提到，1985 年，美国财政部公布了旨在减轻发展中国家债务负担的"贝克计划"，敦促发展中国家推行私有化，这是美国政府第一次将私有化作为官方对外政策的内容，从此以后，国际货币基金组织和世界银行便开始致力于推动拉美及世界其他地区的私有化进程。Williamson, J., "What Should the World Bank Think about the Washington Consensus", *World Bank Research Observer*, vol.15, No.2, Aug.2000, p.254.

② Naughton, B., "China's Distinctive System: can it be a model for others?", *Journal of Contemporary China*, 2010, Vol.19 No.65, June, p.438.

参考文献

［1］阿尔都塞:《保卫马克思》,顾良译,商务印书馆,1984。

［2］阿尔都塞:《论再生产》,吴子枫译,西北大学出版社,2019。

［3］阿尔都塞、巴里巴尔等:《读〈资本论〉》,李其庆、冯文光译,中央编译出版社,2008。

［4］阿西莫格鲁、罗宾逊:《国家什么会失败》,李增刚译,湖南科学技术出版社,2015。

［5］毕尔曼:《论财政科学及其各学科的对象》,《教学与研究》1955年第10期。

［6］波兰尼:《大转变》,冯刚、刘阳译,浙江人民出版社,2007。

［7］布雷弗曼:《劳动与垄断资本》,方生等译,商务印书馆,1979。

［8］布鲁斯:《社会主义的政治与经济》,何作译,绍文校,中国社会科学出版社,1981。

［9］布伦纳:《马克思社会发展理论新解》,张秀琴等译,中国人民大学出版社,2016。

［10］陈明镗：《斯大林关于基础与上层建筑学说对财政学研究的启示》，《厦门大学学报》1952年第4期。

［11］陈其人：《布哈林经济思想》，上海社会科学院出版社，1992。

［12］程恩富、冯金华、马艳等主编：《现代政治经济学新编》，上海财经大学出版社，2011。

［13］仇启华主编：《现代垄断资本主义经济》，中共中央党校出版社，1987。

［14］《邓小平文选》第2卷，人民出版社，1994。

［15］《邓小平文选》第3卷，人民出版社，2001。

［16］邓子基：《财政只能是经济基础的范畴》，《中国经济问题》1962年第11期。

［17］段若非编：《经济体制改革理论问题探讨》，北京工业学院出版社，1986。

［18］段忠桥：《理性的反思与正义的追求》，黑龙江人民出版社，2007。

［19］恩格斯：《反杜林论》，人民出版社，1963。

［20］樊纲：《"苏联范式"批判》，《经济研究》1995年第10期。

［21］福柯：《疯癫与文明》，刘北成、杨远婴译，生活·读书·新知三联书店，1999。

［22］福柯：《规训与惩罚》，刘北成等译，生活·读书·新知三联书店，2019。

［23］福柯：《生命政治的诞生》，莫伟民等译，上海人民出版社，2018。

［24］葛兰西：《狱中札记》，曹雷雨等译，河南大学出版社、重庆出版社，2016。

［25］顾海良：《中国特色社会主义政治经济学史纲》，高等教育出版社，2019。

［26］顾海良、荣兆梓等：《中国特色社会主义政治经济学研究》，高等教育出版社，2020。

［27］哈贝马斯：《重建历史唯物主义》，郭官义译，社会科学文献出版社，2000。

［28］哈耶克：《个人主义与经济自由》，邓正来译，生活·读书·新知三联书店，2003。

［29］洪银兴主编：《新编中国特色社会主义政治经济学教程》，人民出版社，2018。

［30］黄达、陈共、侯梦蟾等：《社会主义财政金融问题》下册，中国人民大学出版社，1981。

［31］见田石介：《〈资本论〉的方法》，沈佩林译，山东人民出版社，1992。

［32］《江泽民文选》第3卷，人民出版社，2006。

［33］蒋学模：《社会主义经济中的资本范畴和剩余价值范畴》，《经济研究》1994年第10期。

［34］蒋学模：《应当重视对生产力的研究——评介李平心同志关于生产力性质的理论》，《文汇报》1979年4月6日。

［35］卡西勒：《启蒙哲学》，顾伟铭等译，山东人民出版社，1988。

［36］凯恩斯：《就业、利息和货币通论》，高鸿业译，商务印书

馆，1999。

[37] 科茨：《法国调节学派与美国积累的社会结构学派之比较》，田方萌译，孟捷译审，《西北大学学报》2018年第5期。

[38] 科恩：《卡尔·马克思的历史理论：一个辩护》，段忠桥译，高等教育出版社，2008。

[39] 科恩：《西方新古典经济学如何主导了中国的经济学教育（二）》，谢富胜、汪家腾、朱安东译，《海派经济学》2017年第2期。

[40] 科恩：《西方新古典经济学如何主导了中国的经济学教育（一）》，谢富胜、汪家腾、朱安东译，《海派经济学》2017年第1期。

[41] 科恩：《新自由主义经济学是如何在中国获得霸权的》，谢富胜、汪家腾、朱安东译，《中国社会科学内部文稿》2016年第1期。

[42] 科西克：《具体的辩证法》，傅小平译，社会科学文献出版社，1989。

[43] 克拉克：《财富的分配》，陈福生等译，商务印书馆，1959。

[44] 《李大钊全集》第3卷，人民出版社，1999。

[45] 李志劲：《关于财政是基础还是上层建筑问题的来稿综述》，《学术月刊》1958年第3期。

[46] 里格比：《马克思主义与历史学》，译林出版社，2012。

[47] 列斐伏尔：《论国家——从黑格尔到斯大林和毛泽东》，李青宜等译，重庆出版社，1988。

[48] 《列宁选集》第1卷，人民出版社，1995。

[49]《列宁选集》第 2 卷，人民出版社，1995。

[50]《列宁选集》第 4 卷，人民出版社，1995。

[51] 林岗：《社会主义全民所有制研究——对一种生产关系和经济过程的分析》，求实出版社，1987。

[52] 林光彬：《中国的国家理论与政治经济学理论体系创新》，《中国社会科学院研究生院学报》，2017 年第 6 期。

[53] 林光彬：《中国社会主义政治经济学理论体系建构：回顾与展望》，《当代经济研究》2020 年第 9 期。

[54] 刘明远：《马克思经济学体系对构筑中国特色社会主义政治经济学的指导意义》，《当代经济研究》2018 年第 3 期。

[55] 卢卡奇：《关于社会存在的本体论》，白锡堃、张西平、李秋零等译，重庆出版社，1993。

[56] 卢森贝：《〈资本论〉注释》第一卷，赵木斋、朱培兴译，生活·读书·新知三联书店，1963。

[57]《马克思恩格斯全集》第 1 卷，人民出版社，1956。

[58]《马克思恩格斯全集》第 23 卷，人民出版社，1972。

[59]《马克思恩格斯全集》第 25 卷，人民出版社，2001。

[60]《马克思恩格斯全集》第 26 卷Ⅲ，人民出版社 1974。

[61]《马克思恩格斯全集》第 30 卷，人民出版社，1995。

[62]《马克思恩格斯全集》第 31 卷，人民出版社，1972。

[63]《马克思恩格斯全集》第 46 卷上册，人民出版社，1979。

[64]《马克思恩格斯全集》第 6 卷，人民出版社，1961。

[65]《马克思恩格斯选集》第 1 卷，人民出版社，1995。

[66]《马克思恩格斯选集》第 2 卷,人民出版社,1995。

[67]《马克思恩格斯选集》第 3 卷,人民出版社,1995。

[68]曼德尔:《权力与货币——马克思主义的官僚理论》,孟捷、李民骐译,中央编译出版社,2002。

[69]《毛泽东读社会主义政治经济学批注和谈话》(简本),中华人民共和国国史学会,2000。

[70]《毛泽东文集》第 3 卷,人民出版社,1996。

[71]《毛泽东文集》第 7 卷,人民出版社,1999。

[72]《毛泽东文集》第 8 卷,人民出版社,1999。

[73]《毛泽东选集》第 1 卷,人民出版社,1991。

[74]《毛泽东选集》第 2 卷,人民出版社,1991。

[75]《毛泽东选集》第 3 卷,人民出版社,1991。

[76]《毛泽东选集》第 4 卷,人民出版社,1991。

[77]孟繁炳:《论提高经济效益的理论依据》,《安徽师范大学学报》1984 年第 2 期。

[78]孟捷:《〈资本论〉的当代价值》,《光明日报》2018 年 6 月 5 日。

[79]孟捷:《当代中国社会主义政治经济学的理论来源和基本特征》,《经济纵横》2016 年 11 期。

[80]孟捷:《党的领导与社会主义初级阶段的国家经济治理》,《理论月刊》2021 年第 10 期。

[81]孟捷:《历史唯物论与马克思主义经济学》,社会科学文献出版社,2016。

[82] 孟捷:《农民工、竞争性地方政府和社会主义政党-国家——改革开放以来中国的经济制度和经济学话语》,《东方学刊》2019年第1期。

[83] 孟捷:《相对剩余价值生产与现代市场经济——迈向一个以〈资本论〉为基础的市场经济一般理论》,《政治经济学报》2020年第2期。

[84] 孟捷:《熊彼特的资本主义演化理论:一个再评价》,《中国人民大学学报》2003年第2期。

[85] 孟捷:《在必然性和偶然性之间:从列宁晚年之问到当代中国社会主义政治经济学》,《学习与探索》2018年第5期。

[86] 孟捷:《中国共产党与当代中国经济制度变迁》,《东方学刊》2020年第1期。

[87] 孟捷:《中国共产党与中国特色社会主义市场经济》,《开放时代》2022年第3期。

[88] 孟捷:《中国特色社会主义政治经济学的国家理论:源流、对象和体系》,《清华大学学报》2020年第3期。

[89] 孟捷、陈龙:《如何理解党和国家在社会主义市场经济中的作用》,《天津社会科学》2022年第1期。

[90] 孟捷、高峰:《发达资本主义经济的长波》,上海人民出版社,2019。

[91] 孟捷、李怡乐:《改革以来劳动力商品化和雇佣关系的发展——波兰尼和马克思的视角》,《开放时代》2013年第5期。

[92] 孟捷、吴丰华:《制度-垄断地租与中国地方政府竞争:一个马

克思主义分析框架》,《开放时代》2020 年第 2 期。

[93] 奈格里:《凯恩斯和资本主义的国家理论》,王行坤、张雪琴译,《政治经济学报》2020 年第 1 期。

[94] 诺思:《经济史中的结构与变迁》,陈郁译,生活·读书·新知三联书店,1994。

[95] 逄锦聚、景维民、何自力等:《中国特色社会主义政治经济学通论》,经济科学出版社,2017。

[96] 佩蕾丝:《技术革命与金融资本》,田方萌等译,孟捷等校,中国人民大学出版社,2007。

[97] 平心:《论生产力问题》,生活·读书·新知三联书店,1980。

[98] 普列奥布拉任斯基:《新经济学》,纪涛、蔡恺民译,生活·读书·新知三联书店,1984。

[99] 普列汉诺夫.:《论一元论历史观之发展》,博古译,生活·读书·新知三联书店,1961。

[100] 普列汉诺夫:《马克思主义基本问题》,载王荫庭编《普列汉诺夫读本》,中央编译出版社,2008。

[101] 邱海平:《论中国政治经济学的创新及逻辑起点》,《教学与研究》2010 年第 3 期。

[102] 荣兆梓、李亚平:《全劳动生产率与马克思主义基本增长方程》,《上海经济研究》2021 年第 1 期。

[103] 萨义德:《东方学》,王宇根译,生活·读书·新知三联书店,2007。

[104] 社会主义政治经济学小组编:《社会主义政治经济学》(未定稿

第二版讨论稿），1976。

[105] 沈佩林：《〈资本论〉中范畴的逻辑顺序和历史顺序问题》，《中国社会科学》1987 年第 2 期。

[106] 史正富：《超常增长：1949—2049 年的中国经济》，上海人民出版社，2013。

[107] 斯大林：《苏联社会主义经济问题》，人民出版社，1961。

[108] 《斯大林文选》下卷，人民出版社，1962。

[109] 斯蒂格利茨：《社会主义向何处去》，周立群等译，吉林人民出版社，1998。

[110] 斯密：《国民财富的性质和原因的研究》上卷，郭大力、王亚南译，商务印书馆，1983。

[111] 孙冶方：《社会主义经济若干理论问题（续集）》，人民出版社，1982。

[112] 汤在新主编：《〈资本论〉续篇探索——关于马克思计划写的六册经济学著作》，中国金融出版社，1995。

[113] 田国强：《现代经济学的基本分析框架和研究方法》，《经济研究》2005 年第 2 期。

[114] 王珏主编：《中国社会主义政治经济学四十年》第二卷，中国经济出版社，1991。

[115] 威廉姆森：《华盛顿心目中的"政策改革"》，骆毅译，《经济社会体制比较》2005 年第 2 期。

[116] 郗戈、荣鑫：《重新理解逻辑与历史相统一》，《马克思主义研究》2015 年第 1 期。

[117] 习近平：《把握新发展阶段，贯彻新发展理念，构建新发展格局》，《求是》2021年第9期。

[118] 习近平：《对发展社会主义市场经济的再认识》，《东南学术》2001年第4期。

[119] 习近平：《关于坚持和发展中国特色社会主义的几个问题》，《求是》2019年第7期。

[120] 习近平：《决胜全面建成小康社会夺取新时代中国特色社会主义伟大胜利——在中国共产党第十九次全国代表大会上的报告》，人民出版社，2017。

[121] 习近平：《论坚持党对一切工作的领导》，中央文献出版社，2019。

[122] 习近平：《在庆祝中国共产党成立100周年大会上的讲话》，《人民日报》2021年7月02日。

[123]《习近平谈治国理政》，外文出版社，2014。

[124]《习近平谈治国理政》第二卷，外文出版社，2017。

[125]《习近平谈治国理政》第三卷，外文出版社，2020。

[126] 熊彼特：《经济发展理论》，何畏等译，商务印书馆，1990。

[127] 熊彼特：《经济分析史》第一卷，朱泱等译，商务印书馆，1991。

[128] 颜鹏飞：《新时代中国特色社会主义政治经济学研究对象和逻辑起点》，《内蒙古社会科学》2018年第4期。

[129] 伊利延科夫：《马克思〈资本论〉中抽象和具体的辩证法》，郭铁民、严正、林述舜译，周复校，福建人民出版社，1986。

[130] 伊林柯夫:《马克思〈资本论〉中抽象和具体的辩证法》,孙开焕、鲍世明、王锡君、张钟朴译,山东人民出版社,1993。

[131] 袁吉富:《对逻辑与历史相一致方法的质疑》,《教学与研究》2007年第4期。

[132] 张闻天:《关于生产关系的两重性问题》,《经济研究》1979年第10期。

[133] 张闻天选集传记组、中共上海市委党史研究室合编:《张闻天社会主义论稿》,中共党史出版社,1995。

[134] 张夏准:《富国陷阱——发达国家为何踢开梯子?》,肖炼等译,社会科学文献出版社,2009。

[135] 张宇:《社会主义国家的二重性与社会主义经济建设的实践》,《哲学研究》1987年第2期。

[136] 张宇:《中国特色社会主义政治经济学》,中国人民大学出版社,2016。

[137] 张宇、王生升:《马克思是建构理性主义者吗——评哈耶克对马克思的批评》,《中国人民大学学报》2003年第1期。

[138] 张宇、谢地、任保平、蒋永穆等:《中国特色社会主义政治经济学》第三版,高等教育出版社,2021。

[139] 张宇、谢地、任保平、蒋永穆等:《中国特色社会主义政治经济学》第一版,高等教育出版社,2017。

[140] 赵家祥:《对"跨越资本主义卡夫丁峡谷"问题的商榷意见》,《北京大学学报》1998年第1期。

[141] 郑永年:《中国的知识重建》,东方出版社,2018。

［142］中共中央马克思、恩格斯、列宁、斯大林著作编译局，国际共运史研究室编：《布哈林文选》中册，人民出版社，1981。

［143］中共中央马克思、恩格斯、列宁、斯大林著作编译局，国际共运史研究室编：《葛兰西文选：1916—1935》，人民出版社，1992。

［144］中共中央马克思、恩格斯、列宁、斯大林著作编译局：《联共（布）党史简明教程》，人民出版社，1975。

［145］中共中央文献研究室：《十八大以来重要文献选编》（上），中央文献出版社，2014。

［146］中共中央文献研究室：《十八大以来重要文献选编》（下），中央文献出版社，2018。

［147］中共中央文献研究室：《十八大以来重要文献选编》（中），中央文献出版社，2016。

［148］中共中央文献研究室编：《毛泽东年谱（1949—1976）》第2卷，中央文献出版社，2013。

［149］中共中央文献研究室编：《毛泽东年谱（1949—1976）》第3卷，中央文献出版社，2013。

［150］中共中央文献研究室编：《习近平关于社会主义政治建设论述摘编》，中央文献出版社，2017。

［151］中共中央宣传部：《习近平总书记系列重要讲话读本》，学习出版社、人民出版社，2016。

［152］周伯棣：《财政是基础还是上层建筑》，《学术月刊》1957年第9期。

[153] 卓炯:《从劳动范畴来试探社会主义政治经济学的体系》,广东经济学会1962年年会论文。

[154] 卓炯:《对剩余价值论的再认识》,《学术研究》1980年第5期。

[155] 卓炯:《关于"〈资本论〉的生命力"的探讨》,《学术研究》1983年第2期。

[156] 卓炯:《价值规律论》,《晋阳学刊》1983年第5期。

[157] 卓炯:《论商品经济》,《经济研究》1962年第10期。

[158] 卓炯:《怎样认识价值规律是一个严重的理论问题》,《中国经济问题》1979年第5期。

[159] 卓炯:《卓炯经济文选》,中国时代经济出版社,2010。

[160] 卓炯:《卓炯自选集》,云南人民出版社,1991。

[161] Brenner, R.,'Agrarian Class Structure and Economic Development in Pre-Industrial Europe', in Ashton, T. H., et al. eds., *The Brenner Debate*, Cambridge University Press, 1985.

[162] Brenner, R.,'The Agrarian Roots of European Capitalism', in *The Brenner Debate*, Cambridge University Press, 1985.

[163] Brenner, R.,'The Origins of Capitalist Development: A Critique of Neo-Smithian Marxism', *New Left Review*, No. 104, July-August, 1977.

[164] Coase, R. H., 'The Economics of the First Amendment: The Market for Goods and the Market for Ideas', *The American Economic Review*, Vol. 64, No. 2, Papers and Proceedings, 1974.

[165] Director, A., 'The Parity of the Economic Market Place', *Journal of Law and Economics*, Oct. 1964.

[166] Fine, B., and E.V. Waeyenberge, 'A Paradigm Shift that Never Was: Justin Lin's New Structural Economics', *Competition and Change*, Vol. 17 No.4, 2013.

[167] Foley, D. K., *Adam Smith's Fallacy: A Guide to Economic Theology*, Harvard University Press, 2008.

[168] Godelier, M., 'Infrastructures, Societies and History', *Current Anthropology*, 1978, Vol.19 No.4.

[169] Godelier, M., *The Mental and The Material*, London: Verso, 1986.

[170] Hofstadter, R., *The Age of Reform*, New York: Vintage Books 1955.

[171] Kosik, K., *Dialectics of the Concrete*, Boston: D. Reidel Publishing Company, 1976.

[172] Mazzucato, M., *The Entrepreneurial State: Debunking Private vs. Public Sector Myths*, London, New York: Public Affairs, 2018.

[173] Montinola, Gabriella, Yingyi Qian, and Barry R. Weingast, 'Federalism, Chinese Style: The Political Basis for Economic Success in China', *World politics*, 48.1 (1995): 50–81.

[174] Naughton, B., 'China's Distinctive System: Can It be a Model for Others?', *Journal of Contemporary China*, 2010, Vol.19 No.65, June.

[175] North, D. C., *The Structure and Change in Economic History*, London and New York: W.W. Norton & Company, 1981.

[176] Poulantzas, N., *State, Power and Socialism*, London: Verso, 1980.

[177] Qian, Yingyi, and Barry R. Weingast, 'China's Transition to Markets: Market-preserving Federalism, Chinese Style', *The Journal of Policy Reform*, 1.2 (1996): 149-185.

[178] Ramo, J. C., *The Beijing Consensus*, London: Foreign Policy Centre, 2004.

[179] Shaikh, A., 'Laws of Production and Laws of Algebra: The Humbug Production Function', *Review of Economics and Statistics*, 1974, Vol. 6, No.1.

[180] Smart, B., *Michael Foucault*, New York: Routledge, 2002.

[181] Sweezy, Paul M,. 'Monopoly Capital after Twenty-five Years', *Monthly Review*, December 1991.

[182] Tsai, K.S., and B. Naughton, Introduction, in Naughton, B., and K. S. Tsai, eds., *State Capitalism, Institutional Adaptation, and the Chinese Miracle*, Cambridge University Press, 2015.

[183] Wang, Hui, 'The New Criticism', in Chaohua Wang ed., *One China, Many Paths*, London and New York: Verso, 2003.

[184] Williamson, J., 'What Should the World Bank Think about the Washington Consensus', *World Bank Research Observer*, Vol.15, No. 2, Aug.2000.

[185] Williamson, J., 'What Washington Means by Policy Reform', Chapter 2 from *Latin America Adjustment: How Much Has Happened?* ed. by John Williamson, published April 1990. Peterson Institute for International Economics.

图书在版编目(CIP)数据

作为方法的中国特色社会主义政治经济学/孟捷著. —上海：复旦大学出版社，2023.1
ISBN 978-7-309-16447-3

Ⅰ.①作… Ⅱ.①孟… Ⅲ.①中国特色社会主义-社会主义政治经济学 Ⅳ.①F120.2

中国版本图书馆 CIP 数据核字(2022)第 186967 号

作为方法的中国特色社会主义政治经济学
ZUOWEI FANGFA DE ZHONGGUO TESE SHEHUIZHUYI ZHENGZHI JINGJIXUE
孟　捷　著
责任编辑/于　佳

复旦大学出版社有限公司出版发行
上海市国权路 579 号　邮编：200433
网址：fupnet@fudanpress.com　　http://www.fudanpress.com
门市零售：86-21-65102580　　团体订购：86-21-65104505
出版部电话：86-21-65642845
上海盛通时代印刷有限公司

开本 787×1092　1/16　印张 17.5　字数 193 千
2023 年 1 月第 1 版
2023 年 1 月第 1 版第 1 次印刷

ISBN 978-7-309-16447-3/F·2921
定价：68.00 元

如有印装质量问题，请向复旦大学出版社有限公司出版部调换。
版权所有　侵权必究